AF617237

LA REPÚBLICA ROMANA
EN TRANSFORMACIÓN

LA REPÚBLICA ROMANA EN TRANSFORMACIÓN:

DE SILA A LA MUERTE DE CÉSAR

Miguel Ángel Novillo López
Javier Cabrero Piquero
(eds.)

Sílex

Editor: Ramiro Domínguez Hernanz

C/ San Gregorio, 8, 2, 2ª Madrid
España
www.silexediciones.com

ISBN: 978-84-19961-66-1
Depósito Legal: M-34497-2023
Colección: Sílex Universidad Historia

Impreso y encuadernado en España

CONTENIDO

PRÓLOGO

Miguel Ángel Novillo López
Javier Cabrero Piquero
UNED

Con el título *La República romana en transformación: de Sila a la muerte de César* se recogen las contribuciones presentadas por reputados estudiosos procedentes de diferentes universidades españolas en la jornada científica homónima celebrada el 18 de noviembre de 2022 en el Edificio de Humanidades de la UNED.

Es de recibo que los editores que suscriben estas líneas muestren su agradecimiento a las instituciones que hicieron posible este evento: la Facultad de Geografía e Historia de la UNED, que prestó en todo momento su colaboración en la gestión logística de la jornada científica; el Departamento de Historia Antigua de la UNED, que aportó su colaboración económica en la financiación del encuentro; el Grupo *Res Publica et Sacra*, impulsor de la celebración de las jornadas científicas; y la editorial Sílex por acoger las contribuciones presentadas en la jornada científica en su prestigiosa serie Sílex Universidad.

El encuentro abordó la crisis de la tardía República romana desde perspectivas muy distintas. Con todo, no se trata de agotar un tema por lo demás amplísimo, sino de aportar a su estudio visiones diferentes que permitan enriquecer los debates a través de los capítulos de la presente monografía.

El capítulo escrito por Sabino Perea Yébenes aborda el prodigio que anunció en el año 88 a.C. un *saeculum novum*. El primer consulado de Sila ese año marcó el final de la guerra civil, una auténtica guerra fratricida. Fueron momentos críticos que se anunciaron mediante prodigios en sus inicios, en su desarrollo y en su final. No son sino principios y finales de épocas convulsas que, en época republicana, se adecúan a la teoría etrusca de la sucesión de los siglos. El prodigio de la trompeta de sonido lúgubre y terrible es un caso más de los muchos que evidencian la crisis política que dominó la mayor parte del siglo I a.C. La situación crítica de la guerra civil se reabrió tras la muerte de César, y se repitió en su funeral, una señal premonitoria del anuncio de un *novum saeculum* con la aparición del *sidus Iulium*. Como en el caso de Sila, este inicio secular coincidió con el primer consulado de Octavio, en el año 43 a.C.

Por su parte, Isaías Arrayás Morales aborda la fluctuación en las alianzas durante el conflicto mitridático. El rey póntico, dotado de ingentes recursos y numerosos aliados, consiguió un gran apoyo en los territorios anatólicos que anexionó durante la I Guerra Mitridática. De este modo, fue bien recibido en la mayoría de *poleis* asiáticas que se implicaron en las "Vísperas Efesias" del año 88 a.C. Sin embargo, existieron diferencias en lo que respecta a la intensidad de su apoyo al rey y de su aversión a lo romano. El grueso de las comunidades de Asia debió sufrir importantes tensiones internas entre partidarios y opositores de Mitrídates. En todas ellas, subsistieron sectores reticentes a apoyar la causa póntica, que actuaron ante los primeros contratiempos bélicos del rey. Por otro lado, las comunidades asiáticas que más sufrirían las secuelas de la derrota del monarca póntico en la I Guerra Mitridática, acabarían asumiendo pragmáticamente lo estéril de oponerse al domino romano.

La contribución de Javier Cabrero Piquero tiene por objeto analizar la dictadura silana como medida extraordinaria para salvar el régimen republicano. En este sentido, hay que tener en consideración que la llegada al poder de Sila se produjo como resultado de un duro enfrentamiento civil del que salió victorioso.

El capítulo escrito por Denís Álvarez Pérez-Sostoa plantea si existió o no un cambio de paradigma en el funcionamiento de los rehenes durante la crisis de la tardía República romana, planteándose que el esquema habitual asociado a la idea de que los rehenes actuaban como garantes de acuerdos bilaterales quedó en suspenso desde el momento en el que pasaron a ser un mero instrumento de presión más en el complicado escenario bélico y político en el que se vio inmersa la sociedad romana. En consecuencia, no se puede hablar tanto de un cambio de paradigma, sino de la adecuación puntual a las circunstancias a las que obligaba el conflicto civil.

La cuestión del *imperium* de Pompeyo contra los piratas es examinada por Alfonso Álvarez Ossorio Rivas, quien pone de manifiesto que los poderes obtenidos por Pompeyo para su campaña contra los piratas marcaron un antes y un después en la relación entre los distintos magistrados de la República y supusieron un magnifico ejemplo en el que fijarse para Octavio cuando decidió el modo en el que habría de arrostrar todo el poder militar y político del estado cuarenta años después de que Pompeyo hubiese obtenido su *Imperium Maius*.

El capítulo escrito por Fernando Quesada Sanz, Javier Moralejo Ordax y Jesús Robles Moreno aporta un detallado análisis desde una perspectiva militar de las fuentes literarias relativas a dos episodios militares a gran escala acaecidos en el entorno de *Ulia* (Montemayor, Córdoba) en el contexto de las guerras civiles cesarianas en los años 48 y 46/45 a.C. Dicho análisis se pone en relación con los trabajos de prospección arqueológica a gran escala realizados en el término municipal, trabajos que corroboran lo expresado en los textos y añaden nuevas informaciones sobre tipos de tropas y armamento, ejes de ataque y nuevas perspectivas para el estudio de estas etapas de la guerra civil y la campaña de Munda.

En el capítulo *Res Publica Oppressa: la dictadura cesariana y la constitución de un nuevo régimen*, Miguel Ángel Novillo López plantea que en la práctica la distancia entre un régimen monárquico propiamente dicho y la forma autocrática de gobierno ejercida por César era muy pequeña. Su crimen no significó sino una última tentativa por mantener la libertad de las instituciones republicanas ante el avance de la tiranía. En realidad, condujeron a la ya de por sí debilitada República a una guerra civil fratricida que acabaría conduciendo al cambio político-institucional del Imperio. Si Cesar erró en su gestión, se debió a que no supo consolidar su legitimidad, es decir, no supo dotar con las tradicionales instituciones republicanas su particular posición en el poder, tal y como logró llevarlo a cabo su sucesor, Octavio, con gran maestría. En realidad, los planes de César incluían, pues, no solo cambios políticos, sino una evolución radical de la relación entre Roma y el resto de Italia, y de ambas con las provincias. Desde este punto de vista, sus numerosas reformas en un amplio repertorio de asuntos distintos no eran reflejo de un programa coherente, sino de la ausencia total de un plan general. En suma, el cesaricidio no resolvió la crisis de la tardía República romana, sino que, por el contrario, la agudizó.

Finalmente, Francisco Javier Guzmán Armario examina la imagen de César en las fuentes tardorromanas llegando a la conclusión de que las obras literarias tardorromanas no prestan demasiada atención al personaje. Es cierto que se recuerdan los tópicos, como sus éxitos militares, su clemencia, su frugalidad y amor por el estudio, pero ello se hace de una forma breve y eventual, a veces como discretos *exempla*, en ocasiones como apuntes. Tan solo Orosio supone una excepción al respecto, en cuanto que, al dedicarle más espacio, permite la comparación de su información con las creaciones literarias del propio César. También en tales obras se advierte una vertiente negativa, en la que se incide en la tiranía cesariana a través del ejercicio de la dictadura o la crueldad contra sus enemigos. Asimismo, hay dos aspectos sobre César que no se tratan en las fuentes tardorromanas: resulta paradójico que en una época donde la amenaza bárbara se convierte en una percepción cada vez más alarmante, no se tenga en consideración que fue César quien dio carta de naturaleza a la visión literaria del bárbaro; tampoco se alude a la relación que César mantuvo con las mujeres.

En su conjunto esta obra ofrece como una de sus mejores virtudes poder ofrecer una exhaustiva revisión y síntesis sobre uno de los periodos más complejos de la antigua Roma permitiendo dar respuesta a varias controversias, rechazar dogmas inválidos y abordar desde diversas ópticas y de manera asequible cuestiones de gran novedad e interés. En suma, esta obra nos brinda una mirada alternativa de la Historia teniendo presentes aquellas consideraciones solo manejadas por unos pocos.

INTRODUCCIÓN

Miguel Ángel Novillo López
Javier Cabrero Piquero
UNED

Hasta el primer tercio del siglo III a.C. Roma se había enfrentado a situaciones que podía abarcar de alguna manera. El sistema político republicano, perfeccionado con los años desde la caída de la Monarquía, no tensionaba los mecanismos de poder y los principales conflictos se producían por la falta de precisión de la legislación y por las consecuencias personales de la necesidad de servir en el ejército.

Con la conquista de Tarento, con la que toda Italia peninsular quedaba ya bajo dominio romano, si exceptuamos la consabida inconformidad de samnitas y otros pueblos afines, Roma ocupó el puesto de los griegos como *alter ego* del poder frente a los cartagineses. Un poder que, tras la salida de Pirro de Italia, poco a poco se había ido diluyendo, con la excepción de algunas ciudades de Sicilia, cuya continuidad, por otra parte, estaba gravemente amenazada y solo les quedaba saber por quién serían conquistadas, si por Roma o por Cartago. Había llegado el momento de que Roma diera el salto y comenzara su expansión más allá del ámbito territorial peninsular italiano. Eso es precisamente lo que sucedió a partir del año 264 a.C., tras el asunto de los mercenarios mamertinos y la toma de Mesina, que condujo a la declaración de guerra entre Roma y Cartago. El éxito romano en la guerra, en la que estrenaron su primera gran flota militar, comenzó a poner a prueba a las instituciones republicanas que por el momento eran capaces de hacer frente a una nueva situación que estaba comenzando a presentarse y absorber todas las necesidades de gobierno sin demasiadas complicaciones.

Más impacto e importantes consecuencias tuvo el segundo enfrentamiento con Cartago, que resultó también victorioso para Roma. En este las acciones terrestres dictaminaron quién era el vencedor.

Italia, Hispania y el norte de África fueron los escenarios y supusieron la derrota total de Cartago, que prácticamente desapareció como potencia rival dejando a Roma como única dominadora del Mediterráneo Occidental que, poco después, en el año 197 a.C. la llevó a crear dos nuevas provincias, las dos Hispania. Ello suponía un importante salto adelante y un claro aumento del esfuerzo bélico y administrativo.

Durante el medio siglo siguiente la expansión hacia el Mediterráneo Oriental abrió nuevos frentes, pero también aportó riquezas a Roma. Por otra parte, la tensión política de Roma, durante la primera mitad del siglo II a.C. iba en aumento, una tensión que se había iniciado ya en los albores de la Segunda Guerra Púnica y que estalló en toda su crudeza finalizada esta.

Previo al inicio de la guerra la política estaba dominada por las antiguas familias romanas, al frente de las cuales se situaban Fabios, Emilios y Claudios. Pronto se añadieron políticos más liberales, como la conjunción de Emilios y Escipiones, junto con Flaminios, Minucios y personajes individuales como Terencio Varrón y Fabio Cuncator. En la última fase de la guerra el grupo de los Escipiones era el dominante, con la oposición de los Servilios, que poco después, unidos a los Claudios, hicieron una clara oposición a los Escipiones provocando una cierta decadencia política de estos, de la que se recuperarían con el segundo consulado de Escipión. En los años siguientes la situación se fue complicando con el regreso de los hermanos Escipión de Asia unido a la actuación en su contra de Catón el Censor, que provocó un debate tenso en el Senado y dos juicios, uno contra Lucio y otro contra Escipión Africano, ambos por malversación, en el que en la acusación tuvieron un papel muy relevante y significativo Catón, los dos tribunos de la plebe, ambos de nombre Petilius, el tribuno Minucio Augurino, que pidió cárcel para el Africano y, finalmente, Marco Nevio. En todo este maremágnum de acusaciones destacó la figura de Tiberio Sempronio Graco, quien siempre se opuso al encarcelamiento de los Escipiones a pesar de que defendía posturas muy diferentes.

En este contexto se produjo el declive del grupo de los Fulvios y la aparición de nuevos grupos como los Postumios y los Popilios.

En este periodo a la lucha política se unieron las tensiones sociales favorecidas, entre otras causas, por la gran disminución de la propiedad rústica. Hasta el inicio de la Segunda Guerra Púnica, los romanos eran mayoritariamente campesinos dueños de pequeñas parcelas de terreno en las que practicaban una agricultura de subsistencia; por su parte, las clases dirigentes también eran propietarias de fincas rústicas, pero de una extensión moderada. Con la creación de las provincias hispanas, la expansión hacia la Galia Cisalpina y hacia Oriente, dio comienzo un imparable proceso de enriquecimiento del Estado que afectó de manera desigual a las diferentes capas sociales. La abundante llegada de productos agrícolas de otras regiones provocó una considerable caída en los precios, con lo que los cultivos en Italia no se hacían rentables. Además, también se produjo el aumento de las grandes propiedades en las que era empleada mano de obra esclava procedente de las guerras. En este sentido, poblaciones enteras fueron vendidas como esclavos para sufragar el gasto de la guerra o simplemente como castigo por su rebeldía.

Las propias guerras desarrolladas por el Estado eran otro factor de ruina para los pequeños campesinos que se veían obligados a servir en el ejército y desatender sus pequeñas fincas que poco a poco pasaban a engrosar las grandes propiedades, como ya había sucedido en el siglo V a.C., y que llevaron a las conocidas secesiones plebeyas.

La propia ley favorecía la concentración de la población procedente del campo en las ciudades, pues era allí donde podían encontrar salida sus necesidades económicas empleándose en el comercio o en la industria, una vez que se habían visto obligados a abandonar sus tierras, que eran absorbidas por los grandes terratenientes pertenecientes al orden senatorial al que estaba vetado todo tipo de actividad económica salvo la agrícola.

También en esta época surge como nueva clase el orden ecuestre, clase integrada fundamentalmente por ricos comerciantes capaces de servir en la caballería al poder costearse tanto el caballo como toda la indumentaria. Con la conquista mediterránea estos comerciantes se adueñaron de los mercados de Oriente y de Occidente, con lo que el crecimiento de sus negocios fue desproporcionado. Alquilaban al Estado la explotación de los recursos naturales o de los impuestos de los nuevos territorios. Paralelamente, se crearon sociedades en las que cualquiera que dispusiese del dinero suficiente podía comprar una parte y recibir a cambio los beneficios proporcionales a la parte comprada.

Fue un cambio radical que en poco más de cincuenta años, entre el final de la Segunda Guerra Púnica y la destrucción de metrópolis como Cartago y Corinto, llevó a Roma a convertirse no solo en la primera potencia militar, sino también económica del Mediterráneo.

Pero, en realidad, los grandes perjudicados fueron los pequeños campesinos, obligados a abandonar su tradicional modo de vida e instalarse en ciudades que solamente ofrecían miseria y obligaban a aspirar a poseer una parcela de tierra con la que poder subsistir. Ellos no fueron sino la base sobre la que se apoyaría el cambio del sistema político romano que tendría lugar desde mediados del siglo II a.C.

No podemos dejar de lado el problema de los esclavos, sobre todo aquellos que trabajaban en los grandes latifundios y en las minas. Ya desde inicios del siglo II a.C. hubo algunas ciudades que se vieron obligadas a reprimir algún tipo de revuelta o rebelión servil para cuyo sometimiento Roma se vio obligada a emplear las legiones. Pero sin duda las más importantes tuvieron lugar a partir del año 139 a.C. en Sicilia y protagonizadas por Euno y Cleón, que pusieron en jaque al ejército romano. Con un breve episodio a finales del siglo II a.C., las revueltas serviles tuvieron su momento clave a en los años 70 del siglo I a.C. con la sublevación de Espartaco, ya en plena crisis de la República.

A mediados del siglo II a.C. los problemas que aquejaban a la República romana, como la crisis de la agricultura, el debilitamiento del campesinado, el excesivo poder de la oligarquía, el excesivo enriquecimiento de la clase ecuestre, los problemas derivados de la administración provincial y de las relaciones del Senado con los gobernadores de los territorios conquistados, llevaron a que la población se agrupara en varios grupos en torno a intereses y objetivos en ocasiones contrapuestos unos de otros: la *nobilitas* patricio-plebeya, cuyos intereses están en la agricultura y en el florecimiento de los latifundios; la clase ecuestre, enfocada a la explotación comercial e industrial de los nuevos territorios; la plebe ciudadana; el campesinado empobrecido por la crisis agrícola; un importante número de habitantes de las ciudades italianas que están privados de los derechos de ciudadanía; y, finalmente, una gran masa de esclavos descontentos con su situación.

De este conglomerado surgieron dos partidos radicalmente opuestos. Recordemos aquí que la palabra partido procede del vocablo latino *pars* –parte–, y este era un concepto negativo, pues los romanos consideraban a la sociedad como un *unicum*, que era lo que les hacía fuertes y poderosos, y en consecuencia habría que hablar más de facciones políticas que de partidos.

Las actividades de estas facciones desembocaron en el siglo II a.C. en sucesos cruentos como los que sucedieron en Roma bajo el tribunado de los hermanos Graco y en el I a.C. en violentas guerras civiles que tuvieron su preludio en la Guerra Social. Es importante señalar que estas dos facciones surgen de la clase dirigente –es la propia *nobilitas* patricio-plebeya la que se fracciona dando lugar a optimates y populares, nombre que le dieron los propios romanos.

Los optimates eran los guardianes de las tradiciones y se oponían a cualquier tipo de innovación, preocupándose por mantener y acrecentar todo lo posible el control que el Senado ejercía sobre todos los sectores de la vida pública. Los populares eran favorables a la ampliación del Senado, a lo que se negaban rotundamente los optimates, sensibles a las nuevas corrientes procedentes del exterior y a las pretensiones de la plebe urbana y de los aliados itálicos, propugnando reformas institucionales que pudieran solucionar los problemas de la República. Con ellos hizo causa común la clase ecuestre. Sin embargo, la plebe, sobre todo la urbana, estaba muy dividida y las dádivas que recibían de los dirigentes fue el motivo de que muchos de ellos apoyaran a los optimates.

A partir del año 140 a.C. la crisis que se venía arrastrando se agudizó aún más al involucrarse Roma en conflictos en los que no pudo desarrollar su acostumbrada guerra de rapiña y en los que el desgaste de hombres y de materiales era considerablemente mayor a los ingresos que las guerras producían. Ello se hace evidente en la disminución del peso de las monedas –el as pasa de 1/6 de libra a 1/12– y en las dificultades de reclutamiento de nuevos soldados debido a las largas guerras que agotaron los recursos humanos.

La crisis afectó sobre todo a Roma al aumentar el desempleo y los precios, lo que provocó que la situación social se hiciera cada vez más tensa. La crisis condujo a la cristalización de los dos principales grupos que protagonizaron la vida política de lo que quedaba de ese siglo y del siguiente: los ya mencionados optimates capitaneados por Escipión Emiliano, Q. Mucio Escévola y Calpurnio Pisón, y los populares a cuya cabeza se encontró Apio Claudio Pulcher y los hermanos Graco.

La actuación de los hermanos Graco fue el auténtico detonante de la crisis política de la República romana. Líderes de una y otra facción fueron asesinados, siendo uno de los casos más célebres el de Escipión por parte de los optimates, y el de sus primos Tiberio y Cayo Graco por parte de los populares. A partir de ese momento, y hasta la instauración del Principado por Augusto, los conflictos externos, al margen de crear importantes problemas a Roma, solo sirvieron para encumbrar a personajes que de una manera u otra irían socavando los pilares que sustentaban a la anciana República: la guerra de Numidia, el conflicto con cimbrios y teutones, la Guerra Social, las guerras contra Mitrídates, el conflicto sertoriano, los conflictos con los piratas o la conquista de la Galia. De todos surgieron personajes, entre otros muchos, como Mario, Sila, Cinna, Pompeyo, Craso, Sertorio, Catilina, Marco Antonio, Lépido, César y, finalmente, Octavio.

La crisis de la República romana era inevitable y Roma se encaminó a ella desde el momento mismo en el que inició su expansión, pero aún más cuando decidió dar el salto a la anexión de territorios extrapeninsulares. La organización política que Roma había creado para administrar unos territorios, en cierta medida limitados, saltó por los aires cuando las dimensiones de estos alcanzaron el grado de notable. Las necesidades eran diferentes, el dominio de los nuevos territorios se hacía complicado y la explotación de estos comenzaba a hacerse mediante terceros. El estado romano había alcanzado unas dimensiones que difícilmente podían ser asumidas por las instituciones republicanas, haciéndose cada vez más evidente la necesidad de un nuevo régimen, más personal y centralizado, así como la creación de un complejo y estable aparato burocrático que supliera la provisionalidad de un magistrado que era reemplazado, en la práctica, anualmente.

Con ser necesario, el cambio fue tremendamente doloroso para el estado y para la sociedad romana que, cansada de conflictos y de guerras, sobre todo las internas y las civiles, aceptó con cierta condescendencia y pasividad la transformación de su antigua forma de gobierno, de las instituciones y de las magistraturas.

1.
LA TROMPETA QUE ANUNCIÓ UN *SAECULUM NOVUM* Y LOS ARÚSPICES. UN PRODIGIO EN EL CONTEXTO DE LA GUERRA CIVIL MARIANO-SILANA

Sabino Perea Yébenes
UNED

La debilidad del Estado constitucional romano republicano se inició a mediados del siglo II a.C. con las crisis sociales y económicas (problemas de reparto de la tierra y de grano, el asentamiento de los soldados veteranos, y otros) que dieron pie a las propuestas gracanas de reformas constitucionales, en su mayoría finalmente fracasadas. Tales problemas, solucionados en falso, agudizaron las crisis subsecuentes que tuvieron agravamiento con las guerras, externas e internas que mantuvo Roma en el primer tercio del siglo I a.C. De los conflictos políticos de Roma en esa época han escrito mucho los historiadores antiguos y modernos desde diversas perspectivas, ya desde la bélica, ya desde la institucional, por ejemplo, con respecto al tema recurrente de la dictadura de Sila. Lo cierto es que la crisis de la República se manifestó de muchas maneras, y existe una abundante literatura al respecto. Son menos frecuentes los estudios enfocados desde la perspectiva religiosa, y los que ponen el acento en el pensamiento que los propios romanos tenían sobre su época, sobre su percepción del tiempo y sobre la idea de la concatenación de los siglos (*saecula ab initia*) en relación con su propio destino político, un pensamiento que estuvo siempre indisolublemente unido a la religión. Desde esta perspectiva analizaremos en estas páginas algunas noticias relativas a prodigios acaecidos en la Primera Guerra Mitridática (89-85 a.C.), y particularmente centraremos la atención en un prodigio concreto –el sonido de una misteriosa trompa que sonó durante una batalla– y que, según los textos clásicos, fueron explicados por los arúspices etruscos basándose en sus teorías antiguas sobre la sucesión de los siglos. Estos anuncios divinos no carecen, en este caso, de ciertos tintes apocalípticos, como veremos.

PERCEPCIONES TEMPORALES

La percepción del tiempo por los romanos es un tema complejo, al que Chevalier (1976) ya dedicó un libro, al que remitimos. En las fuentes se perciben dos formas opuestas de concebir el tiempo –el circular y el lineal– a las que se refieren los diversos autores de forma descriptiva, sin hacer apología de una o de otra teoría, sino simplemente mencionándolas como una idea o corriente de pensamiento de su época para dar sentido a algunas narraciones o episodios mencionados en sus obras.

La idea del tiempo circular o cíclico está ya en los filósofos griegos, si bien desde la perspectiva mítica o especulativo-didáctica[1]. Aparece expresada en diversas obras de Cicerón –no olvidemos que es un excelente conocedor de Platón, hasta el punto de que hizo una versión latina del *Timeo*– aunque solo de forma perifrástica, no como una teoría filosófica. Así, por ejemplo, en *Rep.* 1.29.45[2],

[1] * Grupo de Investigación de la UNED, *Res Publica et Res Sacra* (GI19).
La idea de un tiempo regido por Cronos, cuyo último ciclo es la época actual (la del género humano) la explica Platón en *Leyes* 713c-d, y más extensamente en *Polit.* 269c-274e, como un tiempo cíclico: "En lo que toca a este, nuestro universo, durante un cierto tiempo dios personalmente guía su marcha y conduce su revolución circular (τὸ γὰρ πᾶν τόδε τοτὲ μὲν αὐτὸς ὁ θεὸς συμποδηγεῖ πορευόμενον καὶ συγκυκλεῖ, τοτὲ δὲ ἀνῆκεν), mientras que, en otros momentos, lo deja librado a sí mismo, cuando sus revoluciones han alcanzado ya la medida de la duración que les corresponde; y es entonces cuando él vuelve a girar, espontáneamente, en sentido contrario, porque es un ser viviente y ha recibido desde el comienzo una inteligencia que le fuera concedida por aquel que lo compuso". Platón vuelve sobre el asunto en el *Timeo*, 39d: ἔστιν δ᾽ ὅμως οὐδὲν ἧττον κατανοῆσαι δυνατὸν ὡς ὅ γε τέλεος ἀριθμὸς χρόνου τὸν τέλεον ἐνιαυτὸν πληροῖ τότε, ὅταν ἁπασῶν τῶν ὀκτὼ περιόδων τὰ πρὸς ἄλληλα συμπερανθέντα τάχη σχῇ κεφαλὴν τῷ τοῦ ταὐτοῦ καὶ ὁμοίως ἰόντος ἀναμετρηθέντα κύκλῳ.

[2] (Escipión): ... *taeterrimus, et ex hac vel optimatium vel factiosa tyrannica illa vel regia vel etiam persaepe popularis, itemque ex ea genus aliquod ecflorescere ex illis quae ante dixi solet mirique sunt orbes et quasi circuitus in rebus publicis commutationum et vicissitudinum; quos cum cognosse sapientis est, tum vero prospicere inpendentis in gubernanda re publica moderantem cursum atque in sua potestate retinentem magni cuiusdam civis et divini paene est viri. Itaque quartum quoddam genus rei publicae maxime probandum esse sentio, quod est ex his quae prima dixi moderatum et permixtum tribus.*

en *Rep.* 2.25.45[3] o en *Ad Att.* 2.20.3[4]. Por otra parte, la percepción lineal del tiempo se encuentra también en los griegos, por ejemplo en Heródoto[5] en las primeras líneas del prefacio de sus *Historias*: Ἡροδότου Ἁλικαρνησσέος ἱστορίης ἀπόδεξις ἥδε, ὡς μήτε τὰ γενόμενα ἐξ ἀνθρώπων τῷ χρόνῳ ἐξίτηλα γένηται, μήτε ἔργα μεγάλα τε καὶ θωμαστά, τὰ μὲν Ἕλλησι τὰ δὲ βαρβάροισι ἀποδεχθέντα, ἀκλεᾶ γένηται, τά τε ἄλλα καὶ δι' ἣν αἰτίην ἐπολέμησαν ἀλλήλοισι. Y también en Tucídides I, 1 (Κίνησις γὰρ αὕτη μεγίστη δὴ τοῖς Ἕλλησιν ἐγένετο καὶ μέρει τινὶ τῶν βαρβάρων, ὡς δὲ εἰπεῖν καὶ ἐπὶ πλεῖστον ἀνθρώπων)[6], lo que constituye una declaración conceptual del pensamiento historiográfico de ambos. Aparece en Aristóteles, *Phys.* 11, 220a: Ὅτι μὲν τοίνυν ὁ χρόνος ἀριθμός ἐστιν κινήσεως κατὰ τὸ πρότερον καὶ ὕστερον, καὶ συνεχής (συνεχοῦς γάρ), φανερόν. En textos latinos, la idea se percibe en Cicerón, *Nat. Deor.* 1.8.18-20 (comentando un pasaje del *Timeo* platónico), y con sentido más elaborado en Lucrecio, *De Rerum Nat.* 5, 925 ss., en su reflexión acerca del *genus infelix humanum*. Otros autores consideran el devenir de la historia –del tiempo– como un ente biológico, orgánico, que implica una solución de continuidad: nacimiento-crecimiento-auge-decadencia-renovación[7]. Esta idea fue expresada por Polibio[8], la encontramos también en la *concordia ordinum* de Fabio Pictor, y en otros autores, como Cicerón[9], Lucrecio[10] y Horacio[11]. Livio indica al principio de su obra que la misma se remonta, "en sus inicios", a más de setecientos años, *supra septingentesimum*

[3] *Hic ille iam vertetur orbis, cuius naturalem motum atque circuitum a primo discite adgnoscere. Id enim est caput civilis prudentiae, in qua omnis haec nostra versatur oratio, videre itinera flexusque rerum publicarum, ut, cum sciatis, quo quaeque res inclinet, retinere aut ante possitis occurrere.*

[4] *Nunc quidem novo quodam morbo civitas moritur, ut, cum omnes ea quae sunt acta improbent, querantur, doleant, varietas nulla in re sit, aperteque loquantur et iam, clare gemant, tamen medicina nulla adferatur. Neque enim resisti sine internecione posse arbitramur nec videmus qui finis cedendi praeter exitium futurus sit.*

[5] Sobre la concepción del tiempo en Heródoto, PEREA YÉBENES, 2000, pp. 139-142.

[6] Sobre la concepción del tiempo en Tucídides, PEREA YÉBENES, 2000, pp. 142-145.

[7] SORDI, 1972, pp. 781-793, espec. p. 783.

[8] VI, 51: "La evolución de toda sociedad política, de toda empresa humana, está marcada por un periodo de nacimiento, un periodo de madurez y un periodo de decadencia".

[9] Cic. *Rep.* I, 57 y II, 21.

[10] Cf. BORLE, 1962, pp. 162-176.

[11] Horat. *Poet.* 153-175.

annum repetatur (*praef.* 4), contando su nacimiento, crecimiento, auge y caída, en el transcurso de un tiempo hegemónico que se autodestruye, *se ipsae conficiunt*, por las guerras civiles, tras las cuales se produce la *renovatio* o regeneración que es el tiempo augusteo[12].

La guerra fratricida entre romanos, la guerra civil (ἐμφύλιος πόλεμος), es considerada como la principal y única causa de la destrucción del *imperium romanum*, como se afirma (casi proféticamente) en la carta de Ps. Salustio a César, en I, 5, 2, un texto que también preconiza el tiempo cíclico (nacimiento-muerte-renacimiento):

> *De bello satis dictum. De pace firmanda quoniam tuque et omnes tui agitatis, primum id, quaeso, considera, quale sit de quo consultas: ita bonis malisque dimotis patenti via ad verum perges. Ego sic existimo: quoniam orta omnia intereunt, qua tempestate urbi Romanae fatum excidii adventarit, civis cum civibus manus conserturos, ita defessos et exsanguis regi aut nationi praedae futuros. Aliter non orbis terrarum neque cunctae gentes conglobatae movere aut contundere queunt hoc imperium.*
>
> (Edidit A. Kurfess)

> Ya se ha dicho bastante sobre la guerra. En cuanto al establecimiento de la paz, ya que tú y todo tu pueblo estáis preocupados, antes de nada, ocúpate acerca de qué tipo de cosas se somenten a consulta. Esto es lo que yo creo: Puesto que todo lo que nace ha de morir, en el momento mismo en que el destino designe la muerte de Roma, los ciudadanos levantarán las espadas unos contra otros. Cansados y agotados serán entonces presa fácil de un rey cualquiera o de una nación bárbara. Pero si así no ocurriera, ni todo el mundo ni todos los pueblos juntos podrán hacer daño ni destruir el imperio de Roma.
>
> (Traducción nuestra)

[12] Sobre el concepto de "*renovatio*" y de "*aeternitas*" en la mentalidad (historiográfica) romana, *vid.* SORDI, 1972, pp. 781-792, y TURCAN, 1983, pp. 7-30.

Las guerras –y su principio y/o su final– marcan un fin de época, el remate de un periodo crítico. En las fuentes antiguas todas las guerras romanas en sus antecedentes, su desarrollo o su conclusión están llenas de relatos de prodigios, fastos unos y nefastos la mayoría. Las guerras fratricidas desagradan especialmente a los dioses, que expresan continuamente su desaprobación con recurrentes avisos expresados mediante prodigios *fatales* (*fata* = "que ocurrieron"). Así, en la guerra civil mariano-silana[13], la ira divina se manifestó con diversas catástrofes que podemos leer en el relato de Plutarco, *Sila* 7.2:

> καὶ τοῦ Σύλλα πρὸς τὰς ἐπιλιπεῖς πράξεις ὁρμήσαντος εἰς τὸ στρατόπεδον, αὐτὸς οἰκουρῶν ἐτεκταίνετο τὴν ὀλεθριωτάτην ἐκείνην καὶ ὅσα σύμπαντες οἱ πόλεμοι τὴν Ῥώμην οὐκ ἔβλαψαν ἀπεργασαμένην στάσιν, ὡς καὶ τὸ δαιμόνιον αὐτοῖς προεσήμηνε. πῦρ μὲν γὰρ αὐτόματον ἐκ τῶν τὰ σημεῖα δοράτων ὑποφερόντων ἀνέλαμψε καὶ κατεσβέσθη μόλις, κόρακες δὲ τρεῖς τοὺς νεοσσοὺς εἰς τὴν ὁδὸν προαγαγόντες κατέφαγον, τὰ δὲ λείψανα πάλιν εἰς τὴν νεοσσιὰν ἀνήνεγκαν. καὶ μυῶν δὲ ἐν ἱερῷ χρυσὸν ἀνακείμενον διαφαγόντων μίαν οἱ ζάκοροι πάγῃ θήλειαν λαμβάνουσιν, ἡ δὲ ἐν αὐτῇ τῇ πάγῃ τεκοῦσα πέντε κατανάλωσε τὰ τρία.
>
> (Edidit B. Perrin)

> Mientras Sila preparaba las cosas que le quedaban pendientes en el campamento, Mario, en casa, tramaba aquella destructora sedición que produciría más daños a Roma que todas las guerras anteriores, como anunció el dios. El fuego prendió por sí solo en las astas en las que llevaban los estandartes y se pudo apagar después de muchos esfuerzos; tres cuervos agruparon a sus polluelos en medio de la calle, se los comieron y devolvieron los restos al nido. Los ratones de un templo royeron el oro que había en él, los custodios del templo atraparon una hembra que en la misma ratonera había parido cinco crías y devorado tres de ellas.
>
> (Traducción de J. Cano Cuenca)

[13] Sobre el conflicto, sus protagonistas y desarrollo, GABBA, 1971, pp. 764-805.

Son solo un par de ejemplos, el segundo traído a propósito *del tempus sillanum*, del que hablaremos después.

Desde el punto de vista romano, y en la perspectiva de los "*saecula*" que se suceden inexorables, es muy interesante lo que dice un fragmento de Censorino, autor que escribe en el siglo III d.C., en su *De die natali*, 17.5-7, a propósito del tiempo cíclico, desprovisto de mitologías abstractas, y enmarcado en la tradición ritual etrusca, con especial y premeditada intencionalidad. Son los dioses los que deciden el fin y el principio de una Era, y lo indican mediane el lenguaje de los prodigios:

> *[5] Sed licet veritas in obscuro latet, tamen in unaquaque civitate quae sint naturalia saecula, rituales Etruscorum libri videntur docere, in quis scriptum esse fertur initia sic poni saeculorum: quo die urbes adque civitates constituerentur, de his, qui eo die nati essent, eum, qui diutissime vixisset, die mortis suis primi saeculi modulum finire, eoque die qui essent reliqui in civitate, de his rursum eius mortem, qui longissimam egisset aetatem, finem esse saeculi secundi. Sic deinceps tempus reliquorum terminari. Sed ea quod ignorarent homines, portenta mitti divinitus, quibus admonerentur, unumquodque saeculum esse finitum. [6] Haec portenta Etrusci pro haruspicii disciplinaeque suae peritia diligenter observata in libros rettulerunt. Quare in Tuscis historiis, quae octavo eorum saeculo scriptae sunt, ut Varro testatur, et quot numero saecula ei genti data sint, et transactorum singula quanta fuerint quibusve ostentis eorum exitus designati sint, continetur. Itaque scriptum est quattuor prima saecula annorum fuisse centenum, quintum centum viginti trium, sextum undeviginti et centum, septimum totidem, octavum tum demum agi, nonum et decimum superesse, quibus transactis finem fore nominis Etrusci. [7] Romanorum autem saecula quidam ludis saecularibus putant distingui…*

> [5] Pero, aunque la verdad está escondida en la oscuridad, sin embargo, en cada ciudad existen siglos naturales, tal como enseñan los libros rituales de los etruscos, donde se supone que están escritos los inicios de cada Edad, de modo que tales inicios de siglo se colocan así: a partir del día de la fundación de los pueblos y

ciudades, buscamos, entre los nacidos en ese día, al que ha vivido más tiempo. Y el día de su muerte se asigna como el final de la duración del primer siglo. Lo mismo se hace con respecto a los que nacieron en ese día de nuevo, y la muerte del que vivió más tiempo marca el final del segundo siglo. Ocurre igual con todos los siglos siguientes. Pero, en su ignorancia de la verdad, los hombres han pensado que aparecían ciertas maravillas, por las cuales los dioses advirtieron a los mortales que todo siglo había terminado. [6] Los etruscos, considerando su ciencia y su habilidad en el arte de los arúspices, después de observar con atención estos prodigios, los registraron en sus libros. También los *Anales Etruscos*, escritos, según nos informa Varrón, en el transcurso del siglo VIII de esta nación, nos muestran cuántos siglos de existencia le están reservados, y cuántos transcurridos, y por qué maravillas está marcado el final de cada uno de ellos. Así, leemos allí que los primeros cuatro siglos fueron de ciento cinco años, el quinto de ciento veintitrés, el sexto de ciento diecinueve, el séptimo de tanto, que el octavo está en proceso de pasar, y que solo quedan por cumplir la novena y la décima, tras cuya revolución desaparecerá el nombre etrusco. [7] En cuanto a los siglos de los romanos, algunos autores piensan que se distinguen por los así llamado por ellos *Ludi Saeculares*....
(Traducción nuestra)

En los párrafos siguientes al indicado, es decir *De die natali*, 17.7-15, Censorino muestra una colección asincrónica de prodigios, bélicos en su mayoría, sacados de diversas obras anticuaras romanas. El interés del texto de Censorino es que relaciona la ruptura brusca del tiempo histórico mediante la irrupción de prodigios que marcan el fin de un *saeculum* o el principio de otro. Este *saeculum* no fue para los romanos una medida exacta de 100 años, como puede ser para nosotros en la actualidad, sino que es un concepto más laxo, quizás equiparable a *aetas*, una "época"[14].

[14] Así, si acudimos al celebérrimo *Carmen Saeculare* de Horacio, escrito en 17 a.C., vemos que el ciclo secular se establece en 110 años: *certus undenos deciens per annos orbis ut cantus referatque ludos...* ("para que el ciclo constante de once decenas de años

LA TROMPETA QUE ANUNCIA EL *SAECULUM*

Pero lo más interesante del texto *De die natali*, 17.5-7 –que es realmente una "teoría secular" general– es que casa perfectamente, como el zapato perdido en el baile en el pie de Cenicienta, con un episodio omitido el propio Censorino, pero bien conocido por otros autores en el contexto de la Primera Guerra de los romanos contra Mitrídates del Ponto, y atribuido a las actuaciones Sila: el sonido de una trompeta que –¿desde el cielo?, ¿desde el campo de batalla?[15]– anuncia un cambio de Era.

Para analizar el episodio de la trompeta "profética" que "emitía un sonido estridente y fúnebre", propongo partir del texto de Suidas/ *Suda*, que menciona como fuente de información a Diodoro y a Livio, aunque ambos textos se restituyen precisamente como "fragmentos" a partir del texto de *Suda*, que dice así, sub Σύλλας:

> ὅτι ἐπὶ Σύλλα τοῦ ὑπάτου ὁ ἐμφύλιος Ῥωμαίων ἀνήφθη πόλεμος. Ἐπισημῆναι δὲ τὴν τῶν μελλόντων κακῶν φορὰν Λίβιός φησι καὶ Διόδωρος. Ἐξ ἀνεφέλου τοῦ ἀέρος καὶ αἰθρίας πολλῆς ἦχον ἀκουσθῆναι σάλπιγγος ὀξὺν ἀποτεινούσης καὶ θρηνώδη φθόγγον. Καὶ τοὺς μὲν ἀκούσαντας ἅπαντας ἔκφρονας ὑπὸ δέους γενέσθαι, τοὺς δὲ Τυρρηνῶν μάντεις μεταβολὴν τοῦ γένους καὶ μετακόσμησιν ἀποφήνασθαι σημαίνειν τὸ τέρας. Εἶναι μὲν γὰρ ἀνθρώπων η΄ γένη, διαφέροντα τοῖς βίοις καὶ τοῖς ἤθεσιν ἀλλήλων• ἑκάστῳ δὲ ἀφωρίσθαι χρόνον ὑπὸ

vuelva a traer los cantos y juegos..."). La mayoría de los estudios modernos sobre el *Saeculum* se centran en la época de Agusto, los prodigios y los *ludi* del 17 a.C.

[15] El sonido de la trompeta que estremece antes o durante el combate se encuentra en varios textos de Plutarco: en la biografía de Sila (14, 3); "Sila en persona... dirigió la carga en mitad de la noche, entre el terror provocado por las numerosas trompetas y los cuernos, por los gritos de guerra y el estrépito de un ejército..." (se refiere a la toma de Atenas el 1 de marzo del año 86); en otro episodio (*Sila*, 29, 4), "dio la orden de que las trompetas dieran la señal de ataque, era cerca de la hora décima y comenzaba el crepúsculo; llegó el momento del combate.."; en la biografía de Craso (23, 9), en el episodio donde Surena se enfrenta a un ejército persa, "el general dio la señal de combate, lo primero que ocurrió fue que la llanura se llenó con un sonido grave y un bramido espantoso, pues los partos no se incitan al combate con cuernos y trompetas, sino que con unos martillos de bronce golpean unos tambores huecos hechos con piel tensada".

τοῦ θεοῦ, συμπεραινόμενον ἐνιαυτοῦ μεγάλου περιόδῳ. Τῆς γοῦν προτέρας περιόδου τελευτώσης καὶ ἑτέρας ἐνισταμένης, κινεῖσθαί τι σημεῖον ἐκ γῆς ἢ οὐρανοῦ θαυμάσιον, ᾧ δῆλον εὐθὺς τοῖς τὰ τοιαῦτα σοφοῖς γίνεσθαι ὅτι καὶ τρόποις ἄλλοις καὶ βίοις ἄνθρωποι χρώμενοι γεγόνασι καὶ θεοῖς ἧττον ἢ μᾶλλον τῶν προτέρων μέλονται.

Suidas, *sub voce Sylla* 7, 6-9 (Adler 1989, 52)

Durante el consulado de Sila estalló en Roma una guerra civil. Livio y Diodoro dicen que había habido abundantes señales que anunciaban los males que iban a venir. De una atmósfera sin nubes y una ancha franja de cielo diáfano llegó el toque de una trompeta que emitía un sonido estridente y fúnebre. Todos los que la escucharon estaban fuera de sí de pánico, y los adivinos etruscos declararon que el prodigio anunciaba una nueva raza y un cambio en el mundo. Que, en efecto, había ocho razas humanas, que se diferencian una de otra por el modo de vida y las costumbres. Un dios asignó una Era a cada una de ellas, cerrándose el ciclo con un Gran Año. Que, de todos modos, al finalizar el periodo anterior y comenzar uno nuevo, surge de la tierra o del cielo alguna señal extraordinaria con la cual se hace rápidamente evidente para los entendidos en estas materias que han nacido unos hombres de un carácter y un género de vida diferentes, y que los dioses se preocupan por ellos menos que por los anteriores.

(Traducción de J.A.Villar Vidal)

Basta comparar este texto con otro de Plutarco sobre el mismo tema para evidenciar su dependencia:

τὸ δὲ πάντων μέγιστον, ἐξ ἀνεφέλου καὶ διαίθρου τοῦ περιέχοντος ἤχησε φωνὴ σάλπιγγος ὀξὺν ἀποτείνουσα καὶ θρηνώδη φθόγγον, ὥστε πάντας ἔκφρονας γενέσθαι καὶ καταπτῆξαι διὰ τὸ μέγεθος. Τυρρηνῶν δὲ οἱ λόγιοι μεταβολὴν ἑτέρου γένους ἀπεφαίνοντο καὶ μετακόσμησιν ἀποσημαίνειν τὸ τέρας. εἶναι μὲν γὰρ ὀκτὼ τὰ σύμπαντα γένη, διαφέροντα τοῖς βίοις καὶ τοῖς ἤθεσιν ἀλλήλων, ἑκάστῳ δὲ ἀφωρίσθαι χρόνων ἀριθμὸν ὑπὸ τοῦ θεοῦ συμπεραινόμενον ἐνιαυτοῦ μεγάλου περιόδῳ. καὶ ὅταν αὕτη σχῇ τέλος, ἑτέρας ἐνισταμένης κινεῖσθαί τι σημεῖον ἐκ γῆς ἢ οὐρανοῦ θαυμάσιον, ὡς δῆλον εἶναι τοῖς πεφροντικόσι τὰ τοιαῦτα καὶ μεμαθηκόσιν εὐθὺς ὅτι καὶ τρόποις ἄλλοις καὶ βίοις ἄνθρωποι χρώμενοι γεγόνασι, καὶ θεοῖς ἧττον ἢ μᾶλλον τῶν προτέρων μέλοντες. τά τε γὰρ ἄλλα φασὶν ἐν τῇ τῶν γενῶν ἀμείψει λαμβάνειν μεγάλας καινοτομίας, καὶ τὴν μαντικὴν ποτὲ μὲν αὔξεσθαι τῇ τιμῇ καὶ κατατυγχάνειν ταῖς προαγορεύσεσι, καθαρὰ καὶ φανερὰ σημεῖα τοῦ δαιμονίου προπέμποντος, αὖθις δ› ἐν ἑτέρῳ γένει ταπεινὰ πράττειν, αὐτοσχέδιον οὖσαν τὰ πολλὰ καὶ δι› ἀμυδρῶν καὶ σκοτεινῶν ὀργάνων τοῦ μέλλοντος ἁπτομένην. ταῦτα μὲν οὖν οἱ λογιώτατοι Τυρρηνῶν καὶ πλέον τι τῶν ἄλλων εἰδέναι δοκοῦντες ἐμυθολόγουν.

(Plut. *Sila*, 7, 3-9. Edidit B. Perrin)

Pero la mayor señal de todas fue que en un día sin nubes y despejado sonó una trompeta aguda, como en un lamento fúnebre, que dejó a todos aterrorizados y aturdidos por la fuerza de sonido. Los sabios etruscos mostraron que el presagio anunciaba un cambio de generación y un nuevo orden. Pues todas las generaciones suman ocho, diferentes entre sí por los tipos de vida y las costumbres, y la divinidad ha limitado su duración temporal en la revolución de un año grande. Cuando este llega a su final y el siguiente se acerca, se produce una señal prodigiosa en el cielo o en la tierra de modo que los que han estudiado estas cosas y las conocen se dan cuenta al momento de que van a nacer otros hombres, diferentes en géneros y modos de vida y de los que los dioses se preocuparán en mayor o menor medida que de los precedentes. Cuentan que, junto a otras cosas, en la sucesión de las edades se producen cambios, especialmente en lo que respecta a la adivinación que a veces crece en honra y logra un mayor éxito en sus predicciones, ya que la divinidad manda señales claras y evidentes; pero otras veces, con la llegada de una nueva generación, apenas tiene valor, puesto que se practica a la ligera en la mayoría de los casos y establece sus predicciones sobre el porvenir por medios oscuros y sombríos. Los mejores arúspices etruscos

contaban estos mitos y se consideraba que en estas cuestiones ese pueblo era más sabio que otros.
(Traducción de J. Cano Cuenca)

Podríamos pensar que el autor de la *Suda* tomó el texto de Plutarco; o quizás no, porque resulta que, entre ambos autores y cronologías, disponemos de un tercer texto sobre el mismo tema, de un autor menos conocido, Juan de Antioquía, historiador bizantino que escribe sobre asuntos romanos en la primera mitad del siglo VI.

He aquí el texto de su *Crónica* (gr. Ἰωάννου Ἀντιοχέως ἅπαντα τὰ σωζόμενα ἀποσπάσματα):

> Ἐντεῦθεν ὁ ἐμφύλιος ἀνήφθη πόλεμος β' καὶ ξ' καὶ χ' [ἔτει] μετὰ τὸν ἀν[οικισμὸν τῆς πόλεος], καθ' ὅ ἡ π[ρὸς Μιθρι]δάτην ἤρξατο 'Ρωμανίοις ἀπ[έχθει]α ἐπισημῆναι δὲ τὴν τῶν μελλόντων κακῶν φορὰν ἄ[λλα τε] πολλὰ Λίβιός τε καὶ Διόδωρος ἱστόρεησαν καὶ ἐξ ἀνεφέλου τοῦ ἀέρος καὶ αἰθρίας πολλῆς ἦχον ἀκουσθῆναι σάλπιγγος ὀξὺν ἀποτεινούσης καὶ θρηνώδη φθόγγον. Καὶ τοὺς μὲν ἀκούσαντας ἅπαντας ἔκφρονας ὑπὸ δέους γενέσθαι, τοὺς δὲ Τυρρηνῶν μάντεις μεταβολὴν τοῦ γένους καὶ μετακόσμησιν ἀποφήνασθαι σημαίνειν τὸ τέρας. Εἶναι μὲν γὰρ ἀνθρώπων η' γένη, διαφέροντα τοῖς βίοις καὶ τοῖς ἤθεσιν ἀλλήλων· ἑκάστῳ δὲ ἀφωρίσθαι χρόνον ὑπὸ τοῦ θεοῦ, συμπεραινόμενον ἐνιαυτοῦ μεγάλου περιόδῳ. Τῆς δ' οὖν προτέρας περιόδου τελευτώσης καὶ ἑτέρας ἐνισταμένης, κινεῖσθαί τι σημεῖον ἐκ γῆς ἢ οὐρανοῦ θαυμάσιον, ᾧ δῆλον εὐθὺς τοῖς τὰ τοιαῦτα σοφοῖς γίνεσθαι ὅτι καὶ τρόποις ἄλλοις καὶ βίοις ἄνθρωποι χρώμενοι γεγόνασι καὶ θεοῖς ἧττον ἢ μᾶλλον τῶν προτέρων μέλοντες. Ταῦτα μὲν οὖν εἴτε οὕτως εἴτε ἄλλως ἔχει, σκοπεῖν παρίημι, καίτοι λαβόντος ἐκ τῶν ἐπιγενομένων πιθανότητά τινα τοῦ λόγου. Τῷ γὰρ ὄντι ἐκ τοῦδε τὰ 'Ρωμανίων λογιζομένῳ ἥ τε πολιτεία πρὸς τὸ χεῖρον ἅπασα μεταπέπτωκε καὶ ἄνθρωποι φαύλοις χρησάμενοι τρόποις ἤνθησαν.
>
> Lambros, 1904, pp. 17-18 = Zusi, 1989, 23-24, 40-41 = ΑΠ. 98.7 (Mariev, 2008, pp. 114-115 = IV, 61-77 (Roberto, pp. 226-227).

> Entonces estalló la guerra civil, en el año 662 después de la fundación de Roma [92 a.C.], en el mismo período en que comenzó la hostilidad de los romanos contra Mitrídates. Cuentan Livio y Diodoro que muchas señales anunciaban el comienzo de los desastres inminentes, y que también se escuchaba desde el cielo despejado y completamente sereno el toque de una trompeta, que resonaba con un sonido agudo y lúgubre. Todos los que lo escuchaban estaban asombrados de angustia; los adivinos etruscos, en cambio, explicaban que el prodigio indicaba un cambio y una renovación del género humano. Hay en efecto ocho razas de hombres, diferentes entre sí en su forma de vida y costumbres; cada linaje tiene asignado por la deidad un tiempo, que termina con el ciclo de un gran año. Cuando termina un primer ciclo y comienza otro, se manifiesta desde la tierra o desde el cielo una señal prodigiosa, a través de la cual es inmediatamente claro para los que tienen conocimiento de estas cosas que diferentes hombres han venido al mundo en términos de conducta y formas de vida, que son menos queridos por los dioses que los que les precedieron. De hecho, omito preguntar si este es el caso o no, aunque esta interpretación recibe cierta credibilidad de los acontecimientos que siguieron. De hecho, considerando la historia romana a partir de ese momento, por un lado, el Estado en su conjunto degeneró en una condición peor, por el otro, florecieron hombres que tenían una conducta perversa.
>
> (Versión nuestra, sobre la traduccion de Zusi)

Los tres textos tienen la misma estructura: a) contar el hecho del sonido terrible de la trompeta profética; b) asignar a los sabios etruscos, es decir, a los arúspices, la competencia de su interpretación, y c) mencionar la teoría de la creencia "etrusca" de la sucesión de *saecula*, según la cual en un momento exacto y "crítico" marca el fin y/o el comienzo de otra Era. Ese momento "crítico" o paradigmático se anuncia mediante un prodigio o cadena de prodigios emanados de la voluntad de Júpiter, que gobierna los cielos y administra los relámpagos y los truenos, y así reconduce la conducta humana.

Vistos los documentos, obsérvese que Plutarco no cita sus fuentes de información, pero Juan de Antioquía, primero, y luego Suida/

Suda, que siguen a Plutarco con palabras y frases textuales, dicen tomarlo de Diodoro y de Livio, poniendo nombre al silencio de Plutarco sobre sus fuentes[16]. Dicho esto, proponemos este orden de transmisión textual del prodigio de la trompeta y el *saeculum*:

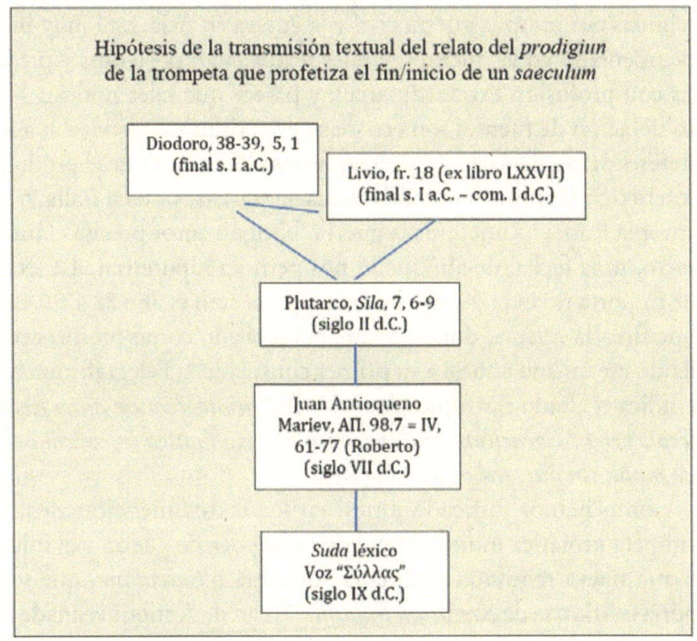

En este esquema, importa mucho el texto de Juan de Antioquía porque nos da una fecha concreta y un contexto: el estallido de la guerra civil en 92 a.C. y la guerra contra Mitrídates. De todos modos, el asunto aún se puede complicar más, pues advertimos que esta primera frase del texto del Antioqueno está tomada, traducida al griego, del *Breviarium* de Eutropio, donde leemos, V, 4, 1: *Anno*

[16] Cf. WALTON, pp. 236-251, esp. 243. ZUSI, 1989, p. 80, siguiendo la idea de Walton, cree que Juan de Antioquía habría seguido a una fuente distinta y anterior a Plutarco, ya que "Plutarco afferma che gli uomini della nuova età sono θεοῖς ἧττον ἢ μᾶλλον τῶν προτέρων μέλοντες, l'Antiocheno, omettendo ἢ μᾶλλον, ritiene che nella successione delle eta sia inevitabile un peggioramento".

urbis conditae sexcentesimo sexagesimo secundo primum Romae bellum civile commotum est, eodem anno etiam Mithridaticum ("En el año 662 desde la fundación de la ciudad se inició en Roma la primera guerra civil y en el mismo año también la guerra contra Mitrídates").

Todo el periodo que va de la guerra social a la dictadura de Sila, incluidas por tanto la guerra civil y la guerra en Asia, está muy bien documentado en las fuentes, y tales textos citan portentos y profecías con profusión extraordinaria[17]; y parece que tales noticias –las proliferacion de fuentes son eco de su gran difusion– sirvieron a los intereses particulares de sus protagonistas[18]. Creemos que el prodigio profético de la trompeta no debe situarse en Asia, sino en Italia, o en la propia Roma[19], concluída la guerra. Ningún autor precisa el lugar exacto, ni la fecha, de ahí que se nos permita hipotetizar. La fecha que importa no es la del inicio de la guerra, sino el año 88 a.C., que pone fin a la misma, donde Sila había luchado como pretor, accediendo ese mismo año 88 a su primer consulado[20]. Telegráficamente lo indica el citado Eutropio (*Brev.* V, 3): *Quinto demum anno finem accepit per L. Cornelium Sullam consulem, cum antea in eodem bello ipse multa strenue, sed praetor, egisset.*

Como hemos indicado antes, en los textos mencionados, la trompeta profética indica el final de una época de guerra y el inicio de otra nueva renovada o expiada –otra Era o *Saeculum*– que solo podría calificarse de *Saeculum Sillanum*. Juan de Antioquía añade de su cosecha, al final del párrafo citado la siguiente frase que no carece de interés, en la perspectiva de los siglos: "De hecho, considerando la historia romana *a partir de ese momento*, por un lado, el Estado en su conjunto degeneró en una condición peor, por el otro, florecieron hombres que tenían una conducta perversa". El año 88, por tanto es un año "bisagra" y *el año primero de la historia romana*. Y por "nuevo" no hay que entender "mejor"; el autor, transcurridos los siglos, y conocida la historia del final de la República señala que esta Era/

[17] Basta con leer las biografías plutarqueas de Mario y de Sila. Plutarco muestra un intereés especial por la adivinación.

[18] ZUSI, 1989, p. 80 n. 8, con profusa bibliografía sobre tales prodigios.

[19] SANTANGELO, 2013, p. 236 n. 8.

[20] Sila fue cónsul en los años 88 a. C. y 80 a. C. y dictador entre los años 81 a. C. y 80 a.C.

Saeculum estuvo dominada por hombres perversos. Seguramente tenía en mente la nueva guerra civil que vería más tarde ese siglo, y que el propio Antioqueno narra después en su *Crónica*.

La multiplicación de las consultas a los arúspices etruscos no ha de sorprender en estos años convulsos, ni las frecuentes intervenciones (complementarias o alternativas a las de los arúspices) de los *XVviri sacris faciundis*, que vieron sus *libri* desaparecer por las llamas que arrasó el templo de Júpiter Capitolino en el 83. Es una época donde la piedad y la impiedad se mezclan. Los mismos textos dados antes hablan de una "desatención" de los dioses hacia los hombres, donde estos son "menos queridos" por la divinidad y son malévolos en sus acciones (Juan de Antioquía), hombres a los que los dioses envían mensajes oscuros (Plutarco), hombres por los que los dioses se preocupan por ellos menos que por los de la generación anterior (*Suda*).

Otro ejemplo de las vacilaciones espirituales de la época[21], y de la actuación de los arúspices y de las "sibilas" en la interpretación de los prodigios, se percibe ese mismo año 88 en la profecía de la "sibila", "ninfa" o "profetisa Vegoia", conocida por las tradiciones de la ciudad etrusca de Chiusi, la latina *Clusium*. A esta mujer se atribuye la autoría de revelaciones que fueron reunidas, se ignora cuándo, en los libros que llevan su nombre, los *libri Vegoici*, obra que reúne prodigios y dicta doctrina para interpretar la voluntad de Júpiter expresada a través de los rayos, así como los rituales derivados consecuentes a esos prodigios fulgurales. De estos textos se colige que Vegoia (en realidad un nombre apócrifo) habría establecido también en estas obras una cartografía celeste, con divisiones o "casas", que tendrían expresión en la taxonomía (y en el examen) del hígado de los animales llevados al sacrificio, y que serían interpretados por los arúspices, peritos en estos *Libri Fulgurales*. La división del cielo es sagrada, y tiene reflejo en la tierra, estableciendo unos límites inviolables, cuya ruptura se castiga con grandes males, como se aprecia en un fragmento de estas profecías de Vegoia, como es el *Oraculum Vegoiae Arrunti Velthymno*. Lo interesante de este texto, y de otros textos antiguos que dicen beber de la tradición etrusca, de

[21] SANTANGELO, 2013, pp. 89-91, analiza el texto de Plutarco, *Sila*, 7, 3-9, pero sin aludir, sino de pasada, al concepto de *saeculum*.

estos libros sagrados –o al menos, una tradición sagrada– hace extensiva al tiempo estas reglas relativas al espacio cielo-tierra. En dicho texto leemos, entre otras profecías y admoniciones[22] que

> *Quos quandoque quis ob avaritiam prope novissimi octavi saeculi data sibi homines malo dolo violabunt contingentque atque movebunt.*

> Un día alguien, movido por la codicia, casi al final del siglo VIII, violará estos límites; los hombres, por maniobras fraudulentas, violarán los bienes que les han sido dados, los dañarán y los cambiarán de sitio.

Ese "siglo VIII" es el octavo de la historia etrusca, como recuerda Censorino (*quae octavo eorum saeculo*), fecha que no se puede llevar a una cronología racional del calendario romano. Lo que interesa ahora en este texto es el *tempus –saeculare–* como hito cronológico capaz de cambiar también los límites sagrados de la tierra. De aceptar estas cronologías laxas etruscas, en el año 88, con Sila, acaba el octavo *saeculum* y se inicia el *nonum*.

COYUNTURAS *SAECULARES* POSTSILANAS: EL TRIUNVIRATO DEL 43 A.C. Y LOS *LUDI SAECULARES* DE AUGUSTO DEL 17 A.C.

En otras fuentes del primer siglo, como Cicerón (*Cat.* 3,9) para 63 a. C. y Casio Dion (41, 14, 5) para 49 a. C., los autores describen varios presagios como signos de cambio político y agitación, sin identificar explícitamente estos fenómenos como presagios que presagiaban un nuevo *saeculum*. Pero será en el mes de julio de 44 a.C. cuando Octavio va a aprovechar diversos fenómenos celestes obervados durante los funerales de César (la aparición del *sidus Iulium*)[23] para recuperar la retórica del final de un *saeculum* y el comienzo de una Era nueva, renovada, de la que él es el elegido por la divinidad para protagonizarla.

[22] Versión española de la traducción de Guittard, 2004, p. 42.
[23] Cass. Dio 45, 7, 1.

Este hecho fue crucial en la biografía del joven Octavio-César, un punto de inflexión, como indica Plinio (*N.H.* II, 93-94). El cambio de *saeculum* no está explicitado en el texto pliniano, pero los acontecimientos políticos conducirían muy pronto, al año siguiente, a presentar la coyuntura política concreta para establecer el *breaking moment* en el que se pasa de la teoría a los hechos: la formación del triunvirato, en noviembre del 43 a.C. En este momento, los dioses se expresan mediante muchos prodigios, a los que alude, por ejemplo, Apiano, *B.C.* 4, 4, hechos admirables e incomprensibles que fueron sometidos a la interpretación de los arúspices etruscos, según recuerda el propio Apiano: "A la vista de lo cual, el senado trajo de Etruria a sacrificadores y adivinos, y el más anciano entre ellos, tras decir que retornaría el poder real de antaño y que todos serían reducidos a la esclavitud con la única excepción de su persona, mantuvo cerrada la boca y contuvo el aliento hasta que murió" (Ἐφ› οἷς ἡ μὲν βουλὴ θύτας καὶ μάντεις συνῆγεν ἀπὸ Τυρρηνίας· καὶ ὁ πρεσβύτατος αὐτῶν, τὰς πάλαι βασιλείας ἐπανήξειν εἰπών, καὶ δουλεύσειν ἅπαντας χωρὶς ἑαυτοῦ μόνου, τὸ στόμα κατέσχε καὶ τὸ πνεῦμα, ἕως ἀπέθανεν). Apiano no menciona el nombre de tal arúspice, Vulcanio, que sí es citado por Servio. Este autor indica, en la misma tradición etrusca de la teoría de los *saecula*, el fin de una Era y el comienzo de otra. Merece la pena recordarlo:

> *Caesaris astrum cum Augustus Caesar ludos funebres patri celebraret, die medio stella apparuit. ille eam esse confirmavit parentis [[sui:]] unde sunt versus isti compositi. [...] Quam quidam ad inlustrandam gloriam Caesaris iuvenis pertinere existimabant, ipse animam patris sui esse voluit ei que in Capitolio statuam, super caput auream stellam habentem, posuit: inscriptum in basi fuit 'Caesari emitheo'. Sed Vulcanius aruspex in contione dixit cometen esse, qui significaret exitum noni saeculi et ingressum decimi; sed quod invitis diis secreta rerum pronuntiaret, statim se esse moriturum: et nondum finita oratione, in ipsa contione concidit. hoc etiam Augustus in libro secundo de memoria vitae suae complexus est.*
>
> Serv. *Ad Verg. Ecl.* 9.47 (edit. Thilo)[24]

[24] También en CORNELL, 2013, *Augustus* F2.

> Cuando Augusto César estaba celebrando los juegos fúnebres de su padre, en medio del día apareció una estrella. Confirmó que era de su padre... Bebio Macro dice que la estrella salió hacia la hora octava, muy llena, coronada de rayos como cintas en la corona de un vencedor. Algunos pensaron que se refería a la iluminación de la gloria del joven César, pero él sostuvo que era el espíritu de su padre y le erigió una estatua en el Capitolio con una estrella dorada sobre su cabeza; inscrita en la base estaba la frase "Al semidiós César". Pero Vulcanio el arúspice en una reunión pública dijo que era un cometa *para indicar el final de la novena edad y el comienzo de la décima*, y que, al estar revelando los secretos de las cosas en contra de la voluntad de los dioses, presintió que estaba cerca su muerte; y en esa misma reunión pública, sin haber terminado aún su discurso, cayó muerto. Esto lo dice el propio Augusto en el segundo libro de las memorias de su vida.
>
> (Traducción nuestra)

Lo sustancial del texto es que la aparición del *sidus* significa el fin de un siglo, el noveno, y el comienzo de siguiente, *qui significaret exitum noni saeculi et ingressum decimi.* No hay que olvidar que la profecía de Vulcanio se hizo en público, durante una *contio*. Sabemos por la información del Acta epigráfica de los *ludi* (§24-28) que durante los preparativos se informaba del acto a los ciudadanos mediante *contiones*. De modo que la repercusión política de la profecía de Vulcanio fue enorme, con su mensaje negativo que presagiaba el final de un *saeculum*, el noveno, y el comienzo del siguiente. El hecho no puede desligarse de los conflictos políticos, ni de la aparición de nuevos prodigios, como la irrupción en el cielo de doce buitres durante los sacrificios realizados después de que Octavio fuera elegido cónsul[25], emulando el vuelo de los doce buitres sobre el cielo que dieron a Rómulo el *placet* divino. Es decir, la preasignación, o predestinación del *sidus Iulium*, se materializó con el triunvirato, que es, para Octavio,

[25] Suet. *Aug.* 95, 2; Obs. 69; Apiano, B.C. 3, 94; Cass. Dio 46, 46, 2–3.

el punto cero de su ascenso al poder unipersonal. En ese sentido, la profecía de Vulcanio se cumplió.

Posiblemente tenga razón Weinstock (1971, 195) cuando indica que la muerte de Vulcanio tiene un carácter simbólico, en el sentido de que con él muere una generación de adivinos etruscos especializados en las profecías de los *saecula*.

Estas ideas y estos acontecimientos se proyectan, más tarde, con la celebración de los *Ludi Saeculares* en mayo del año 17 a.C. Al igual que la conceptualización de los *saecula*[26], los *ludi* son de tradición etrusca[27], y desde sus inicios se vinculan con los Libros Sibilinos, de modo que, por ende, sus rituales están dirigidos y organizados por los *XVIviri sacris faciundis*. En época republicana se conocen Juegos Seculares en los años 249 y 149[28], pero no antes, ni después hasta su restauración o renovacion por Augusto, en mayo del año 17 a.C.[29] Estos son especiales por cuantos significan un "antes y un después" tanto en el concepto de *saeculum* como de *Ludi Saeculares*[30].

Precisamente en el año 17 a.C. se emiten monedas con hondo significado político y religioso: en tres emisiones del triunviro monetal

[26] Suet. *Iul.* 88.1-2: *Periit sexto et quinquagensimo aetatis anno atque in deorum numerum relatus est, non ore modo decernentium, sed et persuasione volgi. Siquidem ludis, quos primos consecrato ei heres Augustus edebat, stella crinita per septem continuos dies fulsit exoriens circa undecimam horam, creditumque est animam esse Caesaris in caelum recepti; et hac de causa simulacro eius in vertice additur stella.*

[27] Hall, 1986.

[28] Censorino, *De die natali* 17, 10–11; Zósimo, 2, 1–3. Bilynskyj Dunning, 2016, pp. 15-22 para la discusión de las fuentes.

[29] Más tarde, otros emperadores celebrarían estos Juegos Seculares, siendo los más importantes: Claudio en el 47 (estos son discutidos, cf. Bilynskyj Dunning, 2016, pp. 62-81); Domiciano en el 88 (Bilynskyj Dunning, 2016, pp. 82-97); Antonino Pío en el 147; Septimio Severo en el 204 (Bilynskyj Dunning, 2016, pp. 98-118), Filipo el Árabe en 248 (con ocasión del milenario de la Urbe, Bilynskyj Dunning, 2016, pp. 119-125) y Galieno en el año 268, "según los computos que cada uno de estos emperadores consideró más oportunos" (Moralejo, 2007, p. 481). Añádanse los *Ludi Saeculares* de Carusio, Diocleciano, y de Maximino Hercúleo. Todos estos emperadores acuñaron monedas con la leyenda alusiva a estos juegos, *vid.* la series en Bilynskyj Dunning, 2016, pp. 166-173. Mucho más frecuentes son las acuñaciones relativas al *Saeculum* emitidas por los emperadores, desde Adriano hasta Constantino, Bilynskyj Dunning, 2016, pp. 174-189.

[30] Por fortuna, de estos *Ludi Saeculares* estamos muy bien informados gracias a una gran inscripción encontrada en Roma en 1890, estudiada por Mommsen en 1891, publicada en CIL VI, 32323, y completada por el estudio definitivo sobre esta inscripción de Pighi, 1965, escrito en latín. El texto es copia del acta oficial, muy detallada de los preparativos, y de la gran solemnidad de las ceremonias y los *ludi*. De las 200 líneas

M. Sanquinio (RIC 1^2 338-340) reaparece la imagen del *sidus Iulium* durante la celebración de los *Ludi Saeculares*. En el anverso de uno de ellos (RIC 1^2 338) se ve el busto de de Augusto como hijo de César; en el reverso, la cabeza del mismo, con la corona de laurel apolínea y, encima, la imagen resplandeciente del *sidus*[31].

La imagen de este denario es una forma más de propaganda política en la que se intenta vincular el nuevo siglo, anunciado en 44 a.C. (muerte de César) y 43 a.C. (triunvirato, consulado de Octavio y el anuncio del *saeculum*), con los Juegos del 17 a.C., recordando al padre (político) César y su apoteosis[32] y enlazándolo con la nueva Era de esplendor que es la expresion festiva del *saeculum*, es decir, los *ludi Saeculares* de Augusto. Precisamente uno de los triunviros monetales de 17 a.C., Licinio Stolo, era también quindecémviro ese año, lo que apunta a una voluntad expresa del *collegium* por adueñarse, ante la opinión pública, de la celebracion de los *ludi*, orillando el

aproximadas que debió de tener, han llegado a nosotros 168, a veces con lagunas. Estos *ludi*, hito secular, como su propio nombre indica, se jutifica, de nuevo, por la serie de prodigios acontecidos en ese año. No es el momento de profundizar en estas noticias, que han sido bien estudiadas, entre otros, por Bicknell, 1991, pp. 123-128; Satterfield, 2016, pp. 325-348. Un brillante estado de la cuestion sobre estos *ludi* del 17 a.C., lo encontramos en Bilynskyj Dunning, 2016, pp. 37-61, con toda la bibliografía precedente y la discusión.

[31] Imagen tomada de Bilynskyj Dunning, 2016, p. 43, de la moneda que está en el Staatliche Museen zu Berlin, Münzkabinett Online Catalogue, http://smb.museum/ikmk/object.php?id=18207790.

[32] Scott, 1941, pp. 257-272.

protagonismo de los arúspices, que habían muerto, simbólicamente, con la muerte trágica de Vulcanio. Censorino recuerda, precisamente *que nonum et decimum (saecula) superesse, quibus transactis finem fore nominis Etrusci*[33].

CONCLUSIONES

Varios estudios han tratado antes sobre la noción romana de los *saecula*, de origen y tradición etrusca, que se proyecta a lo largo de toda la historia de Roma. Aquí únicamente hemos querido poner el acento en los textos, y su transmisión historiográfica, del prodigio que anuncia, en el año 88 a.C. un *saeculum novum*, que nos hemos atrevido a calificar de *sillanum*. El año del primer consulado de Sila marca el final de la guerra civil, la guerra fratricida (ἐμφύλιος πόλεμος) que tanto horroriza a los dioses. Son momentos críticos que se anuncian mediante prodigios, en sus inicios, en su desarrollo y en su final. Principios y finales de épocas traumáticas que, en época republicana, se adecúan a la teoría etrusca de la sucesión de los siglos, de ahí que se llame a los arúspices para que interpretasen estos prodigios, aunque se acuda, complementariamente, a las consultas de los quindecémviros. El prodigio de la trompeta de sonido lúgubre y terrible es uno más de estos casos, de los muchos que ponen de manifiesto la crisis política que dominó gran parte del siglo I a.C.

Los textos relativos al anuncio de la trompeta concluyen con reflexiones morales y con cierta tendencia a la apatía de los dioses hacia los hombres por sus maldades, es decir, la otra cara de la moneda: el desdén divino que provoca la impiedad y el deshonor que supone la ruptura de la concordia de los dioses con los hombres causada por una guerra entre romanos.

La situacion crítica de guerra civil se reabre tras la muerte de César, y se produce, en su funeral, de nuevo, una señal premonitoria del anuncio de un *novum saeculum* con la aparición del *sidus Iulium*. Como en el caso de Sila, este *initium* secular coincide con el primer

[33] *De die natali*, 17, 6.

consulado de Octavio, en 43 a.C.. La profecía del arúspice Vulcanio anuncia el fin del *saeculum nonum* (el que creemos que debe atribuirse a Sila), conforme a los textos de profigios del año 88 a.C. y el anuncio del décimo, el octaviano-augusteo.

Una vez concluida la segunda guerra civil en ese siglo, y establecida la paz en el Imperio, consolidado ya el principado augusteo, se aprovecha como argumento político-religioso una serie de prodigios del año 17 a.C. para recuperar la tradición etrusca de los *saecula* que, sin embargo, en ese momento carece de sentido, o parece anacrónica. Pero Augusto, de nuevo en un golpe de mano maestro de propaganda política, une dos tradiciones, la del señalamiento de los *saecula* (en el cómputo etrusco), con los *Ludi Saeculares* itálicos, y así, en el mencionado año 17 a.C., se organizan con gran fasto los *Ludi Saeculares*. Ciertamente, se había puesto fin a las guerras fratricidas, y en esa *pax deorum* restaurada cobra todo el sentido esta celebración jubilar ostentosa de los *Ludi Saeculares*, con mucho protagonismo de los quindecémviros y poco o nulo de los arúspices en el ceremonial público.

BIBLIOGRAFÍA

Adler, A.: *Suidae Lexicon*, volumes 1-5, Lipsiae, 1928-1938.

Bicknell, P. J.: "The Celestian Torch of 17 B.C.", *The Anc. Hist. Bull.* 5-6 (1991), pp. 123-128.

Bilynskyj Dunning, S. C.: *Roman Ludi Saeculares from the Republic to Empire*, Thesis, Department of Classics, University of Toronto, 2016.

Borle, J. P.: "Progrès o déclin de l'humanité. La conception de Lucrèce", *Museum Helveticum* 19 (1962), pp. 162-176.

Briquel, D.: "Millenarism", en M. Dumont (ed.), *Mélanges sur la question millénariste de l'Antiquité à nos jours*. Paris, Honoré Champion, 2018, pp. 265-278.

Cano Cuenca, J.: *Plutarco Vidas paralelas V: Lisandro-Sila; Cimón-Lúculo; Nicias-Craso*. Madrid, Gredos, 2016.

Chevalier, R.: *Aiôn. Le temps chez les Romains*. Paris, Éditions A. & J. Picard, 1976.

CORNELL, T. J. (ed.) *et al.*: *The Fragments of the Roman Historians*. 3 vols. New York, 2013.

GABBA, E.: "Mario e Silla", *ANRW* I.1 (1971), pp. 764-805.

GUITTARD, C.: "Reflets étrusques sur la Sibille. 'Libri Sibyllini' et 'Libri Vegoici'", en: Monique Bouquet, Françoise Morzadec (eds.), *La Sibylle: Parole et représentation*. Presses Universitaires de Rennes, 2004, pp. 30-42.

HAACK, M.-L.: *Les haruspices dans le monde romain*. Bordeax, Ausonius, 2003.

—: *Prosopographie des haruspices romains*. Pisa-Roma, Istituti editoriali e poligrafici internazionali, 2006.

HALL, J. F.: "The *Saeculum Novum* of Augustus and its Etruscan Antecedents", *ANRW* II 16.3 (1986), pp. 2564-2589.

KURFESS, A.: C. *Sallustius Crispus. Ad Caesarem de Re Publ.* Berlin, Teubner, 1970.

LAMBROS, S.: Ἀνέκδοτον ἀπόσπασμα Ἰωάννου τοῦ Ἀντιοχέως. Νέος Ἑλληνομνήμων, I, Αθήνα 1904.

MOMMSEN, T.: *Commentarium ludorum saecularium quintorum qui facti sunt imp. Caesare Divi F. Augusti Trib. Pot. VI*. Berlin, 1891.

MORALEJO, J. L.: *Horacio, Odas. Canto Secular- Épodos*. Madrid, Gredos, 2007.

MUNK HØJTE, J.: *Mithridates VI and the Pontic Kingdom*. Aarhus, Aarhus University Press, 2009.

PEREA YÉBENES, S.: "'El tiempo imperioso del mundo'. La temporalidad en los historiadores griegos y romanos", en Id., *Mitos greigos e historiografía antigua*. Sevilla, Padilla, 2000, pp. 117-162.

PERRIN, B.: *Plutarch Lives, IV, Alcibiades and Coriolanus. Lysander and Sulla*. Harvard University Press, 1916

PIGHI, I. B.: *De Ludis saecularibus populi romani quiritium*. Amsterdam, P. Schippers, 1965.

ROCCA-SIERRA, J.: *Censorinus, le jour natal*. Paris, Vrin, 1980.

SANTANGELO, F.: *Divination, Prediction and the End of the Roman Republic*. Cambridge, 2013.

SATTERFIELD, S.: "The Prodigies of 17 B.C.E. and the *Ludi Saeculares*", *TAPA* 146.2 (2016), pp. 325-348.

SCOTT, K.: "The *Sidus Iulium* and the Apotheosis of Caesar", *CPh* 36.3 (1941), pp. 257-272.

SORDI, M.: "La idea di crisi e di rinnovamento nella concezione romano-etrusca della storia", *ANRW* I.2 (1972), pp. 781-793.

THILO, G.: *Servii Grammatici Qui Feruntur in Vergilii Bucolica et Georgica Commentarii.* Berlin, Teubner, 1887 (repr. Hildesheim, 1961).

TURCAN, R.: "Rome eternelle et les conceptions greco-romaines de l'éternité", en "Roma Costantinopoli Mosca". *Atti de I seminario internazionale di studi storia da Roma alla terza Roma, 21-23 aprile 1981.* Napoli, Edizioni scientifiche italiane, 1983, pp. 7-30.

VILLAR VIDAL, J. A.: *Tito Livio. Períocas, Períocas de Oxyrrinco, Fragmentos – Julio Obsecuente, Libro de los prodigios.* Madrid, Gredos, 1995.

WALTON, F. R.: "A Neglected Historical Text", *Historia* 14 (1965), pp. 236-251.

WEINSTOCK, S.: *Divus Iulius.* Oxford, The Clarendon Press, 1971.

ZUSI, L.: *L'età mariano sillana in Giovanni Antiocheno.* Roma, l'Erma di Bretschneider, 1989.

2.
SOBRE LA FLUCTUACIÓN EN LAS ALIANZAS DURANTE EL CONFLICTO MITRIDÁTICO. ALGUNOS CASOS SIGNIFICATIVOS EN EL ÁMBITO ANATÓLICO

Isaías Arrayás Morales[1]
Universidad Autónoma de Barcelona

INTRODUCCIÓN

El conflicto bélico, de altísima intensidad, que enfrentó a Mitrídates VI Eupator, rey del Ponto (120-63 a.C.), con la República romana, conocido como las Guerras Mitridáticas, transcurriría entre los años 89 y 63 a.C., abarcando un largo período de más de tres décadas coincidente con los momentos de hegemonía política en Roma de L. Cornelio Sila (*cos.* 88, 80 a.C.), L. Licinio Lúculo (*cos.* 74 a.C.) y Cn. Pompeyo Magno (*cos.* 70, 55, 52 a.C.). Estos eminentes *imperatores*, cuyas decisiones resultarían decisivas en la transformación y crisis del sistema republicano romano, se sucederían en el mando del conflicto contra el rey póntico, en sus diferentes fases, un conflicto que se revelaría como trascendental y que, no en vano, supondría a su término, de la mano de Pompeyo, la confirmación de la hegemonía romana en el ámbito oriental del Mediterráneo.

En concreto, a lo largo de las líneas que siguen, se propone, en primer lugar, una aproximación a los principales apoyos del monarca póntico a inicios de su guerra contra Roma, para, a continuación, focalizar la atención en el caso de diversas *poleis* anatólicas, en particular de la provincia romana de Asia, muy importantes y significativas. Se aborda el caso de las emblemáticas comunidades asiáticas de Pérgamo

[1] Investigador miembro del proyecto *Control, gestión y explotación del territorio en la Hispania romana. Del modelo agrimensor al paisaje histórico* (MICINN PID2021-122879OB-I00 HIS) y del *Grup de Recerca Consolidat Món antic: Conflicte, economies, societats* (AGAUR 2021 SGR 00246).

(Bergama), Mitilene (Mitiline), Éfeso (Selçuk) y Cícico (Belkiz Kale), que se comprometerían en gran medida con el rey durante la I Guerra Mitridática (89-85 a.C.), pero que, no obstante, acabarían asumiendo el dominio romano después de la victoria parcial de Sila y del establecimiento de llamada Paz de Dárdano en el verano del 85 a.C., con la que se cerraría la primera fase del conflicto y que traería consigo severas represalias para las *poleis* asiáticas que se habían decantado por el bando póntico. Se trata de un traumático proceso de aceptación de la hegemonía romana que, en general, sería liderado por las élites cívicas tradicionales, convenientemente depuradas, que habrían aceptado lo estéril de resistir a Roma, aunque en el caso de una *polis* como Éfeso, que, como capital de la provincia de Asia habría sufrido de manera particular el impacto del dominio de Roma, sería el creciente elemento romanoitálico residente, integrado en gran medida por agentes de poderosos hombres de negocios, ricos e influyentes, el principal impulsor de la recuperación cívica. Por último, como contrapunto, se aborda también el caso paradigmático de la *polis* de Heraclea Póntica (Karadeniz Ereğli), ciudad libre y aliada de los romanos desde el año 188 a.C., que, no obstante, experimentaría una clara deriva filopóntica tras la Paz de Dárdano, que culminaría con la plena adhesión de Heraclea a la causa póntica en vísperas de la III Guerra Mitridática (74-63 a.C.).

SOBRE LOS APOYOS DEL REY PÓNTICO

En primer lugar, cabe recordar que Mitrídates Eupator contó con extraordinarios recursos y valiosos aliados que le permitieron mantener en jaque la hegemonía romana en Oriente durante casi tres décadas. De los apoyos iniciales, que a su vez fomentaron una gran adhesión a su causa en los territorios anatólicos y particularmente asiáticos, informarían principalmente los conocidos discursos del general póntico Pelópidas, que son recogidos por Apiano[2]. Estos discursos, pronunciados por Pelópidas ante el legado romano Mn. Aquilio (*cos.*

[2] App. *Mith.* 12-13, 15-16.

101 a.C.), que fue enviado a tierras anatólicas en las vísperas de la I Guerra Mitridática para hacer desistir al rey póntico, proporcionan un extenso inventario de los aliados de Mitrídates Eupator a inicios del conflicto, un inventario que quedaría completado por otras referencias literarias importantes, particularmente las de Justino y Memnón de Heraclea[3]. Ciertamente, en los discursos de Pelópidas se alardea de la alianza con Estados y pueblos que no participaron directamente en las hostilidades, indicio de una exageración de las fuentes textuales transmisoras, siempre tendentes a ello, o, quizás, de la existencia de negociaciones infructuosas entre Estados que no cristalizaron. No obstante, esto solo vendría a matizar los apoyos con los que Mitrídates Eupator debió contar en realidad a inicios del conflicto mitridático, que, a buen seguro, fueron muy importantes y que, no en vano, le permitieron desencadenar y mantener una guerra de altísima intensidad contra la República romana.

Según Pelópidas, entre los aliados del rey póntico cabría contar los pueblos que había ido sometiendo en el litoral del Mar Negro y que, en virtud de los tratados firmados, servirían en su ejército: escitas, taurios, bastarnas, tracios, sármatas, iberos y todos los que habitaban en la región de los ríos Tanais (Don) e Istros (Danubio), y la Meótide[4], además de los *gallograeci* y los cimbrios, probablemente en alusión a gálatas y cimerios[5]. En este sentido, resulta revelador

[3] Just. 38.3.6-7; Memn. 22.4-6.

[4] App. *Mith.* 15: "Pues debéis considerar que Mitrídates reina en los dominios de su padre, que tienen una longitud de veinte mil estadios, y que se ha anexionado muchos otros pueblos vecinos, entre ellos los colcos, un pueblo sumamente belicoso, los griegos que habitan a orillas del Ponto y los bárbaros que están más allá. Y cuenta con amigos dispuestos a cumplir todo lo que se les mande, como los escitas, tauros, bastarnas, tracios, sármatas y todos los pueblos que habitan en la región del Don, del Danubio y del mar de Azov. Tigranes el armenio es su yerno y Arsaces de Partia, su aliado; posee una gran cantidad de naves, una parte dispuesta ya y otra en plazo breve, y material de guerra digno de mención en todos los aspectos". Para los textos del *Mithridateios* de Apiano se han seguido las traducciones de la edición de Gredos (Sancho, 1980). Para otros textos antiguos referidos en el artículo, de los que se ha utilizado traducciones de los originales en latín o en griego, se han seguido también las de Gredos: Plutarco (Bergua et al., 2007 y Cano et al., 2007); Justino (Castro, 1995); Estrabón (De Hoz, 2003 y Vela, Gracia, 2001); Tácito (Moralejo, 1979); Suetonio (Ramírez, Agudo, 1992); Orosio (Sánchez Salor, 1982).

[5] Just. 38.3.6: "Después de esto, Mitridates, comprendiendo cuán importante era la guerra que suscitaba, envía embajadores a pedir ayuda a los cimbros, a los galogriegos y a los sármatas y bastarnas. Pues, pensando hacer la guerra a los romanos, ya antes

un decreto de la *polis* de Quersoneso Táurico (Khersones), en la Táuride, en el que se honra al general póntico Diofanto, hijo de Asclepiodoro[6], que dirigió tres campañas en esa región, derrotando sucesivamente a los jefes escitas Palaco y Saumaco[7]. Por su parte, Estrabón informa de que Quersoneso "gozaba de autonomía, pero, tras ser saqueada por los bárbaros, se vio en la necesidad de acogerse a la protección de Mitrídates Eupator (ἠναγκάσθη προστάτην ἑλέσθαι Μιθριδάτην τὸν Εὐπάτορα), cuando este se encontraba dirigiendo una campaña contra los bárbaros qué habitan por encima del istmo hasta el Borístenes y el Adriático"[8].

Respecto a los grandes Estados del ámbito oriental, Pelópidas se referiría a continuación a la alianza de Mitrídates Eupator con Tigranes II, rey de Armenia (95-55 a.C.)[9], su yerno, que pudo haber enviado a sus generales Mitraas y Bagoas para destronar a Ariobarzanes I Filorromano, rey de Capadocia (*ca.* 95/4-65/4 a.C.), y suplirlo nuevamente por Ariarates IX (*ca.* 101-96 a.C.), hijo del monarca póntico[10]. En cualquier caso, la realidad es que la alianza póntico-armenia no se revelaría efectiva hasta la III Guerra Mitridática, cuando Tigranes II no tuvo más remedio que implicarse

---

se había atraído el favor de todos estos pueblos con la concesión de varios beneficios. Hace venir también al ejército de Escitia y arma a todo el Oriente contra los romanos". El término *gallograeci*, también empleado por Cicerón (*Har.* 28: *Brogitaro Gallograeco*), así como por Apiano (*Mith.* 114: Γαλλογραικῶν) o Estrabón (12.5.1: Γαλατίαν καὶ Γαλλογραικίαν), podría aludir a la helenización de los gálatas, galos que irrumpieron en Anatolia en el s. III a.C. y que se instalaron al sur de Bitinia y Paflagonia. En este sentido, podría haber sido acuñado por los mismos romanos para incidir en el mestizaje de esos galos orientales, algo que habría mitigado su agresividad respecto a los que habitaban en Occidente. BALLESTEROS, 2013, pp. 165-166.

6 IOSPE I2 352; SIG3 709; SEG 30, 963.

7 Str. 7.4.3-7.

8 Str. 7.4.3.

9 App. *Mith.* 15.

10 App. *Mith.* 10-11; Just. 38.3.2-4. El acuerdo entre Mitrídates Eupátor y Tigranes II para la invasión de Capadocia se reforzaría con el matrimonio entre el rey armenio y una de las hijas del póntico, Cleopatra (Just. 38.3.1-3). No obstante, la intervención de Sila impondría la restauración de Ariobarzanes I en el trono capadocio. Sila además firmaría un tratado con el rey parto Mitrídates II Ársaces que establecía en el río Éufrates el límite de influencia de las dos potencias (App. *Mith.* 10, 56-57, *BC* 1.77; Plu. *Sull.* 5.4; Liv. *Per.* 70.6; Vell. 2.24.3; Str. 12.2.11; Just. 38.3.8; Front. *Strat.* 1.5.18; Fest. 15.2; Flor. *Epit.* 1.46.4; Aur.Vict. *De uir.ill.* 75.4).

plenamente en el conflicto con Roma ante la irrupción de Lúculo en sus dominios en el 69 a.C.[11].

Pelópidas aludiría también a una alianza con Mitrídates II Ársaces, rey de los partos (*ca.* 124-91 a.C.), con quien el rey póntico pudo haber iniciado negociaciones que, sin embargo, no habrían llegado a buen puerto[12]. Más tarde, ya en el año 69 a.C., avanzada la III Guerra Mitridática, Mitrídates Eupator y Tigranes II, en graves apuros ante Lúculo, intentarían nuevamente el pacto con otro rey parto, citado en los textos antiguos como Ársaces, que se identifica con Fraates III (*ca.* 69-57 a.C.), hijo de Sinatruces (*ca.* 78/7-70/69 a.C.). En cualquier caso, los contactos tampoco cuajarían en esta ocasión a causa de la rivalidad entre el rey parto y el armenio, erigido en nuevo ***basileus basileon***[13]. Fue entonces cuando el monarca póntico enviaría a su homólogo parto una célebre y controvertida carta, recogida por Salustio, la llamada *Epistula Mithridatis*, en la que le advertía del principal vicio de los romanos: la *auaritia*[14]. Asimismo, entre los aliados de Mitrídates Eupator, los textos antiguos citarían también a los medos, en alusión probablemente a Media

[11] App. *Mith.* 84-85; Plu. *Luc.* 24-25; Memn. 22.4, 38; Fest. 15.3; Front. *Strat.* 2.1.14; Eutr. 6.8-9.

[12] App. *Mith.* 15; Memn. 22.4; Posidon. 5.213a: καὶ βασιλεῖς μὲν αὐτὸν Ἀρμενίων καὶ Περσῶν δορυφοροῦσι.

[13] Sal. *Hist.* 4.69.3; D.C. 36.3.2, 45.3. Véase también: App. *Mith.* 87. En el 87 a.C., Tigranes II aprovechó los problemas internos del reino parto tras la muerte de Mitrídates II para independizarse y extender sus dominios sobre Adiabene, Sofene, Gordiene, Migdonia, Osroene, Atropatene y Mesopotamia. Esto le permitió adoptar el título de "rey de reyes" (*basileus basileon* o *šar šarrāni)*, propio de los monarcas partos, continuadores de la tradición dinástica persa (Str. 11.14.15; Plu. *Luc.* 14.6-7, 21.6-7; App. *Syr.* 48: ἔθνη πολλὰ τῶν περιοίκων ἰδίοις δυνάσταις χρώμενα ἑλών, βασιλεὺς ἀπὸ τοῦδε βασιλέων ἡγεῖτο εἶναι). Tigranes II ya habría asumido el título de "rey de reyes" en el 71/0 a.C., coincidiendo con los reyes partos Fraates III y Mitrídates IV (*ca.* 57-55 a.C.), y lo conservaría hasta su muerte en el 55 a.C. (Plu. *Luc.* 21.7): GRIFFITHS, 1953; CALLATAŸ, LORBER, 2011; MUCCIOLI, 2013, pp. 395-417; ENGELS, 2014.

[14] Sal. *Hist.* 4.69. Sobre la controvertida carta del rey póntico, reflejo de la propaganda que desplegó, y el tópico de la avaricia de los romanos: CASTIGLIONI, 1928; BROUGHTON, 1938, 534; BICKERMAN, 1946; MAGIE, 1950, pp. 344, 1217; SANFORD, 1950; WILL, 1967, p. 498; RADITSA, 1969 y 1969-70; SALOMONE GAGGERO, 1976; MCGING, 1986, pp. 105-106, 143-144, 154-162; AHLHEID, 1988; DONAIRE, 1989; VIAL, 1995, pp. 142-143; BALLESTEROS, 1996a, pp. 391-396, 424-426 y 2013, pp. 61-76; SANTOS YANGUAS, 1998, pp. 235-237; ADLER, 2006; ERÇIYAS, 2005, pp. 27-28; RUSSO, 2009; SANTANGELO, 2009.

Atropatene, que se encontraba bajo la influencia de Tigranes II[15], donde reinaba Mitrídates I (*ca.* 100-66 a.C.), yerno del rey armenio, a quien asistiría en la batalla de Tigranocerta (quizás Silvan) frente a Lúculo en octubre del 69 a.C.[16].

Más cuestionable resultaría el posible apoyo a la causa póntica de los monarcas seléucida y ptolemaico, también aludidos por Pelópidas en su diatriba, en la que afirma que Mitrídates Eupator "ha enviado embajadores a Egipto y Siria para congraciarse a sus reyes"[17] y que estos se habían puesto de su parte[18]. No obstante, se trata de algo difícil de asumir, pues, a pesar de que el rey póntico pudiera haber reclutado mano de obra cualificada para su flota en Fenicia y en Egipto, tal y como afirma Pelópidas, no parece que se hubiera concretado ninguna alianza propiamente dicha[19]. La realidad es que estos reyes se habrían decantado por adoptar una prudente neutralidad, a tenor de su debilidad, evitando cualquier alianza oficial con alguno de los contendientes. Sin embargo, ciertamente, en los años previos al conflicto mitridático, los monarcas seléucida y ptolemaico habrían mantenido buenas relaciones con su homólogo póntico. Así, por ejemplo, Antíoco VIII Epífanes (125-96 a.C.) aparece entre los eminentes personajes citados en el *heroon* que los atenienses dedicaron a Mitrídates Eupator en Delos en el año 102/1

[15] Str. 11.14.15: "Fueron súbditos suyos los pueblos atropateno y gordieo, y con ellos el resto de Mesopotamia, y todavía se apoderó, descendiendo por el Eufrates, de Siria propiamente dicha y de Fenicia"; Memn. 22.4: συμμάχους δὲ Πάρθους καὶ Μήδους καὶ Τιγράνην Ἀρμένιον καὶ τοὺς σκυθικοὺς βασιλεῖς καὶ τὸν Ἴβηρα προσηταιρίζετο.

[16] App. *Mith.* 85-86; Plu. *Luc.* 26-28, 31.7; Str. 11.14.15; Memn. 22.4, 38.3-6; D.C. 36.14.2; Sal. *Hist.* 4.17-18; Front. *Strat.* 2.1.14, 2.4; Eutr. 6.9.1; Oros. 6.3.6-7. Reinach, 1890, pp. 361, 365, 367; Magie, 1950, pp. 343-344, 1215-1216; Sullivan, 1990, pp. 100-105, 112-120; Syme, 1995, pp. 308-316; Ballesteros, 1996a, pp. 91, 246-249. Mitrídates I de Media Atropatene habría contraído matrimonio con la hija de Tigranes II y la princesa póntica Cleopatra, hija a su vez de Mitrídates Eupátor. Ballesteros, 2018, p. 276.

[17] App. *Mith.* 13.

[18] App. *Mith.* 16: "Y no os mintieron tampoco recientemente los bitinios acerca de los reyes de Egipto y Siria, los cuales no solo es lógico que se pongan de nuestra parte, si llega a estallar la guerra, sino también los territorios de Asia que habéis adquirido hace poco, Grecia, África y muchos lugares de la propia Italia que, por no soportar vuestra ambición, llevan a cabo una guerra implacable contra vosotros"; Sal. *Hist.* 4.69.10.

[19] App. *Mith.* 13: "(Mitrídates Eupator) Ha contraído, además, una alianza matrimonial con Armenia y ha enviado embajadores a Egipto y Siria para congraciarse a sus reyes. Cuenta también con trescientos navíos acorazados y construye otros más, y ha mandado buscar segundos de a bordo y pilotos en Fenicia y Egipto".

a.C. (βασιλέα Ἀντίοχον Ἐπιφανῆ Φιλομήτορα Καλλίνικον)[20], dedicado por Heliánax, hijo de Asclepiodoro, sacerdote de Poseidón Aisios (διὰ βίου ἱερεὺς Ποσειδῶνος Αἰσίου) y también de los Dioscuros/Cabiros (Θεῶν Μεγάλων Σαμοθρᾴκων Διοσκούρων Καβε[ίρων])[21]. Igualmente, entre las personalidades referidas en el *heroon* de Delos aparecen significativamente dos oficiales del rey parto Mitrídates II, citado como "rey de reyes" (βασιλέως βασιλέων μεγάλου Ἀρσάκου)[22], indicio de las buenas relaciones entre el Ponto y Partia, así como el rey de Capadocia, Ariarates VII Filométor (*ca.* 116-101 a.C.) (βασιλέα Ἀριαράθην Φιλομήτορα), sobrino de Mitrídates Eupator, aunque la aparición del nombre de este en el monumento podría ser más bien indicio del control ejercido por el Ponto sobre Capadocia, dado que Mitrídates Eupator intervendría en ese reino en respuesta a la invasión del mismo por parte del rey bitinio Nicomedes III Evérgetes (*ca.* 127-94 a.C.) hacia el 103/2 a.C.[23].

A los apoyos enumerados por Pelópidas en sus discursos, cabría sumar particularmente las controvertidas colaboraciones entre Mitrídates Eupator y los piratas de la región, reiteradamente aludidas por los textos antiguos, que parecen iniciarse en el marco de la I Guerra Mitridática, para intensificarse en la tercera y última fase del conflicto. En efecto, el rey póntico parece que se beneficiaría de la acción de los piratas, que lo socorrerían en varias ocasiones[24] y

---

[20] OGIS 258; I.Délos 1552: βασιλέα Ἀντίοχον Ἐπιφανῆ Φιλομήτορα / Καλλίνικον τὸν ἐγ βασιλέως Δημητρίου / καὶ βασιλίσσης Κλεοπάτρας ὁ ἱερεὺς / Ἡλιάναξ Ἀσκληπιοδώρου Ἀθηναῖος θεοῖ.

[21] OGIS 430; I.Délos 1581 (ll. 3-5).

[22] OGIS 430; I.Délos 1581 (l. 2).

[23] I.Délos 1576: βασιλέα Ἀριαράθην Φιλομήτορα βασιλέος / Ἀριαράθου Ἐπιφάνους / καὶ Φιλοπάτορος ὁ ἱερεὺς Ἡλιάν[αξ] / Ἀσκληπιοδώρου Ἀθηναῖος θε[οῖς]. Ballesteros, 2020, p. 401. Sobre el *heroon* y sus epígrafes (I.Délos 1552, 1569-1574, 1576, 1581-1582), que nombran a diversos dignatarios y también a generales del rey póntico, tales como Dorilao o Diofanto: Ferguson, 1911, pp. 438-439; Roussel, 1916, pp. 290, 320, 426-428; Dürrbach, 1921, n. 136h-i; Chapouthier, 1935, pp. 13-42; Rostovtzeff, 1941, pp. 833-834, 1531; Risom, 1948; Magie, 1950, pp. 214, 1102; Ducat, Bruneau, 1966, p. 140; Bruneau, 1968; Price, 1984, p. 134; McGing, 1986, pp. 84-85, 90-91; Vial, 1995, p. 140; Ballesteros, 1995, 1996a, pp. 424-426, 431-436, 1996b, p. 77 y 2006; Callataÿ, 1997, p. 282; Mastrocinque, 1999a, p. 15; Erçiyas, 2005, pp. 134-146; Kreuz, 2009; Olbrycht, 2009, pp. 167-168; Queyrel, 2018.

[24] App. *Mith.* 78: "A Mitrídates, cuando navegaba hacia el Ponto, le sobrevino una segunda tormenta (...) y él mismo, al haberse abierto una vía de agua en la nave capitana, embarcó, pese a la oposición de sus amigos, en un pequeño barco de piratas. Estos

que, incluso, en la III Guerra Mitridática contribuirían a la defensa de las ciudades pónticas de Amiso (Samsun) y Sínope (Sinop), asediadas por las tropas de Lúculo[25]. Además, es posible que los piratas proporcionaran al rey datos sobre las maniobras de los romanos y, particularmente, sobre los avances del disidente Q. Sertorio (*pr.* 85 u 83 a.C.) en Hispania frente a las tropas silanas, un Sertorio que, por su parte, también mantendría contactos con los piratas, aunque de naturaleza esporádica y cambiante[26]. Así, los piratas podrían haber ejercido de auténtica "correa de transmisión" entre el rey póntico y el disidente romano, contribuyendo, de alguna manera, a que se conocieran y supieran el uno del otro, y, por tanto, al establecimiento de un tratado póntico-sertoriano ya en vísperas de la III Guerra Mitridática, que, eso sí, no llegaría a hacerse efectivo dada la derrota de los sertorianos[27]. En cualquier caso, parece que la ayuda que los piratas proporcionaron al rey póntico solo habría sido coyuntural y, en general, estos habrían actuado por iniciativa propia, aprovechando las oportunidades ofrecidas por la misma situación bélica que habría facilitado su acción y su proliferación[28].

Por otro lado, respecto a los apoyos del rey, también cabría destacar de manera particular el hecho de que, en el marco de la primera fase del conflicto mitridático, buena parte de las *poleis* de la provincia romana de Asia y del ámbito del Egeo, así como algunas

---

le pusieron a salvo en Sinope, desde donde navegó remolcado hasta Amiso y envió a pedir auxilio a su yerno Tigranes el armenio y a su hijo Macares (...)"; Plu. *Luc.* 13.3: "así que trasladándose a un bergantín pirata (ληστρικὸν μυοπάρωνα) y confiando su seguridad a los corsarios (πειραταῖς), ya sin esperanza, (el rey) se salvó arriesgadamente llegando a Heraclea, en el Ponto".

[25] Memn. 37.1; Plu. *Luc.* 23.2; Str. 12.3.11; Oros. 6.3.2: *Lucullus Sinopem expugnaturus obsederat; hanc Seleucus archipirata et Cleochares spado, qui praesidii causa praeerant, expilatam atque incensam reliquerunt.* Véase también: App. *Mith.* 83; Cic. *Man.* 21; Liv. *Per.* 98; D.S. 14.31.2; Flor. *Epit.* 1.40.18-19; Eutr. 6.8.2.

[26] Plu. *Sert.* 7.5, 8.2, 9.2-3.

[27] Sobre el tratado póntico-sertoriano, cuyas negociaciones debieron producirse hacia finales del 75 o principios del 74 a.C., siempre antes de la primavera del 73 a.C., cuando se desencadenaría la III Guerra Mitridática, y que debió sellarse hacia mediados del 74 a.C.: App. *Mith.* 68; Plu. *Sert.* 23-24, *Luc.* 8.5; Liv. *Per.* 93.3; Sal. *Hist.* 2.79; Flor. *Epit.* 2.10.4; Cic. *Man.* 9, *Mur.* 32, *Ver.* 2.1.87; Oros. 6.2.12.

[28] En general sobre la problemática en torno a la intervención de los piratas en el establecimiento de los contactos entre Sertorio y Mitrídates Eupator: Arrayás, 2010a, 2013a y 2013b.

de la Grecia continental, optaran por la causa póntica y enviaran embajadas al rey, cuyo prestigio no había dejado de crecer en los años previos a la guerra y que, además, se estaba mostrando imparable en Anatolia ante la impotencia de las fuerzas romanas que claramente no estaban en condiciones de afrontar una guerra de tal calado. Si bien la conquista póntica de la provincia de Asia se prolongaría durante el año 89 y parte del 88 a.C., dada la existencia de diversos focos de resistencia, el rey, según informan Apiano y Plutarco, ya pasaría el invierno del 89 a.C. en Éfeso, ocupado en la construcción de una flota y en la reorganización de los territorios conquistados[29]. Asimismo, impulsaría su diplomacia y recibiría embajadas de *poleis* de Asia y del Egeo, así como de la Grecia continental.

Entre estas embajadas destacaría la enviada por Atenas, referida por Posidonio de Apamea, cuyo testimonio recoge Ateneo de Naucratis, que debió realizarse a inicios del año 88 a.C. o, más probablemente, a finales del 89 a.C., encabezada por Atenión (Ἀθηναίων πρεσβευτής)[30], líder de la facción filopóntica de la ciudad (llamado Aristión por Apiano)[31], que arrebataría el poder a la facción filorromana, hasta entonces preponderante, liderada por el eminente Medeo del Pireo, que había sido arconte epónimo cuatro veces, las tres últimas consecutivas entre los años 91 y 89 a.C.[32].

---

[29] App. *Mith.* 21-22; Plu. *Sull.* 11.2.

[30] Posidon. 5.212a: καὶ χειροτονηθεὶς ὑπὸ τῶν Ἀθηναίων πρεσβευτής, ὅτε εἰς Μιθριδάτην τὰ πράγματα μετέρρει, ὑποδραμὼν τὸν βασιλέα τῶν φίλων εἷς ἐγένετο, μεγίστης τυχὼν προαγωγῆς, διόπερ μετεώριζε τοὺς Ἀθηναίους δι᾽ ἐπιστολῶν ὡς τὰ μέγιστα παρὰ τῷ Καππαδόκῃ δυνάμενος, ὥστε μὴ μόνον τῶν ἐπιφερομένων ὀφλημάτων ἀπολυθέντας ἐν ὁμονοίᾳ ζῆν, ἀλλὰ καὶ τὴν δημοκρατίαν ἀνακτησαμένους, καὶ δωρεῶν μεγάλων τυχεῖν ἰδίᾳ καὶ δημοσίᾳ. ταῦτα οἱ Ἀθηναῖοι διεκόμπουν τὴν Ῥωμαίων ἡγεμονίαν καταλελύσθαι πεπιστευκότες. Asimismo, Posidonio (5.213d), único autor antiguo que habla de Atenión, informa también de que este logró ser στρατηγὸν ἐπὶ τῶν ὅπλω , es decir, comandante en jefe, cargo especialmente relevante y más si se tiene en cuenta que el 88/7 a.C. fue un año de *anarchia* en Atenas y que no hubo arconte epónimo.

[31] App. *Mith.* 28: "(Arquelao) Les envió (a los atenienses) el tesoro sagrado desde Délos por medio de Aristión (Atenión, según Posidonio), un ateniense, proporcionándole una escolta de dos mil soldados para custodiar el tesoro. Aristión utilizó a estos hombres para convertirse en tirano de su patria (ἐτυράννησε τῆς πατρίδος) y mató, de inmediato, a una parte de los atenienses, bajo la acusación de favorecer a los romanos, y a otros los envió a Mitrídates e hizo todo esto a pesar de que practicaba la filosofía epicúrea"; Posidon. 5.212a; Plu. *Sull.* 13; Paus. 1.20.5.

[32] SIG3 733; IG III 1014. Véase también: Plu. *Sull.* 13; Paus. 1.20.5. Sobre las polémicas figuras de Atenión y de Aristión, y la adhesión de Atenas a la causa mitridática:

También cabría destacar que habría sido entonces cuando el rey póntico debió recibir una embajada de los itálicos sublevados en el *Bellum Sociale* (91-87 a.C.), referida en los textos antiguos. En los discursos de Pelópidas, recogidos por Apiano, se habla del apoyo de "muchos lugares de la propia Italia" (καὶ πολλὰ καὶ αὐτῆς Ἰταλίας), algo que debe entenderse en el contexto de esa "guerra fraticida" que fue el *Bellum Sociale*[33], mientras que Diodoro Sículo aludiría directamente al envío de una embajada itálica (πέμπουσιν οἱ Ἰταλοὶ πρὸς Μιθριδάτην τὸν βασιλέα Πόντου) para pedir la ayuda del rey contra Roma e incitarlo a invadir Italia (ἀξιοῦντες ἐπὶ τὴν Ἰταλίαν κατὰ Ῥωμαίων ἄγειν τὰς δυνάμεις)[34]. Estos testimonios se han relacionado con un raro estatero, conservado en el Cabinet des Médailles de París, que presenta características similares a los bronces acuñados en los centros pónticos de Amiso y Dia (Akçakoca), y, particularmente, una leyenda en osco en el exergo, MI(NIUS) IEIUS MI(NII) [filius], quizás referida al líder itálico artífice de la emisión[35].

Esta controvertida embajada itálica ante el rey póntico se debería situar, en efecto, a mediados o finales del año 89 a.C., varios meses

---

Reinach, 1890, pp. 139-144; Rostovtzeff, 1941, pp. 938-940; Dow, 1942, pp. 313-314; Magie, 1950, pp. 219-220, 1104-1106; Laffranque, 1962; Will, 1967, pp. 480-481; Desideri, 1973, p. 253; Habicht, 1976, pp. 131-134; Badian, 1976; Sherwin-White, 1984, pp. 135-138; McGing, 1986, pp. 113-114, 118-126; Gómez Espelosín, 1990; Bugh, 1992; Vial, 1995, pp. 116-119, 142, 145-146; Kallet-Marx, 1995, pp. 205-212; Ballesteros, 1996a, pp. 119-138, 2005 y 2018, pp. 286-287; Mastrocinque, 1999a, pp. 79-86; Santangelo, 2007, pp. 33-49; Antela, 2009a, 2009b, 2015 y 2018.

[33] App. *Mith.* 16: "Y no os mintieron tampoco recientemente los bitinios acerca de los reyes de Egipto y Siria, los cuales no solo es lógico que se pongan de nuestra parte, si llega a estallar la guerra, sino también los territorios de Asia que habéis adquirido hace poco, Grecia, África y muchos lugares de la propia Italia (καὶ πολλὰ καὶ αὐτῆς Ἰταλίας) que, por no soportar vuestra ambición (πλεονεξίαν), llevan a cabo una guerra implacable contra vosotros (πόλεμον ἄσπειστον)".

[34] D.S. 37.2.11: ἐπικρατούντων δ' ἐπὶ μᾶλλον καὶ μᾶλλον τῶν Ῥωμαίων, πέμπουσιν οἱ Ἰταλοὶ πρὸς Μιθριδάτην τὸν βασιλέα Πόντου, ἀκμάζοντα τότε πολεμικῇ χειρὶ καὶ παρασκευῇ, ἀξιοῦντες ἐπὶ τὴν Ἰταλίαν κατὰ Ῥωμαίων ἄγειν τὰς δυνάμεις· οὕτω γὰρ ῥᾳδίως ἂν συναφθέντων τὸ Ῥωμαικὸν καταβληθήσεσθαι κράτος. ὁ δὲ Μιθριδάτης ἀπόκρισιν δίδωσιν ἄξειν τὰς δυνάμεις εἰς τὴν Ἰταλίαν ἐπειδὰν αὐτῷ καταστήσῃ τὴν Ἀσίαν· τοῦτο γὰρ καὶ ἔπραττε.

[35] Sobre el estatero de oro, posible indicio de negociaciones entre Mitrídates Eupator y los *socii* itálicos, que muestra, en el anverso, el busto de un joven Baco/Dioniso mirando a la derecha, con una corona de hiedra, y, en el reverso, la cista mística del dios, sobre la cual se coloca una piel de ciervo (*nebris*) y se apoya un tirso decorado: Reinach, 1888, pp. 197-198 y 1890, p. 132; Waddington et al., 1904, p. 53 (n. 24); Grueber, 1910, p. 334 (n. 1); Head, 1911, pp. 424-425; Magie, 1950, p. 1100; Sydenham,

antes de que se produjese, en la primera mitad del 88 a.C., la matanza de romanoitálicos de las llamadas "Vísperas Efesias" o "Asiáticas", con la que el rey póntico, en virtud de sus intereses logísticos, pretendió eliminar la amenaza que le suponía la cada vez más numerosa comunidad romanoitálica instalada en Asia[36]. Así pues, parece que los itálicos más reticentes, celosos de su autonomía o frustrados por cómo se estaba produciendo la concesión de la *ciuitas Romana*, habrían decidido buscar el pacto con el rey póntico, de la misma forma que, más adelante, ya en el marco de la III Guerra Mitridática, haría Q. Sertorio y la facción cinnomarianista en su lucha contra el régimen de Sila[37].

EL CASO DE LAS COMUNIDADES ASIÁTICAS

Una vez recordados, sucinta y selectivamente, los importantes y muy diversos apoyos con los que el rey póntico contó a inicios del conflicto contra Roma, que, como no, irían mutando y mermando, centraremos la atención en el caso particularmente interesante de las comunidades de la provincia de Asia que fluctuarían en sus alianzas a lo largo de las diferentes fases de las Guerras Mitridáticas según las circunstancias del momento.

1952, p. 95 (n. 643); SALMON, 1967, pp. 73-76, 370-371; MATTINGLY, 1980, p. 1507 y 2004, pp. 190-191; CAMPANA, 1987, pp. 135-137; BRUNT, 1965, pp. 96-97; McGING, 1986, p. 85; BALLESTEROS, 1996a, pp. 91, 210 y 2018, p. 279; CALLATAŸ, 1997, p. 287 (pl. 51e); ERÇIYAS, 2005, pp. 23, 115-120, 133; AMELA, 2007, p. 131; DART, 2014, p. 195.

36 App. *Mith.* 22-23; D.C. 30/35.101.1, 109.8. Sobre las "Vísperas Efesias" o "Asiáticas", que, según los textos antiguos, se habrían cobrado miles de muertos (Cic. *Man.* 11), entre ciento cincuenta mil (Plu. *Sull.* 24.4) y ochenta mil víctimas (Val.Max. 9.2.3; Memn. 22.9), cifras confusas y claramente exageradas, pero ilustrativas de la magnitud de la masacre: REINACH, 1890, pp. 128-133; ROSTOVTZEFF, 1941, pp. 817-818, 937-938; MAGIE, 1950, pp. 216-217, 1103; SARIKAKIS, 1976; AMIOTTI, 1980; SHERWIN-WHITE, 1984, p. 240; McGING, 1986, pp. 105-106, 112-118; VIAL, 1995, pp. 135-137, 145; KALLET-MARX, 1995, pp. 153-160; BALLESTEROS, 1996a, pp. 103-107, 114-115; CALLATAŸ, 1997, pp. 288-293; MASTROCINQUE, 1999a, pp. 41-44; BRESSON, 2002; SARTRE, 2006, pp. 315-323; ERÇIYAS, 2005, pp. 23-24; ALCOCK, 2007; SANTANGELO, 2007, pp. 5, 32; ÑACO et al., 2009; MAYOR, 2009, pp. 13-26; NIEBERGALL, 2008 y 2011; ÑACO, 2015; KIRBIHLER, 2016, pp. 61-68, 218-226.

37 App. *Mith.* 68; Plu. *Sert.* 23-24, *Luc.* 8.5; Liv. *Per.* 93; Sal. *Hist.* 2.79; Flor. *Epit.* 2.10.4; Cic. *Man.* 9, *Mur.* 32, *Ver.* 2.1.87; Oros. 6.2.12.

Como se ha comentado más arriba, en la primera fase del conflicto, la mayor parte de las *poleis* de Asia, con la notable excepción de algunos centros como Rodas, que opondría una obstinada y sorprendente resistencia al rey, quizás inducida por la presencia del *propraetor* de Asia, C. Casio (*pr.* 90 a.C.), allí refugiado[38], se decantarían por la causa póntica y participarían activamente en la matanza de las "Vísperas Efesias" del 88 a.C., con Éfeso y Pérgamo a la cabeza. Esta gran adhesión de las comunidades de Asia al rey póntico, que Sila reprocharía vivamente a los representantes de los provinciales asiáticos reunidos en Éfeso en el invierno del 85 a.C.[39], resulta lógica, considerando el aumento del prestigio del rey en el mundo griego en los momentos previos al conflicto, así como el potencial militar exhibido, mientras que Roma, con fuerzas insuficientes en Anatolia y atenazada por el *Bellum Sociale*, se mostraba incapaz ante el avance póntico. Igualmente, no hay que olvidar el efecto de la propaganda antirromana fomentada por el rey póntico, que aprovecharía la deteriorada imagen de Roma ante los provinciales asiáticos, así como el efecto de sus promesas respecto al reconocimiento de la autonomía de las *poleis*, la exención de tributos y la cancelación de deudas públicas y privadas[40].

Sin embargo, cabe remarcar que no todas las comunidades asiáticas que respaldarían a Mitrídates Eupator durante la I Guerra

[38] App. *Mith.* 24: "los rodios fortificaron sus murallas y sus puertos y colocaron máquinas de guerra por todas partes, les ayudaban algunos telmiseos y licios. Todos los italianos que habían escapado de Asia se reunieron en Rodas y, con ellos, Lucio Casio, el procónsul de Asia"; Liv. *Per.* 78; Memn. 22.8; Vell. 2.18.3; Flor. *Epit.* 1.40.8.

[39] App. *Mith.* 62: "(Sila les recriminó:) en cambio, vosotros, cuando Átalo Filométor nos legó el reino en su testamento, luchasteis junto con Aristónico contra nosotros durante cuatro años, hasta que este fue hecho prisionero y la mayoría de vosotros, ante la necesidad y el miedo, os reintegrasteis a vuestra obligación. Y, no obstante, a pesar de esta experiencia, una vez que habíais alcanzado a lo largo de veinticuatro años unas altas cotas de bienestar y de belleza ornamental en privado y en público, a causa de la paz y el lujo os tornasteis insolentes de nuevo, y aprovechando nuestras ocupaciones en Italia, algunos de vosotros llamasteis a Mitrídates y otros pactasteis con él cuando llegó. Pero lo más criminal de todo fue que secundasteis su orden de matar, en un solo día, a todos los italianos con sus hijos y sus mujeres y ni siquiera perdonasteis, por respeto a vuestros dioses, a los que se habían refugiado en los templos".

[40] App. *Mith.* 48: "Mitrídates envió un ejército contra las ciudades que se habían sublevado e infligió numerosos y terribles castigos a las que capturó; pero, temiendo que otras hicieran lo mismo, concedió la libertad a las ciudades griegas y proclamó la condonación de sus deudas, concedió el derecho de ciudadanía a los residentes en

Mitridática lo harían de manera entusiasta. Lo cierto es que en todas ellas se debió plantear un enconado debate sobre si colaborar o no con el rey, pesando en gran medida en la decisión final el respeto o, mejor dicho, el miedo a la capacidad militar del rey póntico, entonces en la cúspide de su poder, y a las represalias que pudieran derivarse en caso de oponerse, como las sufridas por las ciudades carias, licias y pisidias que le resistieron y que se mantuvieron fieles a los romanos, y que, en general, acabaron claudicando y recibiendo su correspondiente castigo. Este habría sido el caso de Afrodisias (Geyre)[41], Alabanda (Doğanyurt), Estratonicea (Eskihisar)[42], Tabas (Tavas)[43], Magnesia del Sípilo (Manisa)[44], Termeso (Güllük Dağı)[45],

cada una de las ciudades, otorgó la libertad a los esclavos en la esperanza —lo que precisamente sucedió— de que los deudores, residentes y esclavos, al considerar que sus privilegios estarían seguros bajo el gobierno de Mitrídates, le serían favorables". Véase también: App. *Mith.* 22, 58, 62.

[41] Magie, 1950, pp. 211-214; Reynolds, 1982, pp. 11-20 (n. 2-3); Sherk, 1984, pp. 70-62 (n. 59a-b); Sherwin-White, 1984, p. 241; McGing, 1986, p. 110; Bertrand, 1992, pp. 246-248, 251-252 (n. 140, 143); Campanile, 1996, pp. 148-150; Buraselis, 2000, pp. 17-18, 123-125; Canali de Rossi, 2001, pp. 21, 61, 131 (n. 2); Eilers, 2002, pp. 23-25, 241-242 (n. C107); Erçiyas, 2005, p. 23; Boulay, 2014, pp. 221-222; Chaisemartin, 2017, p. 335.

[42] App. *Mith.* 21. Véase también: OGIS 441; RDGE 18; IK.Stratonikeia 505. Según Apiano (*Mith.* 21), la resistencia de Estratonicea al rey hizo que fuera castigada con una multa de cantidad desconocida y con el establecimiento de una guarnición militar (Στρατονίκειαν εἶλε καὶ ἐζημίωσε χρήμασι καὶ φρουράν ἐς τὴν πόλιν ἐσήγαγε). Sobre la oposición de Estratonicea a Mitrídates Eupator, cabe destacar también un decreto cívico en el que se honra a los muertos en el conflicto contra el rey y sus sátrapas (IK.Stratonikeia 1333). Asimismo, en otro decreto de la ciudad, procedente del santuario de Hécate en Lagina (Turgut), ubicado en el territorio de Estratonicea, se habla de ataques contra al santuario de Hécate y de las epifanías de la diosa, que habrían salvado a la ciudad y habrían permitido que se convirtiera en libre y autónoma, y aumentara sus posesiones (IK.Stratonikeia 512). Cousin, Diehl, 1885; Bielman, 1994, p. 299; Şahin, 2002; Meadows, 2002, pp. 122-123; Rivero, 2006, pp. 311-315 (n. 8); Santangelo, 2007, pp. 51-52; Bremen, 2010; Boulay, 2014, pp. 409-411; Williamson, 2021.

[43] OGIS 442; RDGE 17. Véase también: IG XIV 695-696b; IGR 1, 63; CIL I 730b; CIL VI 30922b.

[44] App. *Mith.* 61; Str. 13.3.5; Paus. 1.20.5; Plu. *Mor.* 809b-d. Arrayás, 2015 y 2016; Keaveney, 2019. En general, sobre la problemática planteada por el texto de Apiano (*Mith.* 61), en el que solo se dice que Sila otorgó libertad a Magnesia, sin especificar: Magie, 1950, pp. 214-215, 234, 1102-1103; Keaveney, 1982, p. 191; McGing, 1986, p. 111 (n. 110); Lewis, 1991; Kallet-Marx, 1995, p. 265; Rigsby, 1996, p. 183; Ballesteros, 1996a, p. 101; Campanile, 1996; Canali de Rossi, 1997, p. 301 (n. 346); Mastrocinque, 1999a, p. 189 y 1999b; Santangelo, 2006 y 2007, pp. 108, 122-123; Mayor, 2009, p. 157; Eckert, 2016, pp. 113-114; Rendina, 2020.

[45] CIL I^2 589; ILS 38.

Telmeso (Fethiye)[46], Patara (Gelemiş)[47], o, probablemente, Apolonia (Uluborlu)[48]. Asimismo, resultaría significativo que Rodas, Quíos o Ilión (Tevfikiye) fueran beneficiadas por Sila tras la I Guerra Mitridática, siendo declaradas libres[49], al igual que, por ejemplo, las citadas Estratonicea, Tabas o Magnesia del Sípilo, que lo habían sido como premio a su resistencia al rey póntico y su fidelidad a Roma. También sería el caso de la región de Licia[50], cuyo *koinon* ya había establecido un temprano tratado con Roma[51], renovado en el 46 a.C.[52], y donde centros como Cormi (Karabük) verían ratificados sus privilegios, tal y como indica el *Senatus consultum de Cormis* del 80 a.C.[53].

En cualquier caso, el hecho de vislumbrar que en las comunidades de Asia que acabaron decantándose por el bando póntico debieron

---

[46] App. *Mith.* 24.

[47] App. *Mith.* 27: "mientras asediaba Patara, (Mitrídates) comenzó a talar el bosque consagrado a Latona para procurarse madera con la que construir máquinas de guerra, hasta que, como consecuencia de un sueño amenazador, respetó el bosque y, tras encargar a Pelópidas que prosiguiera la guerra contra los licios, envió a Arquelao a Grecia para que tratara de captarse, de forma amigable o por la fuerza, cuantos lugares de ella pudiera". Asimismo, un epígrafe hallado en Janto (Kınık) informa de cómo el *koinon* de los licios erigió un coloso de bronce al *demos* de esa *polis* por sus méritos a favor de la hegemonía romana y la libertad de todos los licios durante la guerra contra Mitrídates Eupator. Baker, Thériault, 2005; Canali de Rossi, 2009, pp. 27-28 (n. 345); Boulay, 2014, pp. 208-211, 471; Kolb, 2017, pp. 92-93.

[48] Cic. *Flac.* 71, *Q.fr.* 1.2.10. Reinach, 1890, pp. 126-128; Abbott, Johnson, 1926, pp. 272-276, 279-282 (n. 17, 19); Magie, 1950, pp. 234-235, 295, 526-527, 999, 1007, 1032, 1044, 1112-1113, 1176-1177; Sherk, 1969, pp. 105-111 (n. 18) y 1984, 75-78 (n. 63); Sherwin-White, 1976, pp. 11-14; Bertrand, 1992, pp. 252-255 (n. 144); Crawford et al., 1996, pp. 331-340 (n. 19); Ballesteros, 1996a, pp. 101, 115; Callataÿ, 1997, pp. 297, 355; Canali de Rossi, 1997, pp. 300, 308-313 (n. 345, 349a-b), 2001, pp. 19, 2002 (n. 141) y 2009, pp. 27-29 (n. 345, 349); Erçiyas, 2005, p. 23; Guerber, 2009, pp. 46, 54-55.

[49] App. *Mith.* 61: "Tras arreglar el estado de los asuntos en la provincia de Asia, (Sila) concedió la libertad a los habitantes de Ilion, a los licios, rodios, magnesios y a algunos otros, bien fuera para recompensarlos por su alianza o por cuanto habían sufrido por su lealtad hacia él, y los inscribió como amigos del pueblo romano"; Str. 13.1.27: "Sila atacó a Fimbria y lo mató, envió a Mitrídates a su patria mediante un pacto y a los ilieos los consoló con numerosas reparaciones".

[50] App. *Mith.* 61.

[51] AE 2007, 1504; SEG 56, 1664.

[52] AE 2005, 1487; SEG 55, 1452.

[53] TAM II/3 899; RDGE 19. La confederación licia había opuesto resistencia a Mitrídates Eupator, nombrando estratega del ejército federal a Crinolao, hijo de Artapates, oriundo de Patara, que sería honrado por el *koinon* (SEG 45, 1825). Tras fracasar en el asedio a Rodas, hacia el verano o el otoño del 88 a.C., el rey póntico atacaría Patara, dada su importancia en el *koinon* licio y su condición de patria de Crinolao, cuyo

plantearse importantes controversias entre partidarios y detractores de Mitrídates Eupator, y que ese apoyo en muchas ocasiones pudo ser forzoso, no efusivo ni entusiasta, vendría a matizar el sentir antirromano y la adhesión "voluntaria" a la causa póntica de las comunidades asiáticas que, no obstante, apoyarían al rey. También explicaría que en *poleis* como Magnesia del Meandro (Germencik), Quíos o Cos se respetara el asilo de los templos durante las "Vísperas Efesias", una actitud alabada por Sila en el 85 a.C. y por la que estas comunidades pudieron recibir importantes beneficios de manos del *imperator*[54]. Así, es posible que tanto Magnesia del Meandro como Cos, respetuosas con el derecho de asilo de los templos cuando la masacre de los romanoitálicos, pudieran haber recibido igualmente la *libertas* por iniciativa de Sila. Más claro sería el caso de Quíos, que, además de respetar los templos durante las "Vísperas Efesias", acabaría sufriendo la deportación de su población por orden del rey póntico, por lo que Sila le concedería la libertad[55]. Igualmente, es posible que Esmirna (İzmir), otra ciudad de "mitridatismo" cuestionable, también pudiera haber sido gratificada por Sila con la *libertas*, teniendo en cuenta que acogió al apreciado P. Rutilio Rufo (*cos.* 105 a.C.)[56], legado en Asia del gobernador Q. Mucio Escévola (*cos.* 95 a.C.), en cuyo honor se celebraban las *Moukeia*[57]. Además, cabe recordar que precisamente dos notables de Esmirna, Minio y Filótimo, habrían sido artífices de un frustrado complot contra el rey póntico[58], y que al parecer la ciudad habría ayudado al ejército de

padre, Artapates, hijo de Stasithemis, ya había sido *hipparchos* y *strategos* de la confederación, honrado en Janto (TAM II 261; SEG 56, 1793). MAREK, 1995; CANALI DE ROSSI, 1997, p. 300 (n. 345) y 2009, pp. 26-28 (n. 345); BURASELIS, 2000, pp. 151-153; BAKER, THÉRIAULT, 2005; MITCHELL, 2005; FERRARY, ROUSSET, 2006, pp. 638-642 (n. 143); SCHULER, 2007; SÁNCHEZ, 2007a; LAFFI, 2009; GUERBER, 2009, p. 67; ARRAYÁS, 2010b, pp. 132-133; REITZENSTEIN, 2011, pp. 29-30; BOULAY, 2014, pp. 208-211; KANTOR, 2014, pp. 135-136; BUIS, 2014, pp. 172-174; KOLB, 2017.

[54] Tac. *Ann.* 4.14.2: "No menor antigüedad tenía el fundamento esgrimido por los de Cos, y se unía a ella un mérito local. En efecto, habían protegido en el templo de Esculapio a los ciudadanos romanos cuando por orden del rey Mitrídates estaban siendo asesinados en todas las islas y ciudades del Asia".

[55] App. *Mith.* 61.

[56] Cic. *Rab.Post.* 27, *Balb.* 28, *Brut.* 85, *Rep.* 1.13; D.S. 37.5.1; D.C. 28.97; Tac. *Ann.* 4.43.

[57] Cic. *Ver.* 2.2.51, *Fam.* 1.9.26, *Att.* 5.17.5, 6.1.15; Liv. *Per.* 70; V.Max. 8.15.6; D.S. 37.5-6; Ps.Asc. 202, 262 St.

[58] App. *Mith.* 48. Véase también: Oros. 6.2.8.

Sila en el invierno del 85/4 a.C., proporcionándole suministros[59]. Así pues, aunque Mitrídates Eupator habría sido, en general, bien acogido en las comunidades de Asia durante la I Guerra Mitridática, cabría remarcar también las diferencias en la intensidad de esa adhesión a la causa póntica y de la aversión a lo romano, así como las dudas que, ciertamente, debieron existir en ellas a la hora de apoyar al rey.

ALGUNOS CASOS SIGNIFICATIVOS

Respecto a las comunidades asiáticas que cambiaron el signo de sus alianzas a lo largo del conflicto mitridático, en función de las circunstancias, cabría destacar, en primer lugar, el caso del prestigioso centro misio de Pérgamo, la antigua capital de los reyes atálidas, donde el apoyo al rey póntico y el sentir antirromano parece que debieron de ser especialmente intensos. Según los textos antiguos, Pérgamo recibiría triunfalmente al rey, convirtiéndose en su capital, y sería el lugar donde, según Apiano, el legado Mn. Aquilio habría sido humillado y ejecutado[60]. Además, Pérgamo se sumaría activamente a la matanza de romanoitálicos del 88 a.C., sin que se respetara el asilo del santuario de Asclepios, al igual que ocurriría, según el explícito testimonio de Apiano, en los principales templos de Éfeso, Adramitio, Caunos o Trales, comunidades en las que el sentimiento antirromano parece que también habría sido especialmente fuerte[61].

Sin embargo, el apoyo al rey póntico en Pérgamo no debió de ser unánime y, ya en el año 86 a.C., se orquestaría un complot contra

[59] Tac. *Ann.* 4.56.2.

[60] App. *Mith.* 21: "No mucho tiempo después, cogió prisionero a Manio Aquilio, máximo responsable de la embajada y de esta guerra, y lo llevó atado sobre un asno, proclamando, ante todos los que lo veían, que se trataba de Manio, y finalmente, en Pérgamo vertió oro fundido sobre su boca para censurar a los romanos su venalidad"; Plu. *Luc.* 3.4, *Sull.* 11.1-2, 23.4.

[61] App. *Mith.* 23: "Los efesios dieron muerte, arrastrándolos al exterior, a los que se habían refugiado en el templo de Diana y estaban abrazados a las estatuas. Los de Pérgamo, a los que habían tomado refugio en el templo de Esculapio, como no querían salir, los asaetearon abrazados a las imágenes. Los de Adramitio penetraron en el mar en pos de los que intentaban escapar a nado, los mataron y ahogaron a sus hijos. Los caunios, que habían quedado tributarios de los rodios después de la guerra contra Antíoco y habían sido liberados por los romanos no hacía mucho, arrastraron, desde

él, protagonizado por ochenta ciudadanos de Pérgamo, que serían descubiertos y ejecutados, y sus bienes confiscados. Este complot, del que también informa Apiano, se habría unido al protagonizado por algunos allegados al rey, como Minio y Filotimo de Esmirna, o Clístenes y Asclepiódoto de Mitilene, que al parecer también habrían planeado asesinarlo y que serían acusados de traición[62]. En cualquier caso, al final el rey póntico se vería obligado a abandonar Pérgamo en el verano del año 85 a.C., ante la inminente llegada de C. Flavio Fimbria, al mando de las legiones del malogrado cónsul cinnomarianista L. Valerio Flaco (*cos.suff.* 86 a.C.), mientras asistía a la defección de la mayoría de las *poleis* de Asia con Éfeso a la cabeza, ciudad que aprobaría un decreto en el que se acusaba al rey de haberla sometido por la fuerza[63].

La recuperación de Pérgamo al término de la primera fase del conflicto no resultaría nada fácil, a causa de su condición de sede mitridática y de su implicación en las "Vísperas Efesias", que le supuso la pérdida de todos sus privilegios, en particular de su estatuto de ciudad libre. A esto se sumarían los efectos de las medidas punitivas de Sila, que, en general, sumirían a las *poleis* asiáticas en una grave

el altar de la estatua de Vesta, a los italianos que se habían refugiado en el templo dedicado a esta diosa junto a la casa senatorial y mataron, en primer lugar, a sus hijos ante los ojos de sus madres, y después, a estas y a sus esposos. Los tralianos, para evitar ser responsables directos del crimen, contrataron para este trabajo a un hombre atroz, Teófilo el paflagonio; este los reunió en el templo de la Concordia y llevó a cabo la carnicería e, incluso, cortó las manos de algunos de ellos que estaban abrazados a las estatuas. Tal fue la suerte que corrieron, a un tiempo, los italianos y romanos de Asia, hombres, niños, mujeres, libertos y esclavos, todos cuantos eran de raza itálica. Por lo cual quedó claro, sobre todo, que Asia cometió tales atrocidades contra ellos no tanto por miedo a Mitrídates, como por el odio que sentían hacia los romanos".

[62] App. *Mith.* 48: "Entretanto, Minio, Filótimo de Esmirna, Clístenes y Asclepiódoto de Lesbos, todos ellos íntimos del rey —Asclepiódoto incluso lo había tenido como huésped en cierta ocasión—, tramaron una conspiración contra Mitrídates (ἐπιβουλὴν ἐπὶ τὸν Μιθριδάτην συνετίθεσαν), de la cual fue delator el propio Asclepiódoto y, para hacerse creer, arregló el modo de que el rey oyera a Minio, oculto bajo un lecho. Al ser descubierta la conspiración, sus autores fueron castigados con la tortura, pero la sospecha de proyectos similares alcanzó a otros muchos. Cuando ochenta ciudadanos de Pérgamo fueron cogidos planeando actos semejantes y otros en otras ciudades, Mitrídates envió espías por todas partes, los cuales denunciaron a sus enemigos personales y, así, mataron alrededor de mil seiscientos hombres".

[63] SIG3 742; IK.Ephesos 8. Véase también: App. *Mith.* 48; Oros. 6.2.8.

crisis sin precedentes[64]. Para remontar la situación resultó determinante la intervención de eminentes notables locales, que supieron sacar partido de la coyuntura y que amasaron enormes fortunas, lo que les permitió establecer vínculos con las autoridades romanas y con los romanoitálicos residentes, y erigirse en salvadores de su comunidad. En Pérgamo, sobresalió la figura de Diodoro Pásparo, cuya actividad política abarcó todo el conflicto mitridático[65]. Este evergeta sería objeto de honores extraordinarios (*megistai timai*) e incluso divinos (*isotheoi timai*) por parte de sus agradecidos compatriotas, dado el éxito de su actividad diplomática, que supuso la consecución de beneficios muy importantes para la ciudad, así como de su gestión como *gymnasiarchos* (γυμνασίαρχος) en el año 69 a.C., cuando organizaría las vigesimonovenas *Nikephoria* (ἐννεα[καιεικοστοῖς Νικηφορίοις), las

[64] App. *Mith.* 63: "Las ciudades (de Asia), sumidas en la indigencia y habiendo solicitado préstamos a un alto interés, hipotecaron unas su teatro a los acreedores y otras sus gimnasios, murallas, puertas y cualquier otra propiedad pública ante la presión contumaz de los soldados (στρατιωτῶν). De este modo se reunió y llevó el dinero a Sila, y Asia quedó saturada de males". Véase también: App. *Mith.* 62-63; Plu. *Sull.* 25.2, *Luc.* 4.1, 20.4; Cic. *Att.* 5.13.1, 5.16.1-2, *Q.fr.* 1.1.33, *Flac.* 32; Cassiod. *Chron.* 670.

[65] IGR 4, 292-294; OGIS 764; I.Pergamon 256. En general, sobre Diodoro Pásparo: Hepding, 1910, pp. 412-413; Rostovtzeff, 1941, pp. 810-813, 1524-1525; Robert, 1946, pp. 59-60; Magie, 1950, pp. 160-161, 446-447, 1045-1046, 1050-1051; Robert, Robert, 1974, pp. 267-270 (n. 466); Jones, 1974 y 2000; Gauthier, 1985, pp. 56-66, 2001, pp. 555-556 (n. 365), 2002, pp. 703-704 (n. 351) y 2004, pp. 648-649 (n. 268); Virgilio, 1993, pp. 76-94, 1994 y 1999; Vial, 1995, pp. 166-167, 225-228; Ferrary, 1997 y 2005; Canali de Rossi, 1997, pp. 302-307 (n. 347), 2002 (n. 178, 179, 190, 191) y 2009, p. 28 (n. 347); Chankowski, 1998; Musti, 1998, 1999, 2000 y 2009; Merola, 2001, pp. 41-44; Radt, 2001, p. 54; Eilers, 2002, pp. 134-133; Strubbe, 2004, pp. 320-323; Halfmann, 2004, pp. 26-30; Musti et al., 2005; Hamon, 2005, pp. 125, 128 y 2010, pp. 827-828 (n. 518-519); Wörrle, 2007; Santangelo, 2007, pp. 60-63; D'Amore, 2009; Arrayás, 2010c, pp. 379-381; Boulay, 2014, pp. 33, 39-42; Claudon, 2015, pp. 88-90, 282, 319, 357, 441-442, 448, 452-455, 573-574, 672-673, 678-679, 692-693, 778-779; Coarelli, 2016, pp. 192-212. Cabe señalar que D. Musti ha propuesto, recuperando la idea de H. Hepding, volver a asignar a Diodoro Pásparo una cronología más antigua, inmediatamente posterior a la donación a Roma del reino de Pérgamo por Átalo III (138-133 a.C.) y a la revuelta de Aristónico/Eumenes III (132-129 a.C.). L. D'Amore, apoyaría la hipótesis, identificando con Diodoro Pásparo un fragmento epigráfico que dataría de los años 20 del s. II a.C., publicado por P. Jacobsthal en 1908. No obstante, la propuesta de Musti ha sido rebatida convincentemente por C.P. Jones y no es compartida por el grueso de la investigación. Jacobsthal, 1908, p. 382 (n. 3); Hepding, 1910, pp. 412-413; Robert, 1930, pp. 332-338; Robert, Robert, 1974, pp. 267-270 (n. 466); Jones, 1974, pp. 190-191, 203-204; Chankowski, 1998, p. 168; Musti, 1998, 1999, 2000 y 2009; Musti et al., 2005; Virgilio, 1999; Gauthier, 2001, p. 555-556 (n. 365), 2002, pp. 703-704 (n. 351) y 2004, pp. 648-649 (n. 268); D'Amore, 2009; Hamon, 2010, pp. 827-828 (n. 518-519).

primeras desde el inicio del conflicto mitridático, lo que supondría la restauración de una de las festividades más representativas de la *polis*[66]. Según informa su completo *dossier* epigráfico, compuesto por once decretos en su honor procedentes del *heroon* que se le dedicó, el llamado *Diodoreion*, la exitosa actividad diplomática de Diodoro, en especial la desarrollada en su embajada a Roma, probablemente realizada poco después del 85 a.C., posibilitaría que Pérgamo quedara exenta de reclutamientos forzosos y de cuarteles de invierno, que se redujeran las tasas de interés en los préstamos y que se rescindieran los contratos firmados por ciudadanos pergámenos bajo coacción[67].

En la recuperación de la ciudad también sería básica la labor ulterior de Mitrídates de Pérgamo, hijo de Menódoto y de la princesa gálata Adobogiona, hermana de Brogítaro (63-50 a.C.), tetrarca de los *trocmi*, que lograría restituir los privilegios de la ciudad ya en tiempos cesarianos[68]. Así, la ayuda que prestaría a César, sitiado en

---

[66] IGR 4, 293.

[67] IGR 4, 292. El *Diodoreion*, ubicado en la parte residencial, en el districto de la *Philetaireia*, aparecería referido en el que podría ser el primer decreto cívico emitido en honor del evergeta, promulgado al regresar de su exitosa embajada a Roma, que realizaría poco después del 85 a.C. (IGR 4, 292, ll. 41-42): τ]έμενος ἐν Φιλεταιρείαι, ὀνομάσαντας Διοδώρειον, ἐν ὧι κατασκευασθ[ῆναι] / ναὸν λίθ[ου] λευκοῦ, εἰς ὃν ἀνατεθῆναι τὸ ἄγαλμα. Sobre el *heroon*, identificado con el *Diodoreion* citado en la epigrafía: GAUTHIER, 1985, pp. 56-58, 60-66; FILGIS, RADT, 1986; GROS, 1988; MEYER-SCHLICHTMANN, 1992; VIRGILIO, 1993, pp. 76-77; HALFMANN, 2004, p. 28; COARELLI, 2016, pp. 192-212. En otro de decreto cívico, en el que se reconocería la contribución de Diodoro a la festividad de las *Nikephoria*, seguramente emitido después del 69 a.C., durante su *gymnasiarchia*, haría referencia a un sacrificio en honor del evergeta junto a su estatua de culto (I. Pergamon 256). CHANKOWSKI, 1998, pp. 63, 170-174, 195. Cabe destacar que se posee una cabeza de mármol del s. I a.C., descubierta en las excavaciones de Pérgamo, que podría tratarse de una estatua de Diodoro Pásparo. No obstante, G. Hübner la data en la segunda mitad del s. I a.C., en base a criterios estilísticos, y, por tanto, se pone en relación con otro evergeta pergámeno, en concreto con Mitrídates de Pérgamo, amigo de César. Por otro lado, tampoco está exenta de polémica la identificación de los restos del *heroon*, lugar donde se encontró la cabeza, con el *Diodoreion* citado en las inscripciones, identificación que es aceptada por W. Radt a partir de criterios arqueológicos. RADT, 1986; HÜBNER, 1986; SMITH, 1988, pp. 105-106, 131-132; MEYER-SCHLICHTMANN, 1992; CHANKOWSKI, 1998, pp. 160-161 (n. 6); COARELLI, 2016, pp. 203-212.

[68] Str. 13.4.3: "Algunos hombres de Pérgamo se hicieron famosos en nuestra época: Mitrídates el hijo de Menódoto y de Adobogión, que pertenecía a la familia de los tetrarcas gálatas y que había vivido como concubina, según dicen, con el rey Mitrídates, de ahí que los parientes, pretendiendo que el niño había nacido del rey, le pusieran ese nombre. Sea como fuere, este se hizo amigo del dios César (Καίσαρι τῷ θεῷ γενόμενος φίλος) y alcanzó tanta estima que incluso fue designado tetrarca de la

la capital egipcia, Alejandría, en los años 48 y 47 a.C.[69], le permitiría mejorar la condición de su *polis* y lograr que el territorio de esta volviera a quedar exento de tributación, por lo que, según la epigrafía, sería proclamado tercer "fundador" de la ciudad[70]. En este sentido, la inscripción que acompañaba a la estatua que los pergámenos erigieron a César recogería la confirmación de estos beneficios concedidos por el dictador[71]. Asimismo, un epígrafe de Esmirna contendría una carta que anunciaba la decisión de César de convertir la *chora* pergámena en sagrada y, por tanto, en inmune[72]. La condición de Pérgamo se acabaría de reforzar con P. Servilio Vatia Isáurico (*cos.* 48, 41 a.C.), procónsul de Asia entre los años 46 y 44 a.C., como atestigua un epígrafe del *Asklepieion*, en el que confirma el *asylum* del santuario y es proclamado *soter* y *euergetes* de la ciudad, restaurador de las leyes patrias y de la democracia[73].

Una evolución política similar a la de Pérgamo experimentaría la insular Mitilene en Lesbos. Se trata también de un centro asiático importante muy comprometido con la causa mitridática. No en vano,

---

familia de su madre, así como rey del Bósforo y de otros territorios; pero fue depuesto por Asandro, el que mató al rey Fárnaces y se hizo dueño del Bósforo".

[69] *B.Alex.* 26; J. *AJ* 14.127-139, *BJ* 1.187-192.

[70] IGR 4, 1682; OMS I 614a.

[71] IGR 4, 1677; OMS I 614b.

[72] RDGE 54; IK.Smyrna 590. En general, sobre Mitrídates de Pérgamo, cuyo ascenso político, como amigo y aliado de César, se produciría en el contexto de la Guerra de Alejandría y de la batalla de Zela en el 47 a.C., en la que el dictador derrotaría a Farnaces II, rey del Bósforo (63-47 a.C.), y sobre la recuperación de los privilegios de su ciudad: Hirschfeld, 1879; Hepding, 1909; Abbott, Johnson, 1926, p. 287 (n. 23); Passerini, 1937; Segre, 1938; Robert, 1939, pp. 227-230; Rostovtzeff, 1941, pp. 821-822, 1527-1528; Robert, Robert, 1948, pp. 39-40; Magie, 1950, pp. 405-406, 416-417, 473-474, 1236, 1258-1259, 1270-1271; Raubitschek, 1954; Sherk, 1969, pp. 80-287 (n. 54-55) y 1984, pp. 101-102 (n. 80-81); Sullivan, 1990, pp. 158-159, 164-165; Bertrand, 1992, pp. 261-262 (n. 149-150); Virgilio, 1993, pp. 74, 95-99; Mitchell, 1993, pp. 35-37; Heinen, 1994; Vial, 1995, pp. 195-196; Cohen, 1995, pp. 168-170; Rigsby, 1996, pp. 362, 366, 377-384; Canali de Rossi, 1997, pp. 350-351, 372-374 (n. 403, 437), 2005, p. 102 y 2009, pp. 30-31 (n. 403, 437); Collas-Heddeland, 2002, p. 111; Amela, 2003, pp. 116, 123, 136; Halfmann, 2004, pp. 30-31; Heller, 2006, pp. 77-83 y 2011; Guerber, 2009, pp. 46-48; Primo, 2010, pp. 159-162; Coarelli, 2016, pp. 40-41, 49-54; Saprykin, 2019.

[73] OGIS 449; IGR 4, 433; ILS 8779; I.Pergamon 413. Asimismo, una inscripción procedente del *Asklepieion* informaría de un conflicto con un hombre de negocios romanoitálico, el *negotiator M. Fannius N. f. Terentina (tribu)*, que habría sido resuelto a favor de los intereses del santuario pergámeno (AE 1933, 260; RDGE 55; I.Asklepieion 1). Wiegand, 1932, p. 32; Segre, 1933; Robert, Robert, 1948, p. 39-40; Magie, 1950,

según Apiano, Mitelene habría entregado al legado Mn. Aquilio, ejecutado de manera humillante en Pérgamo[74]. Además, acogería al rey póntico cuando, obligado por Fimbria, tuvo que abandonar Pérgamo y replegarse hacia el Ponto[75]. Todo esto explicaría que Mitilene resistiera a ultranza a las tropas romanas hasta el año 80 a.C., mucho después de que acabara la primera fase de la guerra[76].

En cualquier caso, como en Pérgamo, el apoyo a la causa póntica tampoco debió de ser total en Mitilene. Así es que, tal y como informa Apiano, los influyentes Clístenes y Asclepiódoto de Mitilene, ya referidos, acabarían promoviendo una conspiración contra el rey[77], lo que permitiría vislumbrar la supervivencia de un sector de la élite contrario a Mitrídates Eupator que habría actuado ante las primeras dificultades de este y, en definitiva, la existencia de tensiones internas entre partidarios y opositores del rey.

No obstante, la adhesión demostrada a la causa póntica y la resistencia a ultranza a Roma harían que Mitilene perdiese su autonomía, quedando totalmente a merced de las autoridades provinciales y de la acción de los hombres de negocios romanoitálicos, y, por tanto, de los efectos más lesivos de las medidas represivas de Sila. Todo este padecimiento contribuiría al cambio político en Mitilene. Así, al igual que en Pérgamo, la élite local, cribada, pero aún consistente, trabajaría para la recuperación de la ciudad bajo hegemonía romana. Entre sus evergetas destacaría la figura indiscutible de Teófanes de Mitilene, que usaría su amistad con Pompeyo para obtener en el

---

pp. 405-406, 417, 1258-1259, 1271; HELLER, 2006, pp. 79-81; RIGSBY, 1996, pp. 383-384; KIRBIHLER, 2011.

[74] App. *Mith.* 21. Véase también: Plin. *HN* 33.14.48.

[75] App. *Mith.* 52; Plu. *Sull.* 23.6, *Luc.* 3.4; Liv. *Per.* 83.1; Memn. 24.4-5; Vell. 2.24.1; Front. *Strat.* 3.17.5; Aur.Vict. *De uir.ill.* 70.2; Oros. 6.2.10.

[76] Plu. *Luc.* 4.2-3: "También con los de Mitilene, que se habían sublevado abiertamente, (Lúculo) quiso mostrarse benévolo e imponerles una multa proporcionada por haber apoyado al partido de Mario. Pero como viera que estaban llenos de maldad, envió su flota contra ellos y los derrotó en combate, recluyéndolos tras sus murallas. Tras organizar el asedio, zarpó desde allá en pleno día hacia Elea, pero ocultamente regresó y se quedó en secreto junto a la ciudad, tendiendo una emboscada. Entonces los de Mitilene salieron desordenadamente y con atrevimiento, como si fueran a arrasar su campamento abandonado. Pero, cayendo sobre ellos, Lúculo capturó a muchos con vida y, de los que se defendieron, mató a cincuenta. Tomó además seis mil esclavos aparte de un botín incalculable"; Liv. *Per.* 89.14; Suet. *Iul.* 2.1.

[77] App. *Mith.* 48; Oros. 6.2.8.

año 62 a.C. la restitución del territorio confiscado por Sila y del estatuto de ciudad libre e inmune[78]. Un epígrafe del hipódromo de Constantinopla (Estambul), datado en el 62/1 a.C., informa de una estatua monumental erigida a Teófanes por Mitilene en gratitud por la restitución de su territorio y su libertad ancestral, siendo citado el evergeta con su nombre romano, Cn. Pompeyo Teófanes[79]. Por su parte, el *Senatus consultum de agris Mytilenaeum* del 55 a.C. confirmaría las decisiones de Pompeyo sobre, seguramente, una parte de las posesiones continentales que Mitilene tenía en la Perea y que los publicanos intentaban mantener bajo sus exacciones, promoviendo una disociación, sin ninguna validez jurídica, de los territorios insular y continental de la ciudad[80]. Esta controversia volvería a ser tratada en una carta de un gobernador de Asia, lo que vislumbra los problemas de Mitilene para hacer cumplir sus privilegios[81]. Todo estos valiosos servicios a la patria harían que Teófanes, según informa la epigrafía, fuera reconocido "salvador", "benefactor" y "fundador" de la ciudad, e incluso se le concederían honores divinos (*isotheoi timai*). Así se atestigua en un pedestal de mármol gris (de 22 X 51,5 X 26,5 centímetros) conservado en el Museo Británico, con inscripción en griego, dispuesta en tres columnas, que contiene una triple dedicatoria a Pompeyo, a Teófanes y al notable que sucedería a este como principal evergeta de Mitilene, Potamón, hijo del retórico

---

[78] Plu. *Pomp.* 42.8: "cuando llegó a Mitilene, (Pompeyo) concedió la libertad a la ciudad por consideración hacia Teófanes (τήν τε πόλιν ἠλευθέρωσε διὰ Θεοφάνη), y presenció el tradicional concurso de poetas, cuyo único tema fueron sus hazañas"; Vell. 2.18.3; Cic. *Agr.* 2.40. Sobre Teófanes de Mitilene: Ville de Mirmont, 1905; Rostovtzeff, 1941, pp. 823, 1528; Accame, 1946, pp. 91-92; R.K. Sherk, 1963; Anderson, 1963, pp. 28-41; Robert, 1969; Crawford, 1978, p. 204; Haley, 1983; Salzmann, 1985; Gold, 1985; Ferrary, 1988, pp. 129-130, 612, 1997, 200 y 2005, pp. 55-56; Pédech, 1991; Anastasiadis, Souris, 1992; Bertrand, 1992, pp. 259-260 (n. 147); Vial, 1995, pp. 185-186; Anastasiadis, 1995 y 1997; Labarre, 1996a y 1996b, pp. 92-99, 109, 275-276 (n. 18); Canali de Rossi, 1997, pp. 357-358 (n. 411), 2002 (n. 159) y 2009, p. 31 (n. 411); Amela, 1999, pp. 76-78; Buraselis, 2001; Fernoux, 2004, pp. 162-167; Strubbe, 2004, pp. 320-323; Sánchez, 2007b; Heller, 2011; Arrayás, 2013c; Santangelo, 2015; Demougin, 2017; Muñiz, 2020; Pawlak, 2020.

[79] Robert, 1969. Teófanes también aparece con sus *tria nomina* en otro epígrafe mitilenense, en el que se le reconoce *soter* y *euergetes* de la ciudad (SIG3 755; IG XII 2, 150; IGR 4, 56): Γναίῳ Πομπηΐῳ Ἱερότα υἱῷ, Θεοφάνῃ σωτῆρι καὶ εὐεργέτᾳ.

[80] RDGE 25.

[81] RDGE 51.

Lesbonax, que aparece distinguido con los mismos títulos: Pompeyo en su dedicatoria, a la izquierda, es citado como *imperator*, *euergetes*, *soter* y *ktistes*: Γναίῳ Πομπ[η-] / ίῳ, Γναίῳ υἱῷ, / Μεγάλῳ, αὐτο- / κράτορι, τῷ εὐ- / εργέτᾳ καὶ σώ- / τηρι καὶ κτίστᾳ; Teófanes en la suya, en el centro, aparece como *Zeus Eleutherios*, amigo de la patria, *soter*, *euergetes* y *deuteros ktistes* ("segundo fundador"): [Θ]έῳ Δ[ὶι Ἐλευθε-] / ρίῳ φιλοπάτριδι / Θεοφάνῃ τῷ σώ- / τηρι καὶ εὐεργέ- / τᾳ καὶ κτίστᾳ δευ- / τέρῳ τᾶς πάτριδος; y Potamón en la que le corresponde, a la derecha, también es reconocido como *euergetes*, *soter* y *ktistes* de la ciudad: Ποτάμωνι / Λεσβώνακτο[ς] / τῷ εὐεργέτᾳ / καὶ σώτηρ<ι> / καὶ κτίστᾳ τᾶς / πόλιος[82].

Por su parte, Éfeso en Lidia, la capital de la provincia de Asia, tomaría una deriva política similar a la de Pérgamo y Mitilene tras la I Guerra Mitridática. No obstante, con respecto a estas dos ciudades habría apreciables diferencias en el posconflicto. En Éfeso, el rey póntico también sería efusivamente recibido cuando su ofensiva del año 89 a.C.[83] y los efesios participarían activamente en las "Vísperas Efesias" del 88 a.C., en las que, como informa Apiano, no se habría

---

[82] SIG3 752; IG XII 2, 163; IGR 4, 55. En otra inscripción mitilenense, Teófanes, esta vez citado con su nombre romano, Cn. Pompeyo Teófanes, sería reconocido como *soter* y *euergetes* (σωτῆρι καὶ εὐεργέτᾳ) de la ciudad (SIG3 755; IG XII 2, 150; IGR 4, 56): Γναίω Πομπηΐῳ Ἱερότα υἱῷ, Θεοφάνῃ σωτῆρι καὶ εὐεργέτᾳ. NEWTON, 1854, p. 515 (n. 8) y 1883, pp. 47-48 (n. 211); ABBOTT, JOHNSON, 1926, pp. 298-299 (n. 25); ROSTOVTZEFF, 1941, pp. 823, 1528; ACCAME, 1946, pp. 90-92, 95-97; ROBERT, 1969, pp. 47, 49-53; SHERK, 1963; SALZMANN, 1985; GOLD, 1985, p. 325; FERRARY, 1988, pp. 129-130 y 1997, p. 200; BERTRAND, 1992, pp. 259-260 (n. 147); VIAL, 1995, p. 186; LABARRE, 1996a y 1996b, pp. 94, 96, 275-277 (n. 18, 19); CANALI DE ROSSI, 1997, pp. 357-358 (n. 411), 2002 (n. 159) y 2009, p. 31 (n. 411); AMELA, 2001, pp. 91-92, 102 y 2003, 181; ARRAYÁS, 2010b y 2013c; DIMOPOULOU-PILIOUNI, 2017, p. 399. Sobre la divinización de Teófanes, cabe referir también una serie de monedas en bronce (*ca.* 5 d.C.), a cargo de M. Pompeyo Teófanes, procurador de Asia, que presentan, en el anverso, el retrato de Teófanes, junto a la leyenda Θεοφάνης θεός, que indicaría su carácter divino con el apelativo *Theos*, mientras que, en el reverso, aparecería el busto de Arquedamis, seguramente la que fuera su esposa, con la leyenda Ἀρχεδαμὶς θεά, que la distinguiría con el epíteto *Thea* por asimilación con su marido (RPC I 2342; BMC 158-160). No obstante, el culto a Teófanes en Mitilene, en tanto que *Zeus Eleutherios*, no debió ir más allá del 33 d.C., cuando, según Tácito (*Ann.* 6.18), la descendencia del evergeta, amigo de Pompeyo, caería en desgracia ante el emperador: *datum erat crimini quod Theophanen Mytilenaeum proauum eorum Cn. Magnus inter intimos habuisset, quodque defuncto Theophani caelestis honores Graeca adulatio tribuerat.* ROBERT, 1969, p. 48; SALZMANN, 1985, p. 253; MUÑIZ, 2020, p. 114.

[83] Plu. *Sull.* 11.1; Cic. *Flac.* 60.

respetado ni siquiera el asilo del *Artemision*, siendo los romanoitálicos allí refugiados sacados a rastras para ser masacrados[84]. Y es que la aversión a lo romano pudo haber sido especialmente intensa en Éfeso, que, como capital de la provincia, habría sufrido de manera particular el impacto del dominio de Roma y de la llegada de numerosa población romanoitálica. Por todo esto, al igual que Pérgamo y que Mitilene, Éfeso sería desprovista de su estatuto privilegiado y, en consecuencia, sufriría severamente los efectos de las medidas represivas de Sila, que supondrían el regreso de los hombres de negocios romanoitálicos, ahora prosilanos, y el establecimiento de un nuevo flujo migratorio más intenso de población romanoitálica hacia Éfeso y Asia en general.

Ciertamente, como explican Apiano u Orosio, y también atestigua la epigrafía, Éfeso lideraría la revuelta contra el rey póntico[85], cuando este, acuciado por los problemas, tomaría decisiones desafortunadas como la deportación de los quiotas a la Cólquide o las purgas del año 86 a.C. en la corte póntica y en las ciudades de Asia, que, según los textos antiguos, se cobrarían cerca de mil seiscientas víctimas y mermarían la popularidad del rey[86]. Esta defección de Éfeso, que arrastraría a otras *poleis*, podría ser indicio de la existencia de facciones enfrentadas en la ciudad y, en definitiva, de una comunidad

---

[84] App. *Mith.* 23: "Los efesios dieron muerte, arrastrándolos al exterior, a los que se habían refugiado en el templo de Diana y estaban abrazados a las estatuas".

[85] App. *Mith.* 48; Oros. 6.2.8: "Por otra parte, Mitrídates concibió el plan de asesinar en Asia a los personajes importantes de sus nobles ciudades y confiscar sus bienes. Y cuando ya había ejecutado así a mil seiscientos (*cumque iam mille sescentos ita interfecisset*), los efesios, temerosos ante estos antecedentes, echaron fueran a la guarnición de Mitrídates y cerraron sus puertas (*Ephesii exemplum uerentes excluso praesidio eius portas obiecerunt*); lo mismo hicieron los de Esmirna, los sardos, los de Colofón y los tralianos (*similiter Smyrnaei Sardi Colophonii Trallianique fecerunt*)". Véase también: SIG3 742; IK.Ephesos 8.

[86] App. *Mith.* 46-48, 58: "Y, cuando te apoderaste de ellos, ¡qué vejaciones cometiste, bien contra las ciudades, al colocar al frente de estas a esclavos y deudores tras haberles otorgado la libertad y cancelado sus deudas, o contra los griegos, de los que con un solo pretexto mataste a mil seiscientos, o contra los tetrarcas de los gálatas (ἢ τοὺς Ἕλληνας, ὧν μιᾷ προφάσει χιλίους καὶ ἑξακοσίους διέφθειρας, ἢ Γαλατῶν τοὺς τετράρχας), a los que reuniéndolos en un banquete los asesinaste, o contra todas las personas de raza italiana, a los cuales mataste en un solo día, incluidos los niños y sus madres, sepultándolos en el mar y no perdonando siquiera a los que se habían refugiado en los templos!"; Str. 13.4.9; Memn. 23; Oros. 6.2.8.

efesia dividida entre partidarios y detractores del rey[87]. En cualquier caso, su rebelión contra el poder póntico tampoco libraría a Éfeso del castigo de Sila ni de la pérdida de su autonomía. Así, al igual que en Pérgamo y en Mitilene, en Éfeso la victoria silana del 85 a.C. debió comportar represalias para todos los afines al rey, en especial para los miembros de la facción filopóntica de su élite, que serían ajusticiados u obligados al suicidio o a huir al Ponto[88].

Lo cierto es que la represión de Sila, que se sumaría a los efectos de la guerra, debió tener un impacto especialmente grave en Éfeso, dado que al término de la primera fase del conflicto parece quedar desprovista de una élite tradicional consistente. Así, lejos de contar con notables de la talla de Diodoro Pásparo o de Teófanes de Mitilene, la élite local efesia, que igualmente asumiría el dominio romano tras las represalias silanas, solo desarrollaría un evergetismo muy modesto y sería el creciente elemento romanoitálico el principal artífice de la recuperación de la ciudad y de su desarrollo urbano. Y es que, a parte de la lógica criba sufrida tras la victoria de Sila en el 85 a.C., la élite tradicional efesia debió de ser particularmente sensible a la inestabilidad financiera y comercial generada por la guerra, que habría afectado gravemente sus ingresos y le habría impedido competir con los hombres de negocios romanoitálicos, cada vez más numerosos en una ciudad como Éfeso, que constituía el principal puerto de la provincia de Asia y que, por tanto, ofrecía grandes oportunidades de lucro. En cualquier caso, según atestigua la epigrafía efesia, el procónsul

---

87 IK.Ephesos 630b. Canali de Rossi, 1997, p. 316 (n. 353), 2001, pp. 16, 149 (n. 38) y 2009, p. 29 (n. 353); Eilers, 2002, pp. 89, 232-233 (n. C87); Kirbihler, 2016, pp. 63-68, 80-82, 131.

88 En Pérgamo, la victoria de Sila haría que la situación se invirtiera y que, a partir de entonces, fueran los pergámenos filopónticos los ejecutados o los obligados al suicidio o a la huida al Ponto. Según Apiano (*Mith.* 48): "Cuando ochenta ciudadanos de Pérgamo fueron cogidos planeando actos semejantes y otros en otras ciudades (Ὡς δὲ καὶ Περγαμηνῶν τὰ αὐτὰ βουλεύοντες ὀγδοήκοντα ἄνδρες ἑάλωσαν, καὶ ἐν ἄλλαις πόλεσιν ἕτεροι), Mitrídates envió espías por todas partes, los cuales denunciaron a sus enemigos personales y, así, mataron alrededor de mil seiscientos hombres (ἔκτειναν ἀμφὶ τοὺς χιλίους καὶ ἑξακοσίους ἄνδρας). Los acusadores de estos, sin embargo, perecieron poco tiempo después al ser capturados por Sila, otros se suicidaron y otros huyeron al Ponto con el propio Mitrídates (Ὧν οἱ κατηγορήσαντες οὐ πολὺ ὕστερον οἱ μὲν ὑπὸ Σύλλα ληφθέντες διεφθάρησαν, οἱ δὲ προανεῖλον ἑαυτούς, οἱ δ' ἐς τὸν Πόντον αὐτῷ Μιθριδάτῃ συνέφευγον)».

P. Servilio Vatia Isáurico, ya en tiempos cesarianos, restablecería a Éfeso su estatuto de ciudad libre y, además, confirmaría el asilo del santuario de Ártemis, algo que también haría respecto al *Asklepieion* de Pérgamo[89]. Todo esto le haría merecedor de honores cultuales[90].

Otro caso significativo, que, tendría una evolución política similar a la de las tres *poleis* anteriores, aunque, como veremos a continuación, con sus notables especificidades, es el de la estratégica ciudad de Cícico, en la costa de Misia, en la Propóntide. Según los textos antiguos, tuvo que ser recuperada por los romanos[91] y en el marco de la I Guerra Mitridática, según informa Diodoro Sículo, incluso habría tenido que ser tomada por Fimbria, que ordenaría la muerte de varios notables y la confiscación de sus bienes[92]. Asimismo, después de esa primera fase del conflicto mitridático, Cícico pudo perder su autonomía, al igual que Pérgamo, Éfeso y Mitilene, lo que vislumbraría un apoyo al rey póntico. En este sentido, sendos testimonios de Tácito y de Suetonio dejarían entrever que la ciudad habría recuperado su libertad como premio a su férrea resistencia a las tropas pónticas en los inicios de la III Guerra Mitridática, lo que significaría que la habría perdido[93]. En cualquier caso, al igual

---

[89] OGIS 449; IGR 4, 433; ILS 8779; I.Pergamon 413. Véase también: AE 1933, 260; RDGE 55; I.Asklepieion 1.

[90] Dos epígrafes de Éfeso del s. II d.C. indican la existencia de un culto a Servilio Vatia y a Roma (IK.Ephesos 702, 3066). KEIL, 1915, pp. 281-282; WILBERG, KEIL, 1923 (n. 60). Sobre la asociación del culto a Servilio Vatia y a Roma: ROBERT, ROBERT, 1948, pp. 38-42; MAGIE, 1950, pp. 416-417, 1271; MELLOR, 1975, p. 58; RIGSBY, 1996, pp. 383-384; KIRBIHLER, 2011, pp. 268-271. Servilio Vatia también inició sendos proyectos urbanísticos en Éfeso, que, al contrario que Pérgamo, aún no poseía un gran equipamiento edilicio (IK.Ephesos 444-445, 454b). HEPDING, 1909, pp. 336-337; MAGIE, 1950, pp. 405-406, 417, 1258-1259; SEGRE, 1938, p. 125; MACCANICO, 1963; VIRGILIO, 1993, p. 97; BERTRAND, 1992, p. 262 (n. 150); VIAL, 1995, p. 196; RIGSBY, 1996, pp. 385-386, 389, 392; COLLAS-HEDDELAND, 2002, p. 111; HALFMANN, 2004, pp. 31-32, 37, 48-49; KIRBIHLER, 2011.

[91] Cic. *Agr.* 2.39.

[92] D.S. 38.8.3: Ὅτι ὁ αὐτὸς καὶ εἰς Κύζικον παρελθὼν ὡς φίλος τοῖς μὲν εὐπορωτάτοις τῶν πολιτῶν ἐμέμφετο θανάτου καταιτιασάμενος· δύω δὲ εἰς κατάπληξιν καὶ φόβον τῶν ἄλλων καταδίκους ποιήσας καὶ ῥαβδίσας ἐπελέκισε. τὰς δὲ οὐσίας αὐτῶν ἀναλαβὼν καὶ τοῖς ἄλλοις διὰ τῶν προαπολωλότων μέγαν φόβον ἐπιστήσας ἠνάγκασε λύτρα τῆς σωτηρίας ὅλας τὰς ὑπάρξεις αὐτῷ προέσθαι.

[93] Tac. *Ann.* 4.36.2: "Se hizo una reprimenda oficial a los ciudadanos de Cízico por su incuria en el culto del divino Augusto (*obiecta publice Cyzicenis incuria caerimoniarum diui Augusti*), añadiéndose acusaciones de violencia contra ciudadanos romanos (*additis uiolentiae criminibus aduersum ciuis Romanos*); y así perdieron su libertad, que

que en Pérgamo, Mitilene y también Éfeso, la coyuntura política y socioeconómica que se plantearía tras el primer conflicto mitridático motivaría que la élite cívica, cribada y reconfigurada, trabajase para la recuperación de la ciudad bajo hegemonía romana y explicaría que, a inicios de la III Guerra Mitridática, Cícico decidiera resistir a las tropas pónticas, que fueron incapaces de tomar la ciudad, lo que facilitaría la reacción de Lúculo y obligaría al rey a retirarse al Ponto, y motivaría que la ciudad recuperase su autonomía, seguramente perdida al final de la primera fase del conflicto[94].

Cabe destacar particularmente que Cícico llegaría a contar con la comunidad de romanoitálicos más numerosa de Asia después de la de Éfeso, a tenor de los más de ciento cincuenta *nomina* no imperiales contabilizados entre el s. I a.C. y la época imperial. Esta comunidad se habría conformado fundamentalmente después del conflicto mitridático, cuando se produciría una fuerte emigración sobre todo desde el sur de Italia. Así es que no se tiene constancia de la participación de Cícico en las "Vísperas Efesias" del 88 a.C. En cualquier caso, todo esto indicaría una importante emigración romanoitálica que habría arraigado en la ciudad y cuyos descendientes, pasadas dos o tres generaciones, participarían en la vida pública de la comunidad, ejerciendo cargos y apareciendo sobre todo en las listas de pritanos, habiendo asumido la ciudadanía local junto a la romana[95]. Así, entre otras evidencias epigráficas y literarias, cabría destacar una inscripción honorífica de finales del s. I a.C., a cargo de una sociedad religiosa, que constataría un romanoitálico, L. Vetio Rufo, en la *hipparchia* epónima, la magistratura característica de Cícico[96]. No obstante, aunque esto sería un claro indicio del arraigo

se habían ganado en la guerra de Mitrídates (*amisere libertatem, quam bello Mithridatis meruerant*), cuando asediados habían rechazado al rey no menos con su firmeza que con la ayuda de Lúculo"; Suet. *Tib.* 37.3: "Privó a Cícico de la libertad que se había ganado durante la guerra contra Mitrídates, cuando sus habitantes se atrevieron a atacar a los ciudadanos romanos que en ella habitaban (*Cyzicenis in ciues R. uiolentius quaedam ausis publice libertatem ademit*)".

[94] Cic. *Mur.* 33; Plu. *Luc.* 9.1; Flor. *Epit.* 1.40.15-18; Front. *Strat.* 4.5.21; Oros. 6.2.19.

[95] Fournier, 2014, pp. 320-321; Maffre, 2017, pp. 270-272. Véase también: Kirbihler, 2007, p. 34 y 2016, pp. 346-347.

[96] SEG 40, 1126. Lechat, Radet, 1888, pp. 195-197 (n. 5); Hasluck, 1910, p. 276 (IV, n. 88); Schwertheim, 1990, pp. 90-94 (n. 3); Habicht, 2010/11, p. 178 (n. 69); Maffre, 2017, pp. 269, 272.

y la integración de los romanoitálicos asentados en la ciudad y del interés de estos por aspirar a responsabilidades políticas y a honores locales, lo cierto es que el proceso no resultó nada fácil ni estuvo exento de tensiones. Así lo evidenciarían las sucesivas revueltas, con episodios violentos contra *ciues Romani* residentes, acontecidas en Cícico ya en época de los emperadores Augusto (27 a.C.-14 d.C.) y Tiberio (14-37 d.C.), probablemente incitadas por una facción democrática, opuesta a la élite filorromana en el poder, que comportarían la pérdida de la *libertas* para la *polis* en el 20 a.C. y en el 25 d.C.[97]. En cualquier caso, la intensa emigración romanoitálica hacia Cícico durante el s. I a.C. se debería a que la ciudad, al igual que Éfeso, era uno de los principales puertos de Asia y, sin duda, el más importante de la Propóntide y el Helesponto, presentando una posición y unas infraestructuras portuarias excelentes que la convertían en escala ineludible de todo barco que transitara la zona[98].

Por último, como contrapunto, cabría destacar el caso ciudad libre de Heraclea Póntica, en la costa de Bitinia, que experimentaría una evolución política notablemente diferente a la de las *poleis* asiáticas antes referidas. Heraclea era un aliado tradicional de los romanos en la región. Así, había firmado un tratado de *amicitia et societas* con Roma en el 188 a.C., confirmado veinte años después[99], y, según informa el historiador local Memnón de Heraclea, cuyo testimonio recoge Focio, la ciudad enviaría a los romanos dos cuatrirremes (δυσὶ τετρήρεσι καταφράκτοις) en vísperas de la I Guerra Mitridática, que colaborarían en el marco del *Bellum Sociale*, contra marsos, pelignos y marrucinos (Μάρσους τε καὶ Πελιγνοὺς καὶ Μαρουκίνους)[100]. Además, en el primer conflicto mitridático, Heraclea

[97] D.C. 54.7.6, 57.24.6; Tac. *Ann.* 4.36.2; Suet. *Tib.* 37.3. En general, sobre estas tensiones entre cicicenos y ciudadanos romanos residentes: Fournier, 2014, pp. 319-326; Maffre, 2017, pp. 243, 255-266; Arrayás, 2019 y 2020; Arrayás, Núñez, en prensa.

[98] Str. 12.8.11: "Cícico es una isla en la Propóntide unida al continente por dos puentes, de una gran fertilidad y con un tamaño de unos quinientos estadios de perímetro. Tiene una ciudad de igual nombre justo al lado de los puentes, dos puertos cerrados (λιμένας δύο κλειστοὺς) y más de doscientos cobertizos para naves". Vecchio, 2011.

[99] Memn. 18.6-7.

[100] Memn. 21. El testimonio de Memnón resulta controvertido, pues se indicaría erróneamente que estos pueblos itálicos, marsos, pelignos y marrucinos, vivían en el norte de África, cerca de Gades (Cádiz), que es un centro hispano (ἔθνη δέ εἰσι ταῦτα ὑπὲρ Λιβύης κατῳκημένα, Γαδείρων ὅμορα).

frustraría la deportación de los quiotas a la Cólquide ordenada por el rey póntico en el año 86 a.C. al ser sospechosos de contribuir al fracaso del asedio de Rodas[101].

Sin embargo, Heraclea ya adoptaría un posicionamiento totalmente neutral en la llamada II Guerra Mitridática (83-81 a.C.), que más bien supuso un breve paréntesis entre dos fases bélicas de alta intensidad. Así es que, como informa Memnón, la *polis* se desentendería de la petición de ayuda del propretor de Asia, L. Licinio Murena (*pr.* 88 a.C.), lo que vislumbraría una actitud menos proclive a los romanos[102]. Esto pudo ser en buena parte motivado por las cláusulas de la Paz de Dárdano, que exigieron al rey póntico la devolución del reino de Bitinia a Nicomedes IV Filopátor (94-74 a.C.) y que debieron mostrar a Heraclea que, a pesar de su alianza con Roma, nunca aumentaría su influencia ni su territorio frente a bitinios y gálatas[103]. En cualquier caso, la ruptura definitiva con el Estado romano ocurriría en vísperas de la III Guerra Mitridática, en el 74 a.C., cuando en Heraclea, según vuelve a informar Memnón, se produciría una masacre de romanoitálicos presentes en la ciudad, agentes financieros (τοὺς τελώνας ἀφανεῖς ἐποίησαν, ὡς καὶ τὸν θάνατον αὐτῶν ἀγνοεῖσθαι), que al término del primer conflicto mitridático habían vuelto a proliferar en el ámbito anatólico, provocando nuevamente el descontento en Asia y en las regiones vecinas

---

[101] Memn. 23; App. *Mith.* 46-47. Según Apiano (*Mith.* 47): "Zenobio les acusó de que el peso era escaso y les ordenó que se reunieran en el teatro. Y, después de rodear, con el ejército con las espadas desenvainadas, el propio teatro y las calles que llevaban desde él hasta el mar, condujo a los de Quíos, haciéndolos levantarse de uno en uno, desde el teatro y los embarcó en las naves, de un lado los hombres y de otro las mujeres y niños, sufriendo todos un trato vejatorio, a la usanza bárbara, por parte de sus conductores. Deportados desde aquí ante Mitrídates, fueron enviados por este al Ponto Euxino".

[102] Memn. 26.2. Véase también: App. *Mith.* 64-65.

[103] App. *Mith.* 56-58; Plu. *Sull.* 24, *Luc.* 4.1; Sal. *Hist.* 1.27; Liv. *Per.* 83; Str. 13.1.28; Vell. 2.23.6; Memn. 25.2; Flor. *Epit.* 1.40.12; Gran.-Lic. 35. Sobre la llamada Paz de Dárdano, en la Tróade, que estuvo precedida de conversaciones entre Sila y el general póntico Arquelao en el 86 a.C. (App. *Mith.* 55, *BC* 1.76; Plu. *Sull.* 22.5): Reinach, 1890, pp. 190-205; Magie, 1950, pp. 229-231, 1107-1110; Glew, 1977; Sherwin-White, 1984, pp. 143-148; McGing, 1986, pp. 130-131, 133-138, 158-159, 171; Kallet-Marx, 1995, pp. 262-264; Ballesteros, 1996a, pp. 168-173, 177-178; Gómez et al. 2012, pp. 204-210.

donde actuaban[104]. Así es que, según Plutarco "toda Asia tuvo una recaída en su antigua enfermedad, que sufría al soportar prestamistas y recaudadores de impuestos romanos (Ῥωμαϊκῶν δανειστῶν καὶ τελωνῶν). A estos, que robaban los alimentos como las harpías, los expulsó más tarde Lúculo. Pues entonces solo intentó hacerlos más moderados mediante amonestaciones y aquietó las revueltas del pueblo que no era, podría decirse, de los calmados"[105].

Heraclea proporcionaría barcos a la flota póntica, como harían otras *poleis* de la región, que se sumarían a los aportados puntualmente por los líderes piratas con los que el rey habría intensificado su colaboración. Sin embargo, esa contribución de Heraclea a la causa mitridática solo se produciría en el marco de la llegada de una flota póntica a la ciudad, que, además, acababa de derrotar al procónsul M. Aurelio Cota (*cos.* 74 a.C.) en Calcedonia (Kadıköy, Estambul)[106]. Según explica Memnón, para lograr su plena colaboración, el almirante de la flota, Arquelao (Ἀρχέλαος ὁ τοῦ ναυτικοῦ στρατηγὸς), retuvo a dos notables heracleotas, Sileno y Sátiro (Σιλῆνον καὶ Σάτυρον), que habían ido a suministrar el avituallamiento acordado, y que no liberó hasta que la ciudad accedió a poner a su servicio cinco trirremes (πέντε τριήρεις)[107]. En cualquier caso, en un proceso opuesto al de

[104] Memn. 27.6: Οἱ δὲ δημοσιῶναι πρὸς τὴν πόλιν ἀφικόμενοι παρὰ τὰ ἔθη τῆς πολιτείας καὶ ἀργύριον ἀπαιτοῦντες τοὺς πολίτας ἐλύπουν, ἀρχήν τινα δουλείας τοῦτο νομίζοντας. Οἱ δέ, διαπρεσβεύσασθαι δέον πρὸς τὴν σύγκλητον ὥστε τῆς δημοσιωνίας ἀπολυθῆναι, ἀναπεισθέντες ὑπό τινος θρασυτάτου τῶν ἐν τῇ πόλει, τοὺς τελώνας ἀφανεῖς ἐποίησαν, ὡς καὶ τὸν θάνατον αὐτῶν ἀγνοεῖσθαι.

[105] Plu. *Luc.* 7.6-7. Véase también: Plu. *Luc.* 20.1.

[106] Plu. *Luc.* 8.2: "(Cota) fue derrotado a la vez por tierra y por mar, y perdió sesenta naves y sus tripulaciones, y cuatro mil soldados de infantería. Así que, bloqueado y asediado en Calcedonia, ponía sus esperanzas en las manos de Lúculo"; Memn. 27.5; App. *Mith.* 71; Liv. *Per.* 93; Sal. *Hist.* 4.69.13; Eutr. 6.6.2; Oros. 6.2.13.

[107] Memn. 27.5: Τὸ δὲ Μιθριδάτου ναυτικὸν παραπλέον τὴν Ἡράκλειαν παρ᾽ αὐτῆς οὐκ ἐδέχθη, ἀλλ᾽ ἀγορὰν μὲν αἰτησαμένων παρέσχον. Οἷα δὲ εἰκὸς ἐπιμιξίας γενομένης, Ἀρχέλαος ὁ τοῦ ναυτικοῦ στρατηγὸς συνέλαβε Σιλῆνον καὶ Σάτυρον, ἐπιφανεῖς τῆς Ἡρακλείας ἄνδρας, καὶ οὐκ ἀνῆκεν ἕως ἂν ἔπεισε λαβεῖν πέντε τριήρεις συμμαχίδας εἰς τὸν κατὰ τῶν Ῥωμαίων πόλεμον. Καὶ ἀπὸ ταύτης τῆς πράξεως (ὅπερ καὶ Ἀρχέλαος ἐμηχανᾶτο) τὴν Ῥωμαίων ἀπέχθειαν ὁ Ἡρακλεώτης δῆμος ἐκτήσατο. Δημοσιωνίας δὲ τῶν Ῥωμαίων ἐν ταῖς ἄλλαις πόλεσι καθιστώντων, καὶ τὴν Ἡράκλειαν διὰ τὴν εἰρημένην αἰτίαν ταύταις ὑπέβαλλον. Magie, 1950, pp. 325, 1206; Sherwin-White, 1984, p. 165; McGing, 1986, p. 146; Ballesteros, 1996a, pp. 222, 224, 231-232; Callataÿ, 1997, p. 347; Saprykin, 1997, pp. 293-296; Dueck, 2006, p. 47; Arrayás, 2011, p. 32.

poleis como Pérgamo, Mitilene, Éfeso o Cícico, Heraclea acabaría posicionándose del bando póntico a inicios de la III Guerra Mitridática, observándose el predominio de una facción filopóntica en su élite cívica, que asumiría el control político y que se habría visto potenciada por la desafección hacia la hegemonía romana, particularmente tras el primer conflicto mitridático. Esta facción habría estado liderada por Lámaco, eminente miembro de la élite heracleota, afín al rey, que, al frente de la administración cívica, lograría convencer al *demos*. Toda esta compleja dinámica política sería indicio de las contradicciones internas existentes en Heraclea, que, al igual que las comunidades bitinias y asiáticas, habría quedado dividida entre partidarios y opositores del rey póntico, fluctuando entre ambos bandos según las circunstancias bélicas[108].

Según Memnón, Heraclea, situada en un lugar muy estratégico, fue defendida con éxito por una potente guarnición póntica de cuatro mil soldados al mando del comandante gálata Conacorix (τετρακισχιλίους τε φρουροὺς ἐγκαταστήσας καὶ φρούραρχον Κοννακόρηκα), que lograría resistir el asedio del procónsul M. Aurelio Cota durante dos largos años, entre el verano del 72 y el del 70 a.C.[109]. Sería el legado C. Valerio Triario (*pr.* 78 a.C.), al mando de una potente flota de cuarenta y tres barcos, entre los que había veinte rodios, quien lograría vencer la resistencia de la ciudad, al bloquear la llegada de suministros por mar[110]. Esto, según continúa explicando Memnón, provocaría una gran hambruna[111] y, además, se declararía una epidemia de peste (λοιμὸς αὐτοῖς ἐπιπεσών) que haría estragos en la población, muriendo mil soldados de la guarnición y

[108] Sobre el caso de Heraclea Póntica y su desafección al poder romano: Reinach, 1890, p. 322; Magie, 1950, p. 325; Salomone Gaggero, 1976, pp. 120-123; Sherwin-White, 1984, pp. 165, 250; Sherk, 1984, p. 84 (n. 68); McGing, 1986, p. 146; Vial, 1995, pp. 170, 172; Kallet-Marx, 1995, p. 302; Saprykin, 1997, p. 295-297; Callataÿ, 1997, pp. 361-362; Erçiyas, 2003; Fernoux, 2004, p. 121, 171; Ferrary, 2007, pp. 320-321; Dueck, 2006, pp. 47, 54; Ñaco et al. 2011, pp. 303 y 2015, 51-55; Arrayás, 2011, pp. 432, 2015, 325 y 2016, pp. 91-96.

[109] Memn. 29.4. Véase también: App. *Mith.* 77-78; Plu. *Luc.* 13.1-3; Liv. *Per.* 97; Sal. *Hist.* 4.69.14; Oros. 6.2.23-24.

[110] Memn. 34.5-7.

[111] Memn. 34.8.

hasta el mismo Lámaco[112]. Esta crítica situación induciría al sucesor de Lámaco en el gobierno cívico, Damófilo, a iniciar negociaciones con los romanos, con el apoyo de Britágoras, probablemente el líder de la facción rival, que habría aumentado su influencia gracias a la coyuntura[113]. Cabe destacar que, según Memnón, para tomar la decisión, Damófilo reuniría significativamente al *demos*, lo que dejaría entrever la vigencia de un sistema democrático en Heraclea y, por tanto, ni Lámaco ni Damófilo habrían gobernado como tiranos[114]. Sea como fuere, según continúa explicando Memnón, la iniciativa de rendir la ciudad a los romanos, que habría sido defendida en la asamblea por Britágoras, sería rebatida en buena lógica por el comandante póntico de la guarnición, Conacorix, que defendería con éxito ante el *demos* heracleota la necesidad de resistir, a la espera de que el pacto entre Mitrídates Eupator y Tigranes II de Armenia surtiera efecto[115]. No obstante, este acabaría pactando en secreto su huida con Valerio Triario, dejando a la ciudad a merced de los romanos que la someterían a un violento saqueo, en el que el procónsul Aurelio Cota no respetaría ni los santuarios[116]. Tal fue la destrucción que el Senado romano autorizaría importantes medidas restauradoras que, sin embargo, no conseguirían que Heraclea se recuperara. Según Memnón, Trasímedes, uno de los eminentes heracleotas, junto a Britágoras, que denunciarían los desmanes cometidos por Aurelio Cotta (κατηγόρησεν ἐπ΄ ἐκκλησίας τοῦ Κόττα), manifestaría la buena voluntad que Heraclea siempre había mantenido hacia los romanos

---

[112] Memn. 34.9: ἐν οἷς καὶ Λάμαχος πικροτέρῳ καὶ μακροτέρῳ τῶν ἄλλων ὀλέθρῳ διέφθαρτο. Ἥψατο δὲ μάλιστα καὶ τῶν φρουρῶν ἡ νόσος, ὡς ἀπὸ τρισχιλίων χιλίους ἀποθανεῖν.

[113] Memn. 35.1-2. No obstante, según Memnón (35.2), Damófilo lo haría en connivencia con Conacorix, el comandante de la guarnición póntica, con objeto de salvar la vida a costa de traicionar a la ciudad: Καὶ λαβόντες συνθήκας, αἷς εὐδαιμονήσειν αὐτοὶ ἤλπιζον, πρὸς τὴν προδοσίαν παρεσκευάζοντο.

[114] Memn. 35.3: Εἰς ἐκκλησίαν οὖν ἡ πόλις συνέδραμον καὶ τὸν φρούραρχον ἐκάλουν. Véase también: Memn. 29.3-4.

[115] Memn. 35.3. SHERWIN-WHITE, 1984, p. 250; SAPRYKIN, 1997, pp. 298-299, 303; ERÇIYAS, 2003; BOULAY, 2014, p. 125.

[116] Memn. 35.4; App. *Mith.* 82; Str. 12.3.6. Según Memnón (35.7), la ciudad fue saqueada e incendiada, y no se respetaron ni templos ni santuarios: Χρήματα γοῦν διερευνώμενος οὐδὲ τῶν ἐν ἱεροῖς ἐφείδετο, ἀλλὰ τούς τε ἀνδρίαντας καὶ τὰ ἀγάλματα ἐκίνει, πολλὰ καὶ καλὰ ὄντα. Memn. 35.5-9

y aduciría que si había actuado de manera contraria a Roma no lo había hecho por el común acuerdo de los heracleotas, sino por el engaño de los que habían logrado dirigir los asuntos cívicos o por la coacción de sus enemigos[117]. Por su parte, Britágoras, años después, llegaría a entablar amistad con el mismo César con el propósito de obtener la libertad para su patria[118].

CONCLUSIONES

En definitiva, parece claro que el rey póntico, dotado de ingentes recursos y numerosos aliados, consiguió un gran apoyo en los territorios anatólicos que anexionó durante la I Guerra Mitridática. Así, fue bien recibido en la mayoría de *poleis* asiáticas, que se implicaron, en general, en las "Vísperas Efesias" del año 88 a.C. Sin embargo, existieron diferencias en lo que respecta a la intensidad de su apoyo al rey y de su aversión a lo romano. El grueso de las comunidades de Asia debió sufrir importantes tensiones internas entre partidarios y opositores de Mitrídates Eupator, y, en este sentido, ni las más filopónticas escaparían a ellas, como evidencian los complots organizados contra el rey en Mitilene o en la misma Pérgamo. En todas ellas, subsistieron sectores reticentes a apoyar a la causa póntica, que actuaron ante los primeros contratiempos bélicos del rey.

Por otro lado, las comunidades asiáticas que más sufrirían las secuelas de la derrota del monarca póntico en la I Guerra Mitridática, acabarían asumiendo pragmáticamente lo estéril de oponerse al dominio romano. Esto lo harían de la mano de eminentes evergetas locales, con importantes contactos y recursos, que contribuirían de manera decisiva a la recuperación de sus respectivas patrias bajo la

[117] Memn. 39.2: Θρασυμήδης δὲ τῶν ἐξ Ἡρακλείας εἷς κατηγόρησεν ἐπ΄ ἐκκλησίας τοῦ Κόττα, τάς τε τῆς πόλεως εἰσηγούμενος πρὸς Ῥωμαίους εὐνοίας, καὶ εἴ τι ταύτης ἀποκλίνοιεν, οὐχὶ γνώμῃ τῆς πόλεως τοῦτο δρᾶν, ἀλλ΄ ἢ τινος τῶν ἐφεστηκότων τοῖς πράγμασιν ἐξαπάτῃ ἢ καὶ βίᾳ τῶν ἐπιτιθεμένων.

[118] Memn. 40.3: Γνωσθεὶς οὖν τῷ Καίσαρι Βριθαγόρας, καὶ διαπραξάμενος ἐγγυτέρω τῇ φιλίᾳ προσελθεῖν, δι΄ ὑποσχέσεως ἐγένετο, οὐ μὴν ἐξ ἐφόδου γε λαβεῖν τὴν ἐλευθερίαν ἠδυνήθη, ἅτε δὴ οὐκ ἐν τῇ Ῥώμῃ ἀλλ΄ ἐφ΄ ἕτερα τοῦ Γαΐου περιτρέχοντος. Memn. 39-40; D.C. 36.40.4; V.Max 5.4.4.

hegemonía de Roma y a la reconciliación de los cuerpos cívicos, diezmados y divididos entre partidarios y detractores de Mitrídates Eupator. No obstante, en una *polis* como Éfeso, con una élite tradicional muy mermada tras la guerra, habría sido el creciente elemento romanoitálico el principal impulsor de la recuperación cívica. Asimismo, no todas las comunidades siguieron una misma evolución política a lo largo del conflicto mitridático, desde posiciones filopónticas en el 89 a.C. a la aceptación de la hegemonía romana a partir del 85 a.C. En este sentido, resulta especialmente paradigmático el caso de Heraclea Póntica, que, aunque aliada de Roma desde el 188 a.C., iniciaría una deriva filopóntica, acentuada por la Paz de Dárdano, que la llevaría a romper con Roma a inicios de la III Guerra Mitridática.

REFERENCIAS BIBLIOGRÁFICAS

FUENTES CLÁSICAS

BERGUA, J. *et al.* (trad.): *Plutarco. Vidas Paralelas*, VI. Madrid, Gredos, 2007.

CANO, J. *et al.* (trad.): *Plutarco. Vidas Paralelas*, V. Madrid, Gredos, 2007.

CASTRO, J. (trad.): *Justino. Epítome de las Historias Filípicas de Pompeyo Trogo*. Madrid, Gredos, 1995.

DE HOZ, M.P. (trad.): *Estrabón. Geografía*, XI-XIV. Madrid, Gredos, 2003.

MORALEJO, J.L. (trad.): *Cornelio Tácito. Anales*, I-VI. Madrid, Gredos, 1979.

RAMÍREZ, A. / AGUDO, R.M. (trad.): *Suetonio. Vida de los doce Césares*, I. Madrid, Gredos, 1992.

SÁNCHEZ SALOR, E. (trad.): *Orosio. Historias*, V-VII. Madrid, Gredos, 1982.

SANCHO, A. (trad.): *Apiano. Historia romana*, I. Madrid, Gredos, 1980.

VELA, J. y GRACIA, J. (trad.): *Estrabón. Geografía*, V-VII. Madrid, Gredos, 2001.

BIBLIOGRAFÍA

ABBOTT, F. F. y JOHNSON, A. C.: *Municipal administration in the Roman Empire*. Princeton, 1926.

ACCAME, S.: *Il dominio romano in Grecia dalla guerra acaica ad Augusto*. Roma, 1946.

ADLER, E.: "Who's Anti-Roman? Sallust and Pompeius Trogus on Mithridates", *CJ* 101/4 (2006), pp. 383-404.

AHLHEID, F.: "Oratorical Strategy in Sallust's Letter of Mithridates Reconsidered", *Mnemosyne* 41 (1988), pp. 67-92.

ALCOCK, S. E.: "Making Sure You Know Whom to Kill: Spatial Strategies and Strategic Boundaries in the Eastern Roman Empire", *Millennium* 4 (2007), pp. 13-20.

AMELA, L.: *La clientela de Cneo Pompeyo Magno en Hispania*. Barcelona, 1999.

—: "Inscripciones honoríficas dedicadas a Pompeyo Magno", *Faventia* 23/1 (2001), pp. 87-102.

—: *El Toro contra la Loba: la Guerra de los Aliados (91-87 a.C.)*. Madrid, 2007.

—: *Cneo Pompeyo Magno. El defensor de la República romana*. Madrid, 2003.

AMIOTTI, G.: "I Greci e il massacro degli Italici nell'88 a.C.", *Aevum* 54/1 (1980), pp. 132-139.

ANASTASIADIS, V. I.: "Theophanes and Mytilene's Freedom Reconsidered", *Tekmeria* 1 (1995), pp. 1-13.

—: "Theophanes and Mitylene's Freedom Reconsidered: A Postscript", *Tekmeria* 3 (1997), pp. 165-169.

ANASTASIADIS, V. I. y SOURIS, G. A.: "Theophanes of Mytilene: A New Inscription Relating to His Early Career", *Chiron* 22 (1992), pp. 377-383.

ANDERSON, W. S.: *Pompey, His Friends and the Literature of the 1st Century B.C.* Berkeley, 1963.

ANTELA, B.: "*Between Medeios and Mithridates*: The Peripatetic Constitution of Athens (*Agora* I 2351)", *ZPE* 171 (2009a), pp. 105-108.

—: "Entre Delos, Atenas, Roma y el Ponto: Medeo del Pireo", *Faventia* 31/1-2, (2009b), pp. 49-60.

—: "Athenion of Athens Reviewed", *Klio* 97/1 (2015), pp. 59-80.

—: "Élites viejas y nuevas en Atenas en el preludio de las Guerras Mitridáticas", en: *XXXVI Coloquio del GIREA. Lo viejo y lo nuevo en las sociedades antiguas*. Besançon, 2018, pp. 87-94.

ARRAYÁS, I.: "Bandidaje y piratería en la Anatolia meridional. Definición y circunstancias en el marco de las guerras mitridáticas", *SHHA* 28 (2010a), pp. 31-55.

—: "Diplomacy in the Greek *Poleis* of Asia Minor. Mytilene's Embassy to *Tarraco*", *C&M* 61 (2010b), pp. 127-150.

—: "El impacto de las guerras mitridáticas en la creación de una nueva clase dirigente. Evergetas y evergetismo en Asia Menor", *Klio* 92/2 (2010c), pp. 369-387.

—: "Destruction et restauration d'une ville pontique pendant les guerres mithridatiques. Le cas d'Amisos (Plu. *Luc.* 19)", *REA* 113/1 (2011), pp. 431-446.

—: "Más piratas que corsarios. Mitrídates Eupator y Sertorio ante el fenómeno pirático", *Latomus* 72/1 (2013a), pp. 96-121.

—: "Entre Oriente y Occidente. La acción de piratas y corsarios en el marco de las guerras silanas", en: *I Congreso de Piratería y Seguridad Marítima en el Mediterráneo Occidental y la Península Ibérica durante la Antigüedad.* Sevilla, 2013b, pp. 167-185.

—: "Élites en conflicto. El impacto de las guerras mitridáticas en las *poleis* de Asia Menor", *Athenaeum* 101/2 (2013c), pp. 517-533.

—: "Adhesión y disidencia mitridática en Anatolia", *PP* 70/2 (2015), pp. 315-346.

—: "Sobre la fluctuación en las alianzas en el marco de las Guerras Mitridáticas. Algunos casos significativos en Anatolia", *REA* 118/1 (2016), pp. 79-98.

—: "Reflexiones sobre la integración y el arraigo de romano-itálicos en Anatolia en el s. I a.C.", *Aevum* 93/1 (2019), pp. 111-141.

—: "Emigración romano-itálica y violencia peregrina en la Anatolia occidental entre el conflicto mitridático y la época julio claudia", *PP* 73/2 (2020), pp. 239-283.

Arrayás, I. y Núñez, C.: "Reflexiones sobre la violencia contra los romanos en comunidades griegas entre las Guerras Mitridáticas y la época julio-claudia", en: *XLI Colóquio Internacional do GIREA. As faces do impéro: mecanismos de controlo e estratégias de resistência*, Coimbra (en prensa).

Badian, E.: "Rome, Athens and Mithridates", *AJAH* 1 (1976), pp. 105-128.

Baker, P. y Thériault, G.: "Les Lyciens, Xanthos et Rome dans la première moitié du Ier s. a.C.: nouvelles inscriptions", *REG* 118 (2005), pp. 329-366.

Ballesteros, L.: "Heracles y Dionisos, dos modelos en la propaganda de Mitrídates Eupátor", *Kolaios* 4 (1995), pp. 127-133.

—: *Mitrídates Eupátor, rey del Ponto.* Granada, 1996a.

—: "Observaciones sobre la biografía de Mitrídates Eupátor en el Epítome de Justino (37.1.6-38.8.1)", *Habis* 27 (1996b), pp. 73-82.

—: "Atenión, tirano de Atenas", *SHHA* 23 (2005), pp. 385-400.

—: "Los cultos de Mitrídates Eupátor en Delos: Una propuesta de interpretación", *Habis* 37 (2006), pp. 209-216.

—: *Pompeyo Trogo, Justino y Mitrídates. Comentario al Epítome de las Historias Filípicas (37.1.6-38.8.1).* Hildesheim, 2013.

—: "Les réseaux de Mithridate", *DHA* 44/1 (2018), pp. 273-303.

—: "Quien da primero, da dos veces. Intrigas dinásticas en el ascenso al poder de Mitrídates Eupátor", *Athenaeum* 108/2 (2020), pp. 390-407.

Bertrand, J.-M.: *Inscriptions historiques grecques*. París, 1992.

Bickerman, E. J.: "La lettre de Mithridate dans les Histoires de Salluste", *REL* 24 (1946), pp. 131-151.

Bielman, A.: *Retour à la liberté. Libération et sauvetage des prisonniers en Grèce ancienne*. París, 1994.

Boulay, T.: *Arès dans la cité. Les* póleis *et la guerre dans l'Asie Mineure hellénistique*. Pisa-Roma, 2014.

Bremen, R. van: "The Inscribed Documents on the Temple of Hekate at Lagina and the Date and Meaning of the Temple Frieze", en: *Hellenistic Karia*. Burdeos, 2010, pp. 483-503.

Bresson, A.: "Italiens et Romains à Rhodes et à Caunos", en: *Les Italiens dans le monde grec*. París, 2002, pp. 147-162.

Broughton, T.R.S.: "Roman Asia Minor", en: *An Economic Survey of Ancient Rome*, IV. Baltimore, 1938, pp. 499-916.

Bruneau, P.: "Contribution à l'histoire urbaine de Délos à l'époque hellénistique et à l'époque impériale", *BCH* 92 (1968), pp. 633-709.

Brunt, P. A.: "Italian Aims at the Time of the Social War", *JRS* 55 (1965), pp. 90-109 (reed. *The Fall of the Roman Republic and Related Essays*. Oxford, 1988).

Buis, E. J.: "Ancient Entanglements: The Influence of Greek Treaties in Roman 'International Law' under the Framework of Narrative Transculturation", en: *Entanglements in Legal History: Conceptual Approaches*, I. Frankfurt, 2014, pp. 151-185.

Bugh, G.R.: "Athenion and Aristion", *Phoenix* 46/2 (1992), pp. 108-123.

Buraselis, K.: *Kos between Hellenism and Rome*. Filadelfia, 2000.

—: "Two Notes on Theophanes' Descendants", en: *The Greek East in the Roman Context*. Helsinki, 2001, pp. 61-70.

Callataÿ, Fr. de: *Histoire des guerres mithridatiques vue par les monnaies*. Louvain-la-Neuve, 1997.

Callataÿ, Fr. de y Lorber, C.C.: "The Pattern of Royal Epithets on Hellenistic Coinages", en: *More than Men, Less than Gods. Studies on Imperial Cult and Royal Worship*. Lovaina, 2011, pp. 417-455.

Campana, A.: *La monetazione degli insorti durante la guerra sociale*. Módena, 1987.

CAMPANILE, M. D.: "Città d'Asia Minore tra Mitridate e Roma", *Studi Ellenischi* 8 (1996), pp. 145-173.

CANALI DE ROSSI, F.: *Le ambascerie dal mondo greco a Roma in età reppublicana.* Roma, 1997.

—: *Il ruolo dei patroni nelle relazioni politiche fra il mondo greco e Roma in età repubblicana ed augustea.* Leipzig, 2001.

—: "Le ambascerie dal mondo greco a Roma: omissioni, errori, novità e studi recenti", *Veleia* 26 (2009), pp. 13-46.

—: *Iscrizioni storiche ellenistiche. Decreti per ambasciatori greci al senato*, III. Roma, 2002.

—: "Flacco, Minucio Termo e il *koinòn* dei Greci d'Asia", *EA* 38, 2005, pp. 101-108.

CASTIGLIONI, L.: "Motivi antiromani nella tradizione storica antica", *RIL* 56 (1928), pp. 625-639.

CHAISEMARTIN, N. de: "Octavien/Auguste et Aphrodisias: certitudes et perplexités", en: *Auguste et l'Asie Mineure.* Burdeos, 2017, pp. 331-343.

CHANKOWSKI, A. S.: "La procédure législative à Pergame au Ier siècle av. J.-C.: à propos de la chronologie relative des décrets en l'honneur de Diodoros Pasparos", *BCH* 122 (1998), pp. 159-197.

CHAPOUTHIER, F.: *Le sanctuaire des dieux de Samothrace.* París, 1935.

CLAUDON, J.-F.: *Les ambassades des cités grecques d'Asie Mineure auprès des autorités romaines, I.* París, 2015.

COARELLI, F.: *Pergamo e il re. Forma e funzioni di una capitale ellenistica.* Pisa, 2016.

COHEN, G. M.: *The Hellenistic Settlements in Europe, the Islands, and Asia Minor.* Berkeley, 1995.

COLLAS-HEDDELAND, E.: "D'une capitale à l'autre. Pergame, Éphèse et le culte impérial provincial", en: *Idéologies et valeurs civiques dans le monde romain.* París, 2002, pp. 107-121.

COUSIN, G. y DIEHL, Ch.: "Sénatus-Consulte de Lagina de l'an 81 avant notre ère", *BCH* 9 (1885), pp. 437-474.

CRAWFORD, M.H.: "Greek Intellectuals and the Roman Aristocracy in the First Century BC", en: *Imperialism in the Ancient World.* Cambridge, 1978, pp. 193-208.

— *et al.*: *Roman Statutes*, I. Londres, 1996.

D'AMORE, L.: "Due 'nuovi' decreti pergameni in onore di Diodoro Pasparo? 'MDAI (A)' 33, 1908, 382, NR. 3 e 'MDAI (A)' 32, 1907, 257, NR. 7", *RFIC* 137 (2009), pp. 86-109.

DART, C. J.: *The Social War, 91 to 88 BCE*. Farnham, 2014.

DEMOUGIN, S.: "Auguste et le droit de cité dans la province d'Asie", en: *Auguste et l'Asie Mineure*. Burdeos, 2017, pp. 177-189.

DESIDERI, P.: "Posidonio e la guerra mitridatica", *Athenaeum* 57 (1973), pp. 257-269.

DIMOPOULOU-PILIOUNI, A.: "Lesbos sous Auguste. Du renouveau des traités à l'apothéose", en: *Auguste et l'Asie Mineure*. Burdeos, 2017, pp. 399-412.

DONAIRE, J. C.: "Salustio, *Historiae* VI, 69: algunas notas para el estudio de la carta de Mitrídates", *Baetica* 12 (1989), pp. 143-152.

DOW, S.: "A Leader of the Anti-Roman Party in Athens in 88 BC", *CPh* 37 (1942), pp. 313-314.

DUCAT, J. y BRUNEAU, P.: *Guide de Délos*. París, 1966 (reed. 1983 y 2005).

DUECK, D.: "Memnon of Herakleia on Rome and the Romans", en: *Rome and the Black Sea Region. Domination, Romanisation, Resistance*. Aarhus, 2006, 43-61.

DÜRRBACH, F.: *Choix d'inscriptions de Délos*. París, 1921.

ECKERT, A.: *Lucius Cornelius Sulla in der antiken Erinnerung*. Berlín, 2016.

EILERS, Cl.: *Roman Patrons of Greek Cities*. Oxford, 2002.

ENGELS, D.: "'Je veux être calife à la place du calife'? Überlegungen zur Funktion der Titel „Großkönig" und „König der Könige" vom 3. zum 1. Jh. v.Chr.", en: *Interconnectivity in the Mediterranean and Pontic World during the Hellenistic and Roman Periods*. Cluj-Napoca, 2014, pp. 333-362.

ERÇIYAS, D. B.: "Heracleia Pontica-Amastris", en: *Ancient Greek Colonies in the Black Sea*. Tesalónica, 2003, pp. 1403-1431.

—: *Wealth, Aristocracy, and Royal Propaganda under the Hellenistic Kingdom of the Mithradatids in the Central Black Sea Region of Turkey*. Leiden, 2005.

FERGUSON, W. S.: *Hellenistic Athens*. Londres, 1911.

FERNOUX, H.-L.: *Notables et élites des cités de Bithynie aux époques hellénistique et romaine*. Lyon, 2004.

FERRARY, J.-L.: *Philhellénisme et Impérialisme*. Roma, 1988 (reed. Roma 2014).

—: "De l'évergétisme hellénistique à l'évergétisme romain", en: *Xe Congrès international d'épigraphie grecque et latine*. París, 1997, pp. 199-225.

—: "Les Grecs des cités et l'obtention de la *ciuitas Romana*", en: *Citoyenneté et participation à la basse époque hellénistique*. París, 2005, pp. 51-75.

—: "L'essor de la puissance romaine dans la zone pontique", en: *Une* Koinè *pontique. Cités grecques, sociétés indigènes et Empires mondiaux sur le littoral nord de la Mer Noire (VIIe s. a.C.-IIIe s. p.C.)*. Burdeos, 2007, pp. 319-325 (reed. *Rome et le monde grec: choix d'écrits*. París, 2017).

FERRARY, J.-L. y ROUSSET, D.: "Bulletin épigraphique", *REG* 119 (2006), pp. 638-642.

FILGIS, M. N. y RADT, W.: *Die Stadtgrabung 1. Das Heroon*. Berlín, 1986.

FOURNIER, J.: "Cyzique à l'époque de l'hégémonie romaine: un modèle d'intégration provinciale?", en: *Cyzique, cité majeure et méconnue de la Propontide antique*. Metz, 2014, pp. 309-338.

GAUTHIER, Ph.: *Les cités grecques et leurs bienfaiteurs (IVe-Ier siècle avant J.-C.)*. París, 1985.

—: "Bulletin épigraphique", *REG* 114 (2001), pp. 554-556.

—: "Bulletin épigraphique", *REG* 115 (2002), pp. 703-704.

—: "Bulletin épigraphique", *REG* 117 (2004), pp. 648-649.

GLEW, D. G.: "Mithridates Eupator and Rome: A Study of the Background of the First Mithridatic War", *Athenaeum* 55 (1977), pp. 380-405.

GOLD, B. K.: "Pompey and Theophanes of Mytilene", *AJPh* 106 (1985), pp. 312-327.

GÓMEZ, D. *et al.*: "El inmediato 'posconflicto' y la construcción de la paz en el mundo antiguo: tres casos de estudio", *Arys* 10 (2012), pp. 191-214.

GÓMEZ ESPELOSÍN, F. J.: "Filósofos al poder o algunas consideraciones sobre las tiranías atenienses del año 88 a.C.", *Polis* 2 (1990), pp. 85-97.

GRIFFITHS, J.G.: "βασιλεὺς βασιλέων: Remarks on the History of a Title", *CPh* 48 (1953), pp. 145-154.

GROS, P.: "M.N. Filgis, W. Radt, Altertümer von Pergamon, XV. Die Stadtgrabung, Teil I. Das Heroon, Berlin, 1986", *Gnomon* 60 (1988), pp. 142-145.

GRUEBER, H.A.: *Coins of the Roman Republic in the British Museum*, II. Londres, 1910.

GUERBER, E.: *Les cités grecques dans l'Empire romain*. Rennes, 2009.

HABICHT, Chr.: "Zur Geschichte Athens in der Zeit Mithridates' VI", *Chiron* 6 (1976), pp. 127-142.

—: "The Eponyms of Cyzicus", *Il Mar Nero* 8 (2010/11), pp. 171-180.

HALEY, S.P.: "Archias, Theophanes and Cicero: the Politics in the *Pro Archia*", *CB* 59 (1983), pp. 1-4.

HALFMANN, H.: Éphèse et Pergame. *Urbanisme et commanditaires en Asie Mineure romaine*. Burdeos, 2004.

HAMON, P.: "Le Conseil et la participation des citoyens: les mutations de la basse époque hellénistique", en: *Citoyenneté et participation à la basse époque hellénistique*. París, 2005, pp. 121-144.

—: "Bulletin épigraphique", *REG* 123 (2010), pp. 827-828.

HASLUCK, F.W.: *Cyzicus*. Cambridge, 1910.

HEAD, B.V.: Historia Numorum*: A Manual of Greek Numismatics*. Oxford, 1911.

HEINEN, H.: "Mithridates von Pergamon und Caesar bosporanische Pläne. Zur Interpretation von *Bellum Alexandrinum* 78", en: E fontibus haurire. *Beiträge zur römischen Geschichte und zu ihren Hilfswissenschaften*. Paderborn, 1994, pp. 63-79.

HELLER, A.: *Les bêtises des Grecs. Conflits et rivalités entre cités d'Asie et de Bithynie à l'époque romaine (129 a.C.-235 p.C.)*. Burdeos, 2006.

—: "Des Grecs au service des *imperatores* romains, ou comment rester Grec tout en devenant Romain", en: *Pratiques et identités culturelles des armées hellénistiques du monde méditerranéen*. Burdeos, 2011, pp. 227-244.

HEPDING, H.: "Mithradates von Pergamon", *MDAI(A)* 34 (1909), pp. 329-340.

—: "Die Arbeiten zu Pergamon 1908-1909, II: Die Inschriften", *MDAI(A)* 35 (1910), pp. 401-493.

HIRSCHFELD, G.: "Die Abkunft des Mithridates von Pergamon", *Hermes* 14 (1879), pp. 474-475.

HÜBNER, G.: "Der Porträtkopt", *Die Stadtgrabung 1. Das Heroon*. Berlín, 1986, pp. 127-146.

JACOBSTHAL, P.: "Die Arbeiten zu Pergamon 1906-1907, II: Die Inschriften", *MDAI(A)* 33 (1908), pp. 375-420.

JONES, C.P.: "Diodoros Pasparos and the *Nikephoria* of Pergamon", *Chiron* 4 (1974), pp. 185-205.

—: "Diodoros Pasparos Revisited", *Chiron* 30 (2000), pp. 1-14.

KALLET-MARX, R.M.: *Hegemony to Empire. The Development of the Roman* Imperium *in the East from 148 to 62 B.C.* Berkeley, 1995.

KANTOR, G.: "Roman Treaty with Lycia (SEG LV 1452) and the Date of Caesar's Third Dictatorship", *ZPE* 190 (2014), pp. 135-136.

KEAVENEY, A.C.: *Sulla. The Last Republican*. Londres, 1982.

—: "The Two Magnesias in the First Mithridatic War", *Aevum* 93 (2019), pp. 143-154.

KEIL, J.: "Ephesische Funde und Beobachtungen", *JÖAI* 18 (1915), pp. 279-286.

KIRBIHLER, Fr.: "Die Italiker in Kleinasien, mit besonderer Berücksichtigung von Ephesos (133 v.Chr.-1. Jh.n.Chr.)", en: *Neue Zeiten – Neue Sitten. Zu Rezeption und Integration römischen und italischen Kulturguts in Kleinasien*. Viena, 2007, pp. 19-35.

—: "Servilius Isauricus proconsul d'Asie: un gouverneur populaire", en: *Les gouverneurs et les provinciaux sous la République romaine*. Rennes, 2011, pp. 249-272.

—: *Des Grecs et des Italiens à Éphèse. Histoire d'une intégration croisée (133 a.C.-48 p.C.)*. Burdeos, 2016.

KOLB, Fr.: "La Lycie sous Auguste: une région entre *libertas* et *provincia*", en: *Auguste et l'Asie Mineure*. Burdeos, 2017, pp. 91-99.

KREUZ, P.-A.: "Monuments for the King: Royal Presence in the Late Hellenistic World of Mithridates VI", en: *Mithridates VI and the Pontic Kingdom*. Aarhus, 2009, pp. 131-144.

LABARRE, G.: "Théophane et l'octroi de la liberté á Mytilene: questions de méthode", *Tekmeria* 2 (1996a), pp. 44-54.

—: *Les cités de Lesbos aux époques hellénistique et impériale*. Lyon, 1996b.

LAFFI, U.: "Cittadini romani di fronte ai tribunali di cominità alleate o libere dell'Oriente greco in età repubblicana", en: *La repressione criminale nella Roma repubblicana fra norma e persuasione*. Pavía, 2009, pp. 127-167.

LAFFRANQUE, M.: "Poseidonios historien. Un épisode significatif de la première guerre de Mithridate", *Pallas* 11 (1962), pp. 103-113.

LECHAT, H. y RADET, G.: "Inscriptions d'Asie Mineure", *BCH* 12 (1888), pp. 187-204.

LEWIS, R.G.: "Sulla and Smyrna", *CQ* 41 (1991), pp. 126-129.

MACCANICO, R.: "Ginnasi romani a Efeso", *ArchCl.* 15 (1963), pp. 32-60.

MAFFRE, Fr.: "La cité de Cyzique et Auguste en leur temps", en: *Auguste et l'Asie Mineure*. Burdeos, 2017, pp. 241-275.

MAGIE, D.: *Roman Rule in Asia Minor*, I-II. Princeton, 1950.

MAREK, Chr.: "Der lykische Bund, Rhodos, Kos und Mithridates: Basis mit Ehreninschrift für Krinolaos, Sohn des Artapates von Patara", *Lykia* 2 (1995), pp. 9-21.

MASTROCINQUE, A.: *Studi sulle guerre mithridatiche*. Stuttgart, 1999a.

—: "Comperare l'*immunitas*", *MediterrAnt* 2/1 (1999b), pp. 85-93.

MATTINGLY, H.B.: "M. Antonius, C. Verres and the Sack of Delos by the Pirates", en: *Miscellanea di studi classici in onore di E. Manni*, IV. Roma, 1980, pp. 1490-1515.

—: *From Coins to History: Selected Numismatic Studies*. Ann Harbor, 2004.

MAYOR, A.: *The Poison King: The Life and Legend of Mithradates, Rome's Deadliest Enemy*. Princeton, 2009 (trad. esp. Madrid 2017).

MCGING, B.C.: *The Foreign Policy of Mithridate VI Eupator*. Leiden, 1986.

MEADOWS, A.R.: "Stratonikeia in Caria The Hellenistic City and its Coinage", *NC* 162 (2002), pp. 81-134.

MELLOR, R.: Dea Roma. *The Workship of the Goddess Roma in the Greek World.* Göttingen, 1975.

MEROLA, G.D.: *Autonomia locale, governo imperiale. Fiscalità e amministrazione nelle province asiane.* Bari, 2001.

MEYER-SCHLICHTMANN, C.: "Nette Erkenntnisse zum 'Heroon des Diodoros Pasparos' in Pergamon. Keramik aus datierenden Befunden", *MDAI(I)* 42 (1992), pp. 287-306.

MITCHELL, S.: *Anatolia. Land, Men, and Gods in Asia Minor*, I. Oxford, 1993 (reimpr. 2001).

—: "The Treaty between Rome and Lycia of 46 BC (MS 2070)", en: *Papyri Graecae Schøyen*, I. Florencia, 2005, pp. 163-258.

MUCCIOLI, F.: *Gli epiteti uffi ciali dei re ellenistici.* Stuttgart, 2013.

MUÑIZ, J.: "Teófanes de Mitilene y Cn. Pompeyo. Aspectos de una relación desafortunada", *Onoba* 8 (2020), pp. 101-116.

MUSTI, D.: "I *Nikephoria* e il ruolo panellenico di Pergamo", *RFIC* 126 (1998), pp. 5-40 (reed. *Nike. Ideologia, iconografia e feste della vittoria in età antica.* Roma, 2005).

—: "Nuove riflessioni sui *Nikephoria* pergameni e Diodoro Pasparo", *RFIC* 127 (1999), pp. 325-333.

—: "Un bilancio sulla questione dei *Nikephoria* pergameni", *RFIC* 128 (2000), pp. 257-298 (reed. *Nike. Ideologia, iconografia e feste della vittoria in età antica.* Roma, 2005).

—: "Aspetti e funzioni della ginnasiarchia nell'Asia Minore occidentale", en: *L'huile et l'argent. Gymnasiarchie et évergétisme dans la Grèce hellénistique.* París, 2009, pp. 259-273.

MUSTI, D. *et al.*: "Da Callisseno di Rodi a Diodoro Pasparo: lo stile asiano della 'grandezza'. Prove econtroprove", en: *Nike. Ideologia, iconografia e feste della vittoria in età antica.* Roma, 2005, pp. 281-300.

NEWTON, C.T.: "Denkmäler der griechischen Inseln", *Archäologische Zeitung* XII, 1854, pp. 512-516.

—: *The Collection of Ancient Greek Inscriptions in the British Museum*, II. Oxford, 1883.

NIEBERGALL, A.: "Rom und die griechischen Eliten im Ersten Mithradatischen Krieg", en: *Freundschaft und Gefolgschaft in den auswärtigen Beziehungen der Römer (2. Jh. v.Chr.-1. Jh. n.Chr.)*. Frankfurt, 2008, pp. 65-89.

—: "Die lokalen Eliten der griechischen Städte Kleinasiens und Mithradates VI Eupator zu Beginn des ersten Römisch-Pontischen Krieges", *Hermes* 139/1 (2011), pp. 1-20.

ÑACO, T.: "Mitrídates, el *télos* asiático y los almacenes portuarios", en: *Economía y ejército en el mar corruptor*. Madrid, 2015, pp. 69-84.

ÑACO, T. *et al.*: "The Impact of the Roman Intervention in Greece and Asia Minor upon Civilians (88-63 BC)", en: *Transforming Historical Landscapes in the Ancient Empires*. Oxford, 2009, pp. 33-51.

—: "The Ultimate Frontier between Rome and Mithridates: War, Terror and the Greek *Poleis* (88-63 BC)", en: *9th Workshop of Impact of Empire*. Leiden, 2011, pp. 291-304.

—: "Roma o Mitrídates. Las *poleis* griegas en su última encrucijada (89-63 a.C.): cuatro casos de estudio", *Faventia* 37 (2015), pp. 35-55.

OLBRYCHT, M.J.: "Mithridates VI Eupator and Iran", en: *Mithridates VI and the Pontic Kingdom*. Aarhus, 2009, pp. 163-190.

PASSERINI, A.: "Le iscrizioni dell'agorà di Smirne concernenti la lite tra i publicani e i Pergameni", *Athenaeum* 15 (1937), pp. 252-283.

PAWLAK, M.: "Theophanes, Potamon and Mytilene's Freedom", *Electrum* 27 (2020), pp. 173-188.

PÉDECH, P.: "Deux Grecs face à Rome au Ier siècle av. J.-C.: Métrodore de Scepsis et Théophane de Mytilène", *REA* 93 (1991), pp. 65-78.

PRICE, S.R.F.: *Rituals and Power. The Roman Imperial Cult in Asia Minor*. Cambridge, 1984.

PRIMO, A.: "The Client Kingdom of Pontus between Mithridatism and Philoromanism", en: *Kingdoms and Principalities in the Roman Near East*. Stuttgart, 2010, pp. 159-179.

QUEYREL, F.: "Mithridate VI à Délos: charisme de l'image?", en: *Figurationen des Porträts*. Paderborn, 2018, pp. 99-134.

RADITSA, L.F.: *A Historical Commentary to Sallust's Letter of Mithridates*. Columbia, 1969.

—: "Mithridates' View of the Peace of Dardanus in Sallust's Letter of Mithridates", *Helikon* 9-10 (1969-70), pp. 632-635.

RADT, W.: "Der Mamorsaal und seine Künstlerische Ausgestaltung", en: *Die Stadtgrabung 1. Das Heroon*. Berlín, 1986, pp. 71-126.

—: "The Urban Development of Pergamon", en: *Urbanism in Western Asia Minor*. Portsmouth, 2001, pp. 43-56.

RAUBITSCHEK, A.E.: "Epigraphical Notes on Julius Caesar", *JRS* 44 (1954), pp. 65-75.

REINACH, Th.: "Essai sur la numismatique des rois de Pont", *RN* 3 (1888), pp. 448-449.

—: *Numismatique ancienne. Trois royaumes de l'Asie Mineure: Cappadoce, Bithynie, Pont*. París, 1888.

—: *Mithridate Eupator, roi du Pont*. París, 1890.

REITZENSTEIN, D.: *Die lykischen Bundespriester: Repräsentation der kaiserzeitlichen Elite Lykiens*. Berlín, 2011.

RENDINA, S.: "The Cities of the Greek East after the First Mithridatic War. Aspects of Sulla's Financial Policy", *Phasis* 23 (2020), pp. 74-92.

REYNOLDS, J.: *Aphrodisias and Rome*. Londres, 1982.

RIGSBY, K.J.: Asylia*: Territorial Inviolability in the Hellenistic World*. Berkeley, 1996.

RISOM, S.: "Le monument de Mithridate à Délos", *AA* 19 (1948), pp. 204-209.

RIVERO, M.P.: Imperator populi romani. *Una aproximación al poder republicano*. Zaragoza, 2006.

ROBERT, L., "Notes d'épigraphie hellénistique", *BCH* 54 (1930), pp. 322-351.

—: "Inscriptions grecques d'Asie Mineure I. Inscription de l'*agora* de Smyrne", en: *Anatolian Studies Presented to W.H. Buckler*. Manchester, 1939, pp. 227-248 (= OMS I, pp. 611-632).

—: "Divinités éponymes", en: *Hellenica*, II. París, 1946, pp. 51-64.

—: "Théophane de Mytilène à Constantinople", *CRAI* 113 (1969), pp. 42-64 (= OMS V, pp. 561-583).

ROBERT, J. / ROBERT, L.: "Bulletin épigraphique", *REG* 87 (1974), pp. 186-340.

—: "Hiérocésarée — borne de l'asile d'Artémis", en: *Hellenica*, VI. París, 1948, pp. 27-55.

ROSTOVTZEFF, M.: *The Social and Economic History of the Hellenistic World*, I-III. Oxford, 1941.

ROUSSEL, P.: *Délos, colonie athénienne*. París, 1916.

RUSSO, F.: "Aspetti e temi della propaganda antiromana di Mitridate VI Eupatore", *RCCM* 51 (2009), pp. 373-401.

ŞAHIN, M.Ç.: "New Inscriptions from Lagina, Stratonikeia and Panamara", *EA* 34 (2002), pp. 1-21.

SALMON, E.T.: *Samnium and the Samnites*. Cambridge, 1967.

SALOMONE GAGGERO, E.: "La propaganda antiromana di Mitridate VI Eupatore in Asia Minore e in Grecia", en: *Contributi di storia antica in onore di A. Garzetti*. Génova, 1976, pp. 89-123.

SALZMANN, D.: "Cn. Pompeius Theophanes. Ein Benennungsvorschlag zu einem Porträt in Mytilene", *MDAI(R)* 92 (1985), pp. 245-260.

SÁNCHEZ, P.: "La convention judiciaire dans le traite conclu entre Rome et les Lyciens (P.Schøyen I 25)", *Chiron* 37 (2007a), pp. 363-382.

—: "La clause d'exception sur l'octroi de la citoyenneté romaine dans les traités entre Rome et ses alliés", *Athenaeum* 95, (2007b), pp. 215-270.

SANFORD, E.M.: "Roman Avarice in Asia", *JNES* 9 (1950), pp. 28-36.

SANTANGELO, F.: "Magnesia sul Maeander alla vigilia della prima guerra Mithridatica. Nota sulla cronologia di I. Magn. 100b", *EA* 39 (2006), pp. 133-138.

—: *Sulla, the Elites and the Empire*. Leiden, 2007.

—: "With or Without You: Some Late Hellenistic Narratives of Contemporary History", *SCI* 28 (2009), pp. 57-78.

—: *Teofane di Mitilene: testimonianze e frammenti*. Tívoli, 2015.

SANTOS YANGUAS, N.: "Los fragmentos de las Historias: su valor histórico", *ETF (hist)* 11 (1998), pp. 221-239.

SAPRYKIN, S.J.: *Heracleia Pontica and Tauric Chersonesus before Roman Domination (VI-I Centuries BC)*. Amsterdam, 1997.

—: "Mithridates of Pergamum. A Known and Unknown Ruler", *VDI* 79/2 (2019), pp. 280-306 (en ruso).

SARIKAKIS, T.C.: "Les Vêpres Éphésiennes de l'an 88 av. J.-C.", *EEThess* 15 (1976), pp. 254-261.

SARTRE, M.: *Histoires Grecques*. París, 2006.

SCHULER, C.: "Ein Vertrag zwischen Rom und den Lykiern aus *Tyberissos*", en: *Griechische Epigraphik in Lykien*. Viena, 2007, pp. 51-79.

SCHWERTHEIM, E.: "Aΐδιος στεφανος: Zu vier Ehreninschriften aus dem *Territorium* von Kyzikos", en: *Mysische Studien*. Bonn, 1990, pp. 83-100.

SEGRE, M.: "Note epigrafiche V. Sull'asilia dell'Asclepieo di Pergamo", *MCl* 3 (1933), pp. 485-488.

—: "Giulio Cesare e la *chora* pergamena", *Athenaeum* 16, (1938), pp. 119-127.

SHERK, R.K.: "*Senatus Consultum de Agris Mytilenaeorum*", *GRBS* 4 (1963), pp. 217-230.

—: *Roman Documents from the Greek East*. Baltimore, 1969.

—: *Rome and the Greek East to the Death of Augustus*. Cambridge, 1984.

SHERWIN-WHITE, A.N.: "Rome, Pamphylia and Cilicia, 133-70 B.C.", *JRS* 66 (1976), pp. 1-14.

—: *Roman Foreign Policy in the East 168 BC to AD 1*. Londres, 1984.

SMITH, R.R.R.: *Hellenistic Royal Portraits*. Oxford, 1988.

STRUBBE, J.H.M.: "Cultic Honors for Benefactors in the Cities of Asia Minor", en: *Roman Rule and Civic Life: Local and Regional Perspectives*. Amsterdam, 2004, pp. 315-330.

SULLIVAN, R.D.: *Near Eastern Royalty and Rome, 100-30 BC*. Toronto, 1990.

SYDENHAM, E.A.: *The Coinage of the Roman Republic*. Londres, 1952.

SYME, R.: Anatolica. *Studies in Strabo*. Oxford, 1995.

VECCHIO, L.: "Su alcune iscrizioni relative al sistema portuale di Cizico", *PP* 66 (2011), pp. 194-232.

VIAL, Cl.: *Les Grecs de la paix d'Apamée á la bataille d'Actium, 188-31*. París, 1995.

VILLE DE MIRMONT, M.H. de la: "Théophane de Mytilène", *REG* 18 (1905), pp. 165-206.

VIRGILIO, B.: *Gli Attalidi di Pergamo. Fama, eredità, memoria*. Pisa, 1993.

—: "La città ellenistica e i suoi benefattori: Pergamo e Diodoro Pasparos", *Athenaeum* 82 (1994), pp. 299-314.

—: "Nota sui *Nikephoria* pergameni", *Studi Ellenistici* 12 (1999), pp. 353-357.

WADDINGTON, W.H. *et al.*, *Recueil général des monnaies grecques d'Asie Mineure*, I.1. París, 1904.

WIEGAND, Th.: *Zweiter Bericht über die Ausgrabungen in Pergamon 1928-32: Das* Asklepeion. Berlín, 1932.

WILBERG, W. / KEIL, J.: "Die *Agora*", en: *Forschungen in Ephesos*, III.1. Viena, 1923, pp. 1-168.

WILL, Ed.: *Histoire politique du monde hellénistique (323-30 av. J.-C.)*, II. Nancy, 1967 (reed. 1982 y París 2003).

WILLIAMSON, C.G.: "Festival Networks: Stratonikeia and the Sanctuary of Hekate at Lagina", en: *Urban Rituals in Sacred Landscapes in Hellenistic Asia Minor*. Leiden, 2021, pp. 241-330.

WÖRRLE, M.: "Zu Rang und Bedeutung von Gymnasion und Gymnasiarchie im hellenistischen Pergamon", *Athenaeum* 95 (2007), pp. 501-516.

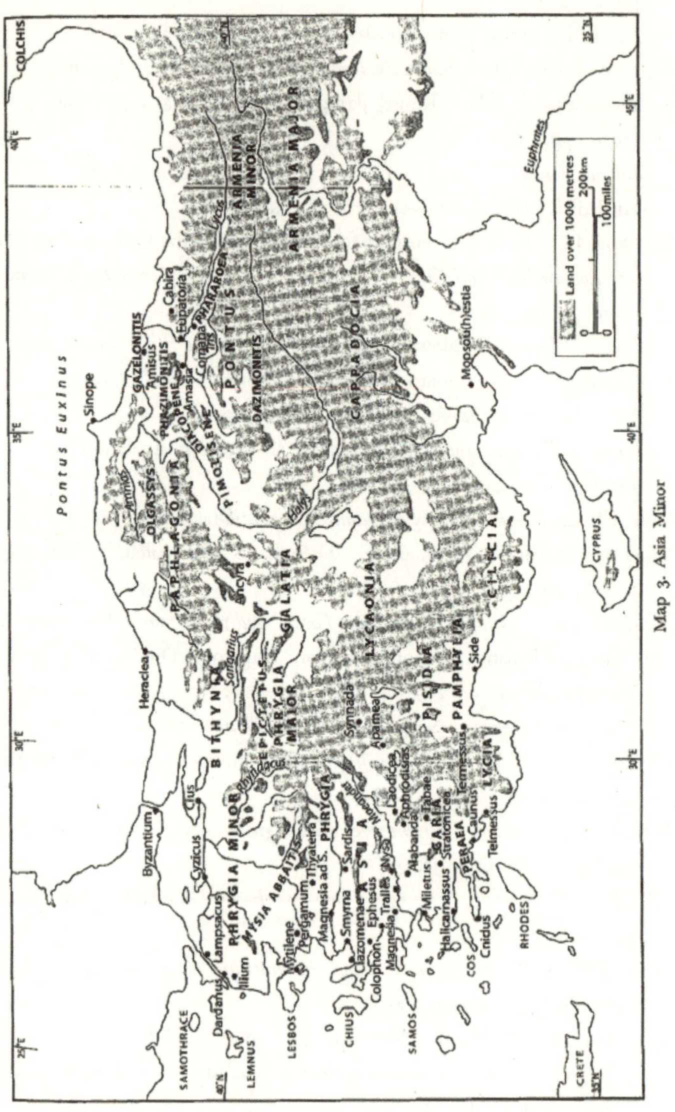

Mapa de Anatolia

(Santangelo, 2007, mapa 3)

3.

DICTATOR LEGIBUS SCRIBUNDIS ET REI PUBLICAE CONSTITUENDAE: SILA, UN DICTADOR ROMANO EN BUSCA DE LA SALVACIÓN DE LA REPÚBLICA

Javier Cabrero Piquero[1]
UNED

INTRODUCCIÓN

Veamos en primer lugar cuál fue el contexto en el que se desarrolló la actuación de Lucio Cornelio Sila entre su ascenso a la dictadura en el año 82 a.C. y su retirada de la vida pública en el año 79 a.C.

A todos nos es conocido, y las fuentes clásicas nos lo transmiten así, la vida disoluta que llevó de joven; su ascenso en la vida política, en principio de la mano de Cayo Mario, durante la guerra de Yugurta; sus éxitos en las guerras contra cimbrios y teutones, así como los logrados en la guerra social que, en definitiva, le catapultaron al consulado para el año 88 a.C.

A lo largo de los años se fue fraguando su enemistad con Cayo Mario, que llegó a su máxima expresión cuando ambos se convirtieron en los líderes de facciones políticas opuestas: de los optimates, Sila y de los populares, Mario. Los detonantes del enfrentamiento físico fueron los sucesos que tuvieron lugar una vez finalizado el consulado de Sila y la consiguiente disputa por la obtención del mando en la guerra contra Mitrídates, que en el Ponto se había sublevado contra Roma.

Conocedores de los sucesos históricos que tuvieron lugar en los años posteriores al primer consulado de Sila, no podemos aventurar si desde un primer momento en sus planes estaba la realización de esa larga reforma legislativa que llevaría a cabo entre los años

[1] Grupo de Investigación de la UNED *Res Publica et Sacra (GI19)*.

82-80 a.C. Si admitimos que estas pudieron ser sus intenciones, no es de extrañar que buscara afianzar su posición política en Roma, lo que le permitiría llevar a cabo sus proyectos. Este afianzamiento político solamente podía lograrlo a través de los éxitos militares. En consecuencia, le era imprescindible buscar un conflicto que amenazara gravemente a Roma, o a los romanos, y presentarse ante ellos como el artífice de la eliminación de ese peligro amenazador. El medio de hacerlo lo encontró en la mencionada sublevación del rey Mitrídates del Ponto, que había comenzado unos años antes y que había sido descuidada hasta ese momento, pues Roma tenía que solucionar antes otros problemas, como los surgidos a consecuencia de la guerra social.

En opinión de Carcopino, para que a Sila se le entregara el mando del ejército que debía enfrentarse a Mitrídates existían dos problemas: que la provincia de Asia fuera declarada consular y que su colega en el consulado renunciara al acostumbrado sorteo de provincias y le fuera adjudicada directamente a él la de Asia[2]. Buscó el apoyo de la nobleza para que la provincia de Asia fuera declarada consular y logró la renuncia de Pompeyo Rufo al sorteo de provincias. Ambas cosas las logró por medio de matrimonios. Él repudió a su esposa Celia y se casó con Cecilia Metela, logrando así la alianza con una de las familias más poderosas de la Roma del momento; y casó a su hija Cornelia, fruto de su primer matrimonio, con el hijo de su colega en el consulado[3]. Con ello el camino para que se le encomendara la guerra contra Mitrídates estaba despejado, pero no exento de conflicto[4].

Intentado preservar su derecho al mando de las tropas, que le había sido arrebatado por el Senado y entregado a Cayo Mario por instigación del tribuno de la plebe Publio Sulpicio Rufo, que poco antes había abandonado las filas de los optimates para unirse a los populares[5], Sila reaccionó de modo violento contra parte de sus conciudadanos. En el momento del enfrentamiento armado, parte

---

[2] Carcopino, 1942, p. 27.

[3] App., *De bellis civilibus* I, 56, 247; Liv., *Per.*, LXXVII; Vel. Pat., II, 18, 6.

[4] Cabrero, 1983, pp. 23-24; Ballesteros, 1996, pp. 107-108.

[5] *El viento popular le llevó más lejos de lo que deseaba,* dice Cicerón, *de Haruspicum Responsis,* 43.

de los soldados de Mario abandonaron sus filas y se unieron a las de Sila, quien, decidido a recuperar el mando, avanzó desde Nola con sus legiones contra Roma y tras penetrar en la ciudad obligó a huir a los partidarios de Mario[6]. Por primera vez, un ejército en armas penetraba dentro del sagrado *pomerium*. Era el comienzo de los enfrentamientos civiles, que habían tenido su preámbulo en la guerra social, y que dominarían todo en siglo I a.C., hasta el ascenso de Augusto, lo que supondría la desaparición del régimen republicano después de cinco siglos de existencia.

A su regreso de Oriente, después de cerrar en falso la guerra contra Mitrídates, lo que tendría consecuencias posteriores muy negativas para Roma, Sila se encontró con que Roma, de nuevo, estaba ocupada por sus rivales políticos, y que sus partidarios habían sido expulsados, perseguidos o muertos. Esto le llevó a realizar por segunda vez una marcha sobre Roma y, al igual que había sucedido unos años antes, no sin dificultades, su ejército penetró en la ciudad tras la batalla definitiva en porta Colina. Pero él, de cierta manera, respetó la legalidad, y como estaba investido del *imperium*, no traspasó el *pomerium* y reunió al Senado en el templo de Belona, situado junto a la parte externa del Muro Serviano, en las cercanías del campo de Marte, y donde habitualmente se reunía para despedir a los cónsules que partían para realizar una campaña militar. Desde allí planeó su siguiente movimiento consistente en recuperar la antigua institución de la dictadura y que él mismo fuera nombrado dictador con poderes casi absolutos.

Sin entrar ahora en los detalles concretos, es evidente para nosotros que Sila buscó el método que le permitirá ser dueño del poder sin las cortapisas y el estrecho corsé que le imponía el sistema jurídico romano a través de las magistraturas regulares. Vio en la antigua dictadura el medio ideal para conseguir sus propósitos. Siendo anacrónicos y algo exagerados, podríamos decir que se trató de una especie de golpe de estado que buscó abolir la mal llamada constitución romana republicana y sustituirla por otra nueva más acorde a los intereses de las clases dirigentes. Desconocemos si la intención

---

[6] VOLKMANN, 1958; LEVICK, 1982.

de Sila era perpetuarse en el poder, si se trató de una "monarquía frustrada" como plantea Carcopino en el título de su libro, pero lo cierto es que, una vez realizada la labor legislativa, renunció al poder por iniciativa propia. Años después, César seguiría el mismo camino, pero cuando ya estaba cerca de lograrlo, fue asesinado. A la tercera fue la vencida y Augusto lo logró.

Apenas existen dudas sobre que la aparición de Lucio Cornelio Sila en el panorama político de la convulsa República romana del siglo I a.C., fue como una bocanada de aire fresco para las aspiraciones del Senado, que estaba deseoso de recuperar su influencia y aquellas partes de su poder que habían sido menoscabadas por la actuación de los tribunos de la plebe durante los años anteriores.

Si admitimos que las pretensiones de Sila buscaban recuperar la República senatorial, cabe preguntarnos cuál era la República que pretendía recuperar: la antigua República fundada en el 509 a.C., según la tradición, por Lucio Junio Bruto y Lucio Tarquinio Colatino, o la República imperial surgida a finales de la Segunda Guerra Púnica.

Por definición y para Cicerón, la República era la forma de gobierno opuesta a la monarquía[7] y en su discurso marca las diferencias entre el régimen monárquico, el aristocrático y el democrático[8]. Cuando Cicerón escribe sobre este tema, ya han pasado años desde la actuación de Lucio Cornelio Sila, aunque él, de alguna manera, justifica su actuación, si bien sea veladamente. No debemos olvidar que era partidario de Pompeyo, el mismo Pompeyo que había apoyado a Sila en su ascenso al poder. Las formas políticas de Roma en su época ya habían cambiado profundamente, o estaban camino de ello; y, a pesar de que continuaba existiendo un odio al sistema monárquico con todo lo que este significaba, se vislumbraba ya una nueva forma de gobierno autoritario totalmente diferente a la de los siglos anteriores. Esto queda patente en otra afirmación de Cicerón,

---

[7] Ciceron, *Sobre la República, Introducción, traducción, apéndice y notas de Alvaro D'Ors*, Editorial Gredos, Madrid, 1984, p. 19.

[8] "Así, cuando tiene uno solo el gobierno de todas las cosas, llamamos rey a esa persona única y reino a la forma de tal república; cuando lo tienen unos pocos selectos, se dice que tal ciudad se rige por el arbitrio de los nobles; y, por último, es ciudad popular –así la llaman– aquella en la que todo lo puede el pueblo". Cic., *De Rep.*, XXVI, 42. Traducción Álvaro D'Ors.

que tendrá gran transcendencia en la teoría política de los siglos posteriores, cuando afirma:

> *Atque horum trium generum quodvis, si teneat illud vinclum, quod primum homines inter se rei publicae societate devinxit, non perfectum illud quidem neque mea sententia optimum est, sed tolerabile tamen, ut aliud alio possit esse praestantius. Nam vel rex aequus ac sapiens vel delecti ac principes cives vel ipse populus, quamquam id est minime probandum, tamen nullis interiectis iniquitatibus aut cupiditatibus posse videtur aliquo esse non incerto statu.*[9]

Profundizando un poco más en la opinión de Cicerón sobre el gobierno del pueblo, puntualiza:

> *Sed et in regnis nimis expertes sunt ceteri communis iuris et consilii, et in optimatium dominatu vix particeps libertatis potest esse multitudo, cum omni consilio communi ac potestate careat, et cum omnia per populum geruntur quamvis iustum atque moderatum, tamen ipsa aequabilitas est iniqua, cum habet nullos gradus dignitatis.*[10]

Lo que es indudable es que la actuación de Sila hay que encuadrarla en ese contexto que mencionábamos, de la pérdida de influencia del Senado en numerosas parcelas de la política y, en general, de la vida pública romana, de las que, con anterioridad, eran completos dominadores.

---

[9] "Cualquiera de estas tres formas (monarquía, aristocracia o democracia), si sirve para mantener aquel vínculo que empezó a unir en sociedad pública a los hombres, no es perfecta ciertamente, ni ninguna de ellas, en mi opinión, es mejor, pero sí es tolerable, y cada una puede tener ventajas sobre las otras dos. En efecto, un rey justo y sabio, o los principales ciudadanos selectos, incluso el mismo pueblo, aunque esto sea lo menos deseable, puede ofrecer cierta estabilidad, siempre que no se interfieran injusticias y codicias". Cic., *De Rep.*, I, 42. Traducción Álvaro D'Ors.

[10] "Sin embargo, en los reinos quedan los otros ciudadanos demasiado apartados de toda actividad en el derecho y gobierno; en el dominado de los mejores, la muchedumbre difícilmente puede participar de la libertad, pues carece de toda potestad para el gobierno de la comunidad; y cuando todo lo gobierna el pueblo, aunque sea este justo y moderado, la misma igualdad es injusta, pues no distingue grados de dignidad". Cic., *De Rep.*, I, 43. Traducción Álvaro D'ors.

En el año 82 a.C., Lucio Valerio Flaco, cónsul del año 100 a.C., y a la sazón desempeñando el cargo de *interrex*, hizo aprobar en los comicios por centurias la *lex Valeria de Sulla dictatore*, por la que se recuperaba la antigua magistratura de la dictadura, caída en desuso desde el año 202 a.C., cuando la desempeñó Cayo Servilio Gémino, pero ahora ya con unas características muy diferentes a las de la dictadura arcaica. Sila será nombrado *Dictator legibus scribundis ac rei publicae constituendae* eligiendo como *magister equitum* al mismo Valerio Flaco que había promovido su nombramiento. La ley aprobada otorgaba a Sila el poder dictatorial sin límite de tiempo. En la narración de Apiano[11] queda claro que Valerio Flaco actuó a los dictámenes de Sila y muy probablemente sin el conocimiento del Senado, que le había nombrado *interrex* con otra finalidad:

ἡ μὲν δὴ Οὐαλέριον Φλάκκον εἵλετο, ἐλπίσασα ὑπάτων προτεθήσεσθαι χειροτονίαν: ὁ δὲ Σύλλας ἐπέστελλε τῷ Φλάκκῳ γνώμην ἐς τὸν δῆμον ἐσενεγκεῖν, ὅτι χρήσιμον ἡγοῖτο Σύλλας ἐν τῷ παρόντι ἔσεσθαι τῇ πόλει τὴν ἀρχήν, οὓς ἐκάλουν δικτάτορας, παυσάμενον ἔθος ἐκ τετρακοσίων ἐτῶν: ὃν δὲ ἕλοιντο, ἐκέλευεν ἄρχειν οὐκ ἐς χρόνον ῥητόν, ἀλλὰ μέχρι τὴν πόλιν καὶ τὴν Ἰταλίαν καὶ τὴν ἀρχὴν ὅλην στάσεσι καὶ πολέμοις σεσαλευμένην στηρίσειεν. ὁ μὲν δὴ νοῦς τὴν γνώμην ἐς αὐτὸν ἔφερε τὸν Σύλλαν, καὶ οὐδ' ἀμφίβολον ἦν: ὁ δὲ Σύλλας οὐ κατασχὼν αὐτοῦ καὶ τοῦτ' ἐν τέλει

[11] App., *B.C.*, I, 98-99 "El Senado eligió a Valerio Flaco en la esperanza de que iba a presidir las elecciones de los cónsules. Sin embargo, Sila ordenó a Flaco, por medio de una carta, que hiciera llegar al pueblo su opinión de que Sila estimaba que sería útil para la ciudad, en la situación presente, la magistratura que llamaban dictadura, cuya práctica había decaído hacía cuatrocientos años. Y aconsejó, además, que el que eligiesen detentara el cargo no por un tiempo fijado, sino hasta que hubiesen quedado consolidados en su totalidad la ciudad, Italia y el gobierno, zarandeados, a la sazón, por luchas intestinas y por guerras. El espíritu de la propuesta aludía al propio Sila y no cabía lugar a dudas, pues Sila, sin recato hacia su persona, había revelado al final de la carta que le parecía que él sería, en especial, útil a la ciudad en esta coyuntura. Estas eran las propuestas de la carta de Sila. Y los romanos, contra su voluntad, pero no pudiendo celebrar ya una elección conforme a la ley y al juzgar que en su conjunto no dependía de ellos, recibieron con alegría, en medio de su total penuria, el simulacro de elección a modo de una imagen externa de libertad y eligieron a Sila dictador por el tiempo que quería. Ya antes, el poder de los dictadores era un poder absoluto, pero limitado a un corto espacio de tiempo; en cambio entonces, por primera vez, al llegar a ser ilimitado en su duración devino en autentica tiranía". Traducción A. Sancho Royo.

τῆς ἐπιστολῆς ἀνεκάλυπτεν, ὅτι οἱ δοκοίη μάλιστ' ἂν αὐτὸς τῇ πόλει καὶ ἐν τῷδε γενέσθαι χρήσιμος. ὁ μὲν δὴ τάδε ἐπέστελλε, Ῥωμαῖοι δ' οὐχ ἑκόντες μὲν οὐδὲ κατὰ νόμον ἔτι χειροτονοῦντες οὐδὲν οὐδ' ἐπὶ σφίσιν ἡγούμενοι τὸ ἔργον ὅλως, ἐν δὲ τῇ πάντων ἀπορίᾳ τὴν ὑπόκρισιν τῆς χειροτονίας ὡς ἐλευθερίας εἰκόνα καὶ πρόσχημα ἀσπασάμενοι χειροτονοῦσι τὸν Σύλλαν, ἐς ὅσον θέλοι, τύραννον αὐτοκράτορα. τυραννὶς μὲν γὰρ ἡ τῶν δικτατόρων ἀρχὴ καὶ πάλαι, ὀλίγῳ χρόνῳ δ' ὁριζομένη: τότε δὲ πρῶτον ἐς ἀόριστον ἐλθοῦσα τυραννὶς ἐγίγνετο ἐντελής.

Entre la llamada dictadura arcaica y la reinstaurada por Sila existía una gran diferencia, y no solo en la duración, sino también en las atribuciones que tenía el recién nombrado dictador. Para Mommsen, la dictadura silana y la postsilana, aunque tienen algunos aspectos que la relacionan con las anteriores, por ejemplo, durante todo ese tiempo que no se utilizó entre los siglos III y I a.C., no fue abolida, es radicalmente diferente como lo demuestra el hecho de que no poseía un límite en el tiempo, algo que era esencial en la dictadura anterior lo que hacía de ella una magistratura extra constitucional[12], que Sila utilizó para reorganizar la política romana en favor de la aristocracia.

VISIÓN DE LA DICTADURA POR LOS CLÁSICOS

Uno de los problemas que debemos tomar en consideración a la hora de analizar la dictadura es el de que nuestras fuentes de información, al menos para la época más antigua, son relativamente tardías, tanto las literarias, como las epigráficas y numismáticas.

---

[12] MOMMSEN, 1874, p. 152: "und es ist dies insofern von praktischer Wichtigkeit gewesen, ais dies späterhin dazu gefuhrt hat an den Namen dieses Mchsten verfassungsmässigen Amts die neue ausserhalb der Verfassung stehende Magistratur zu kntipfen, mittelst welcher Sulla das Gemeinwesen im Sinn der aristokratiscben Reaction reorganisirte. In der That ist die sullanische und nachsullanische Dictatur, wenn sie auch in manchen Aeusserlichkeiten an die ältere anknüpft, von dieser radical verschieden, wie dies schon der Mangel der für die ältere Dictatur so höchst wesentlichen festen Befristung zeigt. Es wird von ihr unter den ausserordentlichen Gewalten gehandelt werden".

Las primeras referencias literarias parten de mediados del siglo II a.C. Entre los historiadores romanos, sin duda el que nos proporciona más información sobre la dictadura es Tito Livio, quién tiene como fuente la analística romana, que por otra parte es muy fragmentaria y presenta numerosas lagunas; a ello se añade que, en ocasiones, la información que nos proporciona es contradictoria para determinados periodos.

Salustio y César, sin duda este último muy bien informado, pues narra su propia actividad y, en menor medida, Floro y Tácito, quienes apenas la mencionan. Los relatos personalizados de Valerio Máximo, las *Noches Áticas* de Aulo Gelio, las *Estratagemas* de Frontino, en las que analiza a militares famosos, y en obras de carácter filosófico como las de Cicerón, son todos ellos escritos de los que podemos sacar un cúmulo de información que, aunque son de carácter disperso no por ello son menos útiles.

Junto a los escritores latinos tenemos la obra de los autores griegos. El primero de ellos y el más antiguo fue Polibio, que escribió casi un siglo antes que los demás, aunque su obra, al margen de la referida a las guerras púnicas, está prácticamente perdida, si efectuamos los primeros cinco libros. A finales de la República escribieron Dionisio de Halicarnaso y Diodoro Sículo, aunque en este último la información que proporciona relativa a la dictadura es muy escasa y de poco valor. Más interesantes son los escritos de Apiano, centrado en las dictaduras de Sila y de César; algo más tarde, Dion Cassio y, tampoco podemos olvidar las biografías de Plutarco, que además de Sila y César hace las crónicas de Camilo y Fabio Máximo y la de algunos *magistri equitum* que acompañaron a los dictadores. Por otra parte, cuando se trata de fuentes griegas, se aprecia la dificultad que estos escritores tenían a la hora de interpretar y valorar esta institución romana que les era muy ajena a su modo de pensar[13].

Los estudios modernos sobre la dictadura son numerosos, desde el de Mommsen[14] que, aunque sea de los más antiguos tiene una

---

[13] Wilson, 2021, pp. 9-12.
[14] Mommsen, 1874, pp. 125-155.

profundidad y calidad indiscutible, a los más recientes como el de Wilson[15] publicado por la Universidad de Michigan.

En todos estos estudios se hace evidente que los romanos tenían la convicción de que la dictadura surgió a la vez que la República, y de que esta estuvo en funcionamiento durante buena parte de su historia. Acudían a ella en momentos de emergencia, cuando el Senado, o el mismo pueblo, pedían a los cónsules que cedieran su autoridad a un individuo adecuado, que era elegido por ellos, por los mismos cónsules. Así surgió la dictadura romana y se tienen noticias de que esto sucedió al menos en 85 ocasiones, desde la fundación de Roma hasta el final de la Segunda Guerra Púnica. Fue un periodo de tres siglos durante los cuales las motivaciones para el nombramiento de un dictador fueron cambiantes. Así, durante el siglo V a.C., se hizo en momentos de gravísimo peligro, en busca de la salvación de Roma. En el siglo IV a.C., con una Roma ya más consolidada, el nombramiento de un dictador generalmente tenía una finalidad concreta, buscando el cumplimiento de una determinada labor. Por último, a lo largo del siglo III a.C., siglo durante el cual Roma estuvo involucrada en constantes y peligrosas guerras que amenazaron su subsistencia, fue habitual que los dictadores se nombraran en sustitución de los cónsules[16].

Era acostumbrado que el nombramiento de un dictador tuviera unos motivos concretos. Durante la primera fase de la dictadura, al menos, conocemos ocho de estos motivos:

1. *Dictator rei publicae gerundae causa.* Habitualmente en caso de peligro y conllevaba el mando militar de los ejércitos.
2. *Dictator comitiorum habendorum causa.* Encargado de la convocatoria y celebración de los comicios en sustitución de los cónsules.
3. *Dictator seditionis sedandae causa.* Normalmente nombrado cuando se producía un conflicto ciudadano que podía llevar a la sedición de una parte de la sociedad.
4. *Dictator sernatus legendi causa.* Tenía la misión de reponer las vacantes que se habían producido en el Senado a causa de

[15] Wilson, 2021.
[16] Wilson, 2021.

los graves acontecimientos como sucedió con posterioridad a la batalla de Cannas.

5. *Dictator clavi figendi causa.* Se trataba de un ritual religioso consistente en fijar un clavo en la pared del templo de Júpiter Optimo Máximo en busca de la protección divina. Habitualmente esta ceremonia tenía lugar para conjurar una epidemia o favorecer la protección de la ciudad que podía verse afectada por algún desastre natural.

6. *Dictator ludorum latinarum causa.* Nombrado con vistas a la celebración de los *Ludi Romani*, uno de los juegos de mayor impacto y más esperados por la ciudadanía romana.

7. *Dictator ferarium constituendarum causa.* Nombrado ante un presagio muy desfavorable y su finalidad era instituir o celebrar una fiesta religiosa.

8. *Dictator quaestionibus exercendis causa.* Se nombraba en casos excepcionales con la finalidad de investigar un hecho que se salía de lo común.

A lo largo de los siglos, a medida que evolucionaba y cambiaba la República, la dictadura fue cambiando con ella y, tras la derrota de Aníbal, no fue utilizada por más de 120 años. Los peligros y las situaciones de emergencia que habían sacudido a Roma durante los tres siglos anteriores, con la expansión de Roma por el Mediterráneo y su transformación en potencia universal, habían desaparecido y no se hizo necesario acudir a la dictadura. Fue solo en el transcurso del siglo I a.C., cuando las luchas políticas intestinas de Roma, provocadas por el enfrentamiento entre optimates y populares, favoreció que individuos como Sila o César acudieran a la antigua magistratura que podía poner en sus manos un poder casi ilimitado.

Si analizamos detenidamente la utilización de la dictadura por Roma, podemos distinguir con claridad tres periodos[17]: el periodo inicial, entre siglos V-III a.C.; el periodo de desuso, 202-82 a.C.; el periodo de reactivación con Lucio Cornelio Sila y con Cayo Julio César. El primero de estos periodos es el que la historiografía conoce como la "dictadura arcaica" y en él se agrupan la mayoría de los

---

[17] WILSON, 2021, pp. 5-8.

dictadores conocidos, quedando solamente dos para el último de ellos, la dictadura de Sila que, si bien no tenía límite de tiempo concreto, sí que se recoge que era hasta que finalizara la labor encomendada y, por tanto, no podemos considerarla como perpetua; y las cinco dictaduras de César en la última de las cuales, la del 44 a.C., se le nombró específicamente dictador perpetuo.

No existe acuerdo, y ya lo hemos mencionado, en que el origen de la dictadura hay que situarlo a inicios de la República. Pero no solo esto, tampoco lo hay en el nombre que esta recibió. De *populi magister* habla Cicerón[18] quien por un periodo de seis meses debía aunar los poderes de los dos cónsules, a propuestas de Senado y era nombrado por uno de ellos, para los momentos de guerra descontrolada o de graves discordias civiles. Pero el desacuerdo afecta también a quién o quiénes fueron los primeros dictadores. Mommsen descarta los dos primeros, Tito Laercio[19] y Aulo Postumio Albo[20], para señalar que el primero fue Marco Valerio Volesi, con motivo de la secesión de la plebe[21], aunque él no puede asignar una cronología exacta a esta dictadura, cosa que sí hace Broughton, para quien sería en el 494 a.C.[22]

Aunque los primeros dictadores fueron de origen patricio, como sucedía en muchas de las magistraturas, desconocemos en qué momento esta se abrió en los plebeyos, pues no hay una *lex* concreta que nos lo indique; sí que sabemos que el primer dictador plebeyo fue Cayo Marcio Rutilo[23] en el 356 a.C.[24]

Parece claro que en determinados momentos la dictadura arcaica pudo usarse con finalidades políticas, sobre todo en el periodo comprendido entre los años 450 y 366 a.C.[25]. Pero esto es ya muy claro con la dictadura de Sila que, por encima de cualquier otra cosa,

[18] Cic., *De lege*, 3,3,9: *Ast quando duellum gravius discordiaeve civium escunt, oenus ne amplius sex menses, si senatus creverit, idem iuris quod duo consules teneto, isque ave sinistra dictus populi magister esto. Equitatumque qui regat habeto pari iure cum eo quicumque erit iuris disceptator. Reliqui magistratus ne sunto.*

[19] Broughton, 1960, p. 9.

[20] Broughton, 1960, p. 10.

[21] Mommsen, 1874, p. 125.

[22] Broughton, 1960, p. 17.

[23] Liv., VII, 17,6-9; X, 8, 8; XXXVII, 10; Eutropio II, 5; Orosio III, 6, 3; Broughton, 1960,123.

[24] Mommsen, 1874, p. 129.

[25] Rainer, 2006, p. 79.

tiene una indudable finalidad política, al igual que las posteriores dictaduras desempeñadas por César.

Tampoco hay acuerdo entre la bondad y la crueldad de la dictadura, si bien la dictadura arcaica es relativamente bien vista por la historiografía antigua, y la considera como un mal menor como hace Dionisio de Halicarnaso[26]:

> ... los motivos que obligaron al Senado a someterse voluntariamente a una tiranía para acabar con la guerra provocada por el tirano fueron muchos y variado.

Más adelante[27], defiende la dictadura diciendo:

> De modo que todos tenían la misma opinión: que la única solución de cualquier mal irremediable y la última esperanza de salvación cuando, debido a ciertas circunstancias, todas se habían venido abajo, era la institución del dictador.

No sucede lo mismo con la dictadura de la última época, y la de Sila es considerada especialmente cruel[28], probablemente debido a las listas de proscripciones[29] y la persecución desencadenada por las mismas:

> *ἐτῶν ἀπὸ τῆς Τίτου Λαρκίου δικτατορίας διεβλήθη καὶ μισητὸν ἅπασιν ἀνθρώποις ἐφάνη τὸ πρᾶγμα Λευκίου Κορνηλίου Σύλλα πρώτου καὶ μόνου πικρῶς αὐτῇ καὶ ὠμῶς χρησαμένου: ὥστε τότε πρῶτον αἰσθέσθαι Ῥωμαίους, ὃ τὸν ἄλλον ἅπαντα χρόνον ἠγνόουν, ὅτι τυραννίς ἐστιν ἡ τοῦ.*

---

[26] Dion. Hal., V, 70, 2.

[27] Dion. Hal., V, 77, 3.

[28] Dion. Hal., V, 77, 4: "... desde la dictadura de Tito Larcio, esta magistratura fue desacreditada y se hizo odiosa a los ojos de todos los hombres por culpa de Lucio Cornelio Sila, que fue el primero y el único que la desempeñó de una manera cruel e inhumana; de modo que, entonces por primera vez, los romanos se dieron cuenta de lo que habían ignorado durante todo aquel tiempo: que la dictadura es una tiranía".

[29] HINARD, 1985. Con el procedimiento y el catálogo de los proscritos por Sila.

LA DICTADURA DE SILA VISTA POR LAS FUENTES CLÁSICAS

Veamos cuál era la consideración y cómo los diferentes autores clásicos vieron y juzgaron la dictadura de Sila.

Sila aparece en los Fastos Capitolinos como *dictador rei publ(icae) constit(uendae) c(ausa)*[30] con L. Valerio Flaco de *Magister Equitum*. Como dictador también aparece en la celebración del triunfo sobre Mitrídates en el año 81 a.C.[31]

De los autores latinos, sin duda el más importante es Tito Livio, aunque su obra, referente a este periodo, se ha perdido prácticamente entera, excepto los resúmenes. En su *Períoca* 89 se hace eco de su nombramiento como dictador y de las primeras medidas adoptadas. Recoge toda una retahíla de los desmanes y asesinatos cometidos, lo que nos induce a pensar que no era muy favorable a la implantación de la dictadura por Sila[32]:

> *Sylla dictator factus, quod nemo umquam fecerat, cum fascibus XXIIII processit. Legibus nouis rei pub. statum confirmauit, tribunorum pleb. potestatem minuit et omne ius legum ferendarum ademit, pontificum augurumque collegium ampliauit ut essent XV, senatum*

[30] Degrassi, 1954, pp. 74 y 186. *Fasti Consulares, tabulae quartae.*

[31] Degrassi, 1954, p. 108. *Fasti Tiumphales, Parastata tertia.*

[32] Liv., *Per.* 89, 3-10. "Sila fue nombrado dictador y se presentó en público con veinticuatro fasces, cosa que nunca había hecho nadie. Reforzó con nuevas leyes la situación del Estado, recortó el poder de los tribunos de la plebe y les suprimió por completo la facultad de presentar propuestas de ley, amplió hasta quince el número de miembros de los colegios de pontífices y augures, completó el Senado a base de miembros procedentes del orden ecuestre, a los hijos de los proscritos les quitó el derecho a ser candidatos a cargos públicos y vendió sus bienes después de sustraerles una buena parte de los mismos. Lo recaudado ascendió a trescientos cincuenta millones de sestercios. A Quinto Lucrecio Ofela, que, en contra de su voluntad, se atrevió a presentarse candidato al consulado, dio orden de asesinarlo en el foro, y cuando el pueblo romano se indignó por ello convocó una asamblea y dijo que él mismo habla dado la orden. Gneo Pompeyo venció y dio muerte en África a Gneo Domicio, un proscrito, y a Hierta, rey de Numidia, que estaban desencadenando una guerra, y a la edad de veinticuatro años, siendo aún un caballero romano, cosa que no había ocurrido con nadie, celebró triunfo sobre África. Cuando Gayo Norbano, un proscrito antiguo cónsul, fue apresado en la ciudad de Rodas, él mismo se quitó la vida. Cuando Mútilo, uno de los proscritos, se acercó a escondidas con la cabeza tapada a la puerta trasera de la casa de su esposa Bastia, esta no le dejó entrar porque, según ella dijo, era un proscrito". Traducción J.A. Villar.

ex equestri ordine suppleuit, proscriptorum liberis ius petendorum honorum eripuit et bona eorum uendidit, ex quibus plurima primo rapuit. Redactum est sestertium ter milies quingenties. Q. Lucretium Ofellam aduersus uoluntatem suam consulatum petere ausum iussit occidi in foro, et cum hoc indigne ferret populus R., contione aduocata se iussisse dixit. Cn. Pompeius in Africa Cn. Domitium proscriptum et Hiertam, regem Numidiae, bellum molientes uictos occidit et quattuor et XX annos natus, adhuc eques R., quod nulli contigerat, ex Africa triumphauit. C. Norbanus consularis proscriptus, in urbe Rhodo cum comprehenderetur, ipse se occidit. Mutilus, unus ex proscriptis, clam capite adoperto ad posticias aedes Bastiae uxoris cum accessisset, admissus non est quia illum proscriptum diceret. Itaque ipse se transfodit et sanguine suo fores uxoris respersit.

Lo que contrasta con la indiferencia e incluso aceptación, que trata de las dictaduras de César[33]:

Caesar dictator creatus Cleopatram in regnum Aegypti reduxit et inferentem bellum Ptolemaeum isdem auctoribus, quibus Pompeium interfecerat, cum magno suo discrimine euicit. Ptolemaeus dum fugit, in Nilo nauicula subsedit.

Y en *Per*, 116,2, nombrado dictador perpetuo justifica los motivos del complot en su contra:

Et cum plurimi maximique honores a senatu decreti essent, inter quos ut "parens patriae" appellaretur et sacrosanctus ac dictator in perpetuum esset, inuidiae aduersus eum causam praestiterunt, quod senatui deferenti hos honores, cum ante aedem Veneris Genetricis sederet, non adsurrexit, et quod a M. Antonio cos., collega suo, inter lupercos currente diadema capiti suo impositum in sella reposuit, et quod

[33] Liv., *Per.*, 112, 6: "Nombrado dictador, César repuso a Cleopatra en el trono de Egipto y cuando Tolomeo le hizo la guerra aconsejado por los mismos que lo habían instigado a matar a Pompeyo, lo venció a costa de grave riesgo personal". Traducción J.A. Villar Vilar.

Epidio Marullo et Caesetio Flauo trib. pl., inuidiam ei tamquam regnum adfectanti mouentibus potestas abrogata est[34].

El relato más largo del proceso por el que Sila llegó a la dictadura nos lo proporciona Apiano[35], calificando el poder que en esos momentos tenía como "regio" o "tiránico", conseguido no porque se lo hubiera proporcionado el pueblo por libre elección sino conseguido por la fuerza y con la violencia, aunque exteriormente, intentaba hacer creer que había sido elegido[36]. Es evidente que también Apiano era contrario a la dictadura de Sila, lo que queda muy claro en el posterior relato:

ὁ δὲ ἔργῳ βασιλεὺς ὢν ἢ τύραννος, οὐχ αἱρετός, ἀλλὰ δυνάμει καὶ βίᾳ, δεόμενος δ' ἄρα καὶ τοῦ προσποιήματος αἱρετὸς εἶναι δοκεῖν, ὧδε καὶ τόδε ἐμηχανήσατο. Ῥωμαίοις πάλαι κατ' ἀρετὴν ἦσαν οἱ βασιλέες: καὶ ὁπότε τις αὐτῶν ἀποθάνοι, βουλευτὴς ἕτερος παρ' ἕτερον ἐπὶ πέντε ἡμέρας ἦρχεν, ἕως τινὰ ἄλλον ὁ δῆμος δοκιμάσειε βασιλεύειν. καὶ τόνδε τὸν πενθήμερον ἄρχοντα ἰντέρρηγα ἐκάλουν: εἴη δ' ἂν ἐν τοσῷδε βασιλεύς. ἀρχαιρέσια δ' ὑπάτων οἱ λήγοντες τῆς ἀρχῆς ἀεὶ προυτίθεσαν: καὶ εἴ ποτε κατὰ συντυχίαν ὕπατος οὐκ εἴη, ὅδε ὁ ἐν τοσῷδε βασιλεὺς καὶ τότε ἐγίγνετο ἐς τὴν τῶν ὑπάτων χειροτονίαν. τούτου δὴ τοῦ ἔθους ἐπιβαίνων ὁ Σύλλας, ὑπάτων οὐκ ὄντων, ἐπεὶ καὶ Κάρβων ἐν Σικελίᾳ καὶ Μάριος κατὰ Πραινεστὸν ἐτεθνήκεσαν, αὐτὸς μέν που τῆς πόλεως ὑπεξῆλθε, τῇ δὲ βουλῇ προσέταξεν ἑλέσθαι τὸν καλούμενον μεταξὺ βασιλέα. ἡ μὲν δὴ Οὐαλέριον Φλάκκον εἵλετο, ἐλπίσασα ὑπάτων προτεθήσεσθαι χειροτονίαν: ὁ δὲ Σύλλας ἐπέστελλε

---

[34] "Y como el senado le confirió por decreto muy numerosos y muy altos honores, entre ellos el ser llamado padre de la patria y ser inviolable y dictador de por vida, constituyeron motivo de odio contra él el hecho de que no se levantó, cuando estaba sentado delante del templo de Vesta, a la llegada del senado que venía a conferirle tales honores, el hecho de depositar sobre su asiento la diadema que había colocado sobre su cabeza el cónsul Marco Antonio, su colega, que participaba en la carrera de los lupercos, y el hecho de anular sus poderes a los tribunos de la plebe Epidio Marulo y Cesecio Flavo, que avivaban el odio contra él bajo el pretexto de que aspiraba a la monarquía". Traducción J.A. Villar Vilar.

[35] App., *B.C.*, I, 98-99.

[36] App., *B.C.*, I, 98, 456: "ὁ δὲ ἔργῳ βασιλεὺς ὢν ἢ τύραννος, οὐχ αἱρετός, ἀλλὰ δυνάμει καὶ βίᾳ, δεόμενος δ' ἄρα καὶ τοῦ προσποιήματος αἱρετὸς εἶναι δοκεῖν, ὧδε καὶ τόδε ἐμηχανήσατο".

τῷ Φλάκκῳ γνώμην ἐς τὸν δῆμον ἐσενεγκεῖν, ὅτι χρήσιμον ἡγοῖτο Σύλλας ἐν τῷ παρόντι ἔσεσθαι τῇ πόλει τὴν ἀρχήν, οὓς ἐκάλουν δικτάτορας, παυσάμενον ἔθος ἐκ τετρακοσίων ἐτῶν: ὃν δὲ ἕλοιντο, ἐκέλευεν ἄρχειν οὐκ ἐς χρόνον ῥητόν, ἀλλὰ μέχρι τὴν πόλιν καὶ τὴν Ἰταλίαν καὶ τὴν ἀρχὴν ὅλην στάσεσι καὶ πολέμοις σεσαλευμένην στηρίσειεν. ὁ μὲν δὴ νοῦς τὴν γνώμην ἐς αὐτὸν ἔφερε τὸν Σύλλαν, καὶ οὐδ' ἀμφίβολον ἦν: ὁ δὲ Σύλλας οὐ κατασχὼν αὐτοῦ καὶ τοῦτ' ἐν τέλει τῆς ἐπιστολῆς ἀνεκάλυπτεν, ὅτι οἱ δοκοίη μάλιστ' ἂν αὐτὸς τῇ πόλει καὶ ἐν τῷδε γενέσθαι χρήσιμος[37].

Apiano no tiene dudas de que la dictadura de Sila fue una tiranía perfecta, τυραννὶς ἐντελής dice, y que el pueblo romano la aceptó a regañadientes, pues ya no dependía ni de ellos ni de su voto. Además, señala que había una diferencia notable con la de tiempos antiguos y es que, aunque aquellos dictadores tenían poderes absolutos que no estaban limitados por un corto periodo de tiempo, los de Sila no eran tan absolutos, pero estaban limitados temporalmente, y su título de dictador era engañoso, pues fue creado dictador para proponer las leyes, aquellas que él mismo considerara útiles, y para reorganizar el estado[38]. A pesar de todo, para Apiano Sila procuró mantener la

---

[37] App., *B.C.*, I, 98.: "Antiguamente en Roma, el rey era elegido por su valor y, cuando uno de ellos moría, un senador tras otro obtenía el poder por cinco días, hasta que el pueblo decidía quien debía ser el siguiente rey. Aquel que tenía el poder por cinco días era llamado "*interrex*" y durante ese tiempo era el rey. Las elecciones consulares siempre eran dirigidas por el magistrado saliente; si por ventura no había un cónsul, también en este caso era elegido un *interrex* "para dirigir los comicios consulares". Sila, aprovechándose de esta costumbre, como en esos momentos no había cónsules, puesto que Carbón había muerto en Sicilia y Mario en Praeneste, se alejó algo de Roma y ordenó al Senado que se procediera al nombramiento de un *interrex*. El Senado eligió a Valerio Flaco, esperando que él convocara los comicios consulares. Sila, entonces, escribió a Flaco para que trasmitiera al pueblo que Sila creía útil para el Estado, en las circunstancias presentes, la recuperación de la magistratura que los romanos llamaban dictadura, a la cual no se recurría desde hacía cuatrocientos años. Aconsejaba por otra parte, que el dictador fuese elegido no con un poder limitado por cierto tiempo, sino hasta que hubiese logrado la estabilidad de Roma, de Italia y de todo el Imperio, sacudido por las revoluciones y las guerras. Se comprendía que la propuesta aludía al mismo Sila, y no existían duda ya que Sila, sin ninguna moderación, al final de la carta declaraba abiertamente que creía que él mismo sería útil para la ciudad en este momento de necesidad" Traducción E. Gabba.

[38] App., *B.C.*, I,99,462: "τυραννὶς μὲν γὰρ ἡ τῶν δικτατόρων ἀρχὴ καὶ πάλαι, ὀλίγῳ χρόνῳ δ' ὁριζομένη: τότε δὲ πρῶτον ἐς ἀόριστον ἐλθοῦσα τυραννὶς ἐγίγνετο ἐντελής.

apariencia constitucional permitiendo la elección de cónsules, Marco Tulio Decula y Cneo Cornelio Dolabella[39], pero la autoridad de Sila como dictador estaba muy por encima de la de los cónsules[40].

En la biografía de Plutarco también aparece muy definida la crueldad de Sila tras tomar Roma por segunda vez y la creación de listas de proscritos, en las que estaban muy clara, en muchos casos, las motivaciones personales que nada tenían que ver con la política:

> *ἔδοξε δὲ καινότατον γενέσθαι τὸ περὶ Λεύκιον Κατιλίναν. οὗτος γὰρ οὔπω τῶν πραγμάτων κεκριμένων ἀνῃρηκὼς ἀδελφὸν ἐδεήθη τοῦ Σύλλα τότε προγράψαι τὸν ἄνθρωπον ὡς ζῶντα καὶ προεγράφη*[41].

La visión que Plutarco da de la dictadura de Sila es, una vez más, negativa y no solamente por los asesinatos cometidos, sino por toda una serie de desmanes que relata ampliamente con todo lujo de detalles[42]:

> *ἔξω δὲ τῶν φονικῶν καὶ τὰ λοιπὰ τοὺς ἀνθρώπους ἐλύπει. δικτάτορα μὲν γὰρ ἑαυτὸν ἀνηγόρευσε, δι' ἐτῶν ἑκατὸν εἴκοσι τοῦτο*

τοσόνδε μέντοι προσέθεσαν εἰς εὐπρέπειαν τοῦ ῥήματος, ὅτι αὐτὸν αἱροῖντο δικτάτορα ἐπὶ θέσει νόμων, ὧν αὐτὸς ἐφ' ἑαυτοῦ δοκιμάσειε, καὶ καταστάσει τῆς πολιτείας".

[39] Broughton, 1952, p. 74.

[40] App., *B.C.*, I, 100.

[41] Plut., *Sila*, 32, 2: "El asunto que rodeó a Lucio Catilina fue inaudito. Él había dado muerte a su hermano mientras los asuntos públicos estaban por decidir, luego pidió a Sila que proscribiese a su hermano como si estuviera vivo. Sila lo consintió" (Traducción, J. Cano).

[42] Plut., *Sila*, 33: "Dejando a un lado los asesinatos, había otras cosas que también resultaban ofensivas. Se nombró a si mismo dictador y bacia ciento veinte años que no se proclamaba este cargo. Luego decretó para si la inmunidad respecto a todo lo que había hecho, la potestad de pronunciar sentencias de muerte para el futuro, de confiscación, de reparto de tierras, de fundar ciudades, de destruirlas, de derrocar reyes y de nombrarlos según su deseo. Las subastas de las casas confiscadas, con el sentado en el tribunal, fueron una demostración tal de arrogancia y despotismo que las concesiones resultaron incluso más repulsivas que los mismos robos: a mujeres hermosas, a músicos, a actores de mimos y a lo más miserable de los libertos les otorgó graciosamente territorios de pueblos, recaudaciones de ciudades, a algunos, incluso, matrimonios forzosos con mujeres ya casadas. En su deseo de emparentarse con Pompeyo el Grande le ordenó divorciarse de la mujer que tenía y le casó con Emilia, hija de Escauro y de Metela, su propia esposa, a pesar de que estaba encinta de su marido, Manio Glabrión. La muchacha murió en el parto en casa de Pompeyo. Lucrecio Ofela, el que babia sitiado a Mario, reclamaba el consulado y se presentó a pedirlo. En un principio, Siła se lo denegó, pero Ofela, acompañado de un nutrido grupo de partidarios, bajó al Foro: Siła mandó a uno de los centuriones que estaban

τὸ γένος τῆς ἀρχῆς ἀναλαβών. ἐψηφίσθη δὲ αὐτῷ πάντων ἄδεια τῶν γεγονότων, πρὸς δὲ τὸ μέλλον ἐξουσία θανάτου, δημεύσεως, κληρουχιῶν, κτίσεως, πορθήσεως, ἀφελέσθαι βασιλείαν, καὶ ᾧ1 βούλοιτο χαρίσασθαι. τὰς δὲ διαπράσεις τῶν δεδημευμένων οἴκων οὕτως ὑπερηφάνως ἐποιεῖτο καὶ δεσποτικῶς ἐπὶ βήματος καθεζόμενος, ὥστε τῶν ἀφαιρέσεων ἐπαχθεστέρας αὐτοῦ τὰς δωρεὰς εἶναι, καὶ γυναιξὶν εὐμόρφοις καὶ λυρῳδοῖς καὶ μίμοις καὶ καθάρμασιν ἐξελευθερικοῖς ἐθνῶν χώρας καὶ πόλεων χαριζομένου προσόδους, ἐνίοις δὲ γάμους ἀκουσίως ζευγνυμένων γυναικῶν. Πομπήϊον γέ τοι [p. 432] βουλόμενος οἰκειώσασθαι τὸν Μάγνον, ἣν μὲν εἶχε γαμετὴν ἀφεῖναι προσέταξεν, Αἰμιλίαν δέ, Σκαύρου θυγατέρα καὶ Μετέλλης τῆς ἑαυτοῦ γυναικός, ἀποσπάσας Μανίου Γλαβρίωνος ἐγκύμονα, συνῴκισεν αὐτῷ: ἀπέθανε δὲ ἡ κόρη παρὰ τῷ Πομπηΐῳ τίκτουσα. Λουκρητίου δὲ Ὀφέλλα τοῦ Μάριον ἐκπολιορκήσαντος αἰτουμένου καὶ μετιόντος ὑπατείαν πρῶτον μὲν ἐκώλυεν ὡς δὲ ἐκεῖνος ὑπὸ πολλῶν σπουδαζόμενος εἰς τὴν ἀγορὰν ἐνέβαλε, πέμψας τινὰ τῶν περὶ αὐτὸν ἑκατονταρχῶν ἀπέσφαξε τὸν ἄνδρα, καθεζόμενος αὐτὸς ἐπὶ βήματος ἐν τῷ Διοσκουρείῳ καὶ τὸν φόνον ἐφορῶν ἄνωθεν, τῶν δὲ ἀνθρώπων τὸν ἑκατοντάρχην συλλαβόντων καὶ προσαγαγόντων τῷ βήματι, σιωπῆσαι κελεύσας τοὺς θορυβοῦντας αὐτὸς ἔφη κελεῦσαι τοῦτο, καὶ τὸν ἑκατοντάρχην ἀφεῖναι προσέταξεν.

Apiano recoge este mismo pasaje sobre la muerte de Ofela[43] y cómo se dirigió al pueblo reunido en asamblea para decirle: "sabed, oh ciudadanos, y escuchadlo por mi propia boca, que yo he hecho matar a Lucrecio porque me había desobedecido"[44].

Plutarco no descarga toda la responsabilidad de los acontecimientos sobre Sila, a quien, de alguna manera, disculpa por hacerse con el poder; y, siguiendo una máxima antigua, señala que "en una lucha

junto a él que lo matara, mientras el, sentado en el templo de los Dioscuros, asistía como espectador desde arriba a la muerte. La gente que por allí andaba capturó al centurión y lo llevaron ante el tribunal. Sila les mandó permanecer en silencio, les dijo que babia sido el quien había dado la orden y les hizo soltar al centurión." Traducción J. Cano.

[43] *B.C.*, I, 101

[44] *B.C.*, I, 102.

civil, el peor se lleva el poder[45]". Habla de un pueblo corrompido y de un estado enviciado, donde los déspotas eran los triunfadores. Sila, de alguna manera, recoge la herencia de Glaucia y Saturnino cuando, dueños de Roma, expulsaron a los Metelo y a sus partidarios, cuando las armas se imponían a las leyes y se eliminaba por la fuerza a los opositores. A pesar de ese intento de disculpar a Sila, no deja de reconocer su poco respeto por la legalidad; cómo estaba carcomido por la envidia de los que le rodeaban, incluso aunque estos fueran sus propios partidarios. Pompeyo tuvo que aceptar que Sila disminuyera el número de soldados que tenía a su disposición; a Dolabela le quitó el mando de la *clasis*, mando que le había dado poco antes; ya hemos visto como mandó matar a Ofela cuando se rebeló contra lo que él consideraba una injusticia por no ser nombrado cónsul[46]. Por todo ello considera que Sila tenía una clara inclinación hacia la tiranía[47].

La visión de la dictadura de Sila que proporciona Cicerón no solamente es desfavorable, sino que considera que Sila llega a ella mediante una ley inicua, la *lex Valeria*, que validaba todos sus actos[48] y cuya legalidad ha sido repetidamente puesta en duda[49]. Valerio Flaco "le da por ley un tirano a la República", dice Cicerón[50]. A pesar de su amistad con Pompeyo, Cicerón se desmarca del grupo prosilano cuando dice, ante la acción de un tribuno de la plebe seguidor de Mario: "¿Qué dice entonces, ese tribuno de la plebe, seguidor de Mario, el cual nos quiere hacer odiosos como si fuéramos partidarios de Sila?[51]". En muchos de sus pasajes Cicerón intenta alejarse todo lo que puede de la figura de Sila, calificándole de hombre sin escrúpulos y de déspota[52], violento[53], ciudadano detestable para la

---

[45] Plut., *Comparación entre Lisandro y Sila*, 1,2: "ἐν δὲ διχοστασίῃ καὶ ὁ πάγκακος ἔλλαχε τιμῆς".
[46] Plut., *Comparación entre Lisandro y Sila*, 2.
[47] Plut., *Comparación entre Lisandro y Sila*, 3,1.
[48] Cic., *Acerca de la ley agraria* III, 5.
[49] CASTELLO, 1956; MANCUSO, 1993-1994.
[50] *hic rei publicae tyrannum lege constituit.*
[51] Cic., *Acerca de la ley agraria* III,7: "*Quid ergo ait Marianus tribunus plebis, qui nos Sullanos in invidiam rapit*".
[52] Cic., *Acerca de la ley agraria*, 81.
[53] Cic., *Filipicas*, XI, 1, 1.

República[54]. En sus discursos contra Marco Antonio considera que Sila fue uno de los que, en los últimos años, quiso revivir y ocupar la monarquía, junto con Catilina y César[55]. En otro texto considera que existió un reino silano, reino al que también aspiraban muchos de los partidarios de Pompeyo[56] y que tanto César como Pompeyo a lo que en realidad aspiran era a reinar. Sin embargo, la opinión sobre el régimen silano era algo cambiante y no siempre desfavorable; así, en su correspondencia con Ático, dice que en el régimen de Sila todo en sí mismo era nobilísimo aunque fue poco moderado[57].

Salustio también se suma a la corriente antisilana y de descrédito de su dictadura. Unas veces directamente, "había impuesto una criminal servidumbre[58]" y otras poniendo su opinión en boca de distintos personajes como el no identificado suficientemente tribuno de la plebe Macro[59] "esta esclavitud que ha impuesto Sila[60]"; o en boca del cónsul del año 77 a.C., Mamerco Emilio Lépido[61], quien veladamente tacha a Sila de ser una caricatura de Rómulo, y no tan veladamente: "no esperéis que a Sila le entre de una vez el hastío o el pudor de su tiranía"[62]; "que haya un final para los crímenes y los ultrajes todos: Sila no se arrepiente de esto, a tal punto que lo hecho lo consigna en el haber de la gloria y si, fuese posible, habría obrado con más encono"[63].

Ya vimos parcialmente la opinión que el historiador Dionisio de Halicarnaso tenía tanto de la dictadura y como de Sila, también para él, fue totalmente negativa: formó un senado con hombres vulgares; quitó casi todo el poder a los tribunos de la plebe; vació de población ciudades enteras; abolió monarquías y estableció otras;

---

54 Cic., Filipicas, XIII, 1, 1.

55 Cic., *Filipicas*, V, 17.

56 Cic., *Cartas a Ático*, VIII,11: *Genus illud Sullani regni iam pridem appetitur multis qui una sunt cupientibus. an censes nihil inter eos convenire, nullam pactionem fieri potuisse? hodie potest. sed neutri skopos est ille ut nos beati simus; uterque regnare vult.*

57 Cic., *Cartas a Ático* XI, 21: *Sullana confers; in quibus omnia genere ipso praeclarissima fuerunt, moderatione paulo minus temperata.*

58 Sall., *Historias*, III, 48, 9.

59 Para Bartolomé Segura Ramos se trata de Marco Fonteyo, cuestor de la Galia Narbonense entre el 76 y el 74 a.C. Segura Ramos, 1997, p. 298, n. 56.

60 Sall., *Historias*, III, 48,1.

61 Sall., *Historias*, I, 55.

62 Sall., *Historias*, I, 55, 7.

63 Sall., *Historias*, I, 55, 19.

torturó y dio muerte a no menos de cuarenta mil ciudadanos, cifra tal vez exagerada. Todo ello llevó a que el nombre de dictador se hiciera odioso[64], opinión con la que, tal vez, intenta justificar de alguna manera el complot y el asesinato de César.

Veleyo Patérculo en un breve capítulo de su *Historia romana*[65] opina que los males de la guerra civil aumentaron con la crueldad de Sila nombrado dictador. Aprovechó la autoridad, que antes otros habían empleado para la protección del Estado en momentos de peligro, para emplear una crueldad desmesurada, cuyo máximo reflejo fueron las proscripciones que eliminaron a todos aquellos que se le habían opuesto, contrastando el no demasiado oculto rencor que siente hacia Sila, con la abierta aprobación que da a Pompeyo, a pesar de que su colaboración le fue indispensable a Sila para obtener el poder y fue el encargado de acabar con los últimos marianistas como Sertorio, asesinado en Osca[66].

La opinión de Valerio Máximo, si bien en un principio puede parecer cambiante buscando el equilibrio entre el personaje ilustre y el odiado por el pueblo, en realidad no lo era tanto. Hablando de él en un primer momento, dice que albergaba dos Silas, uno miserable, el joven Sila aficionado a los placeres, y el Sila adulto, a partir de su entrada en la vida pública, valioso para la República[67]. ¿Y quién hubo más descollante y esplendido que Lucio Sila?, señala[68] y concreta: repartió riquezas, derogó leyes obsoletas y dictó otras nuevas. Pero más adelante vuelve a la dualidad entre los dos Sila diciendo que para el pueblo romano fue un Escipión a la hora de buscar la victoria y en cambio un Aníbal al ejercer de vencedor[69]. En esa dualidad de Sila ve los nobles actos de su primera época en contraste con la crueldad con la que salvajemente inundó Italia de sangre. Es en ese punto cuando cambia su visión de Sila a la hora de narrar cómo masacró a cuatro legiones rivales en el campo de Marte y a otros cinco mil ciudadanos de Praeneste, junto a las murallas de la ciudad, entre otros muchos.

64 Dion. Hal., V, 77, 4-5.
65 Vell. Pat., II, 28.
66 Vell Pat., II, 29-30.
67 Val. Max., VI, 9, 6.
68 Val. Max., VII, 5, 5.
69 Val. Max., IX, 2, 1.

En las listas de proscripción había tanto ciudadanos que se le habían opuesto violentamente, como ciudadanos pacíficos, de los que únicamente pretendía apoderarse de su fortuna. Ni siquiera se detuvo en el asesinato de mujeres. Incluso le acusa de tener instintos caníbales o de tener una crueldad indecible a la hora de dar muerte a Marco Mario:

> *id quoque inexplebilis feritatis indicium est: abscisa miserorum capita modo non uultum ac spiritum retinentia in conspectum suum afferri uoluit, ut oculis illa, quia ore nefas erat, manderet. quam porro crudeliter se in M. Mario praetore gessit! quem per ora uulgi ad sepulcrum Lutatiae gentis pertractum non prius uita priuauit quam oculos infelices erueret et singulas corporis partes confringeret.*[70]

De la muerte de Marco Mario, sobrino de Cayo Mario, también se hace eco Séneca en su dialogo sobre la ira puntualizando que el ejecutor de muchas de estas venganzas era Catilina:

> *M. Mario, cui uicatim populus statuas posuerat, cui ture ac uino supplicabat, L. Sulla praefringi crura, erui oculos, amputari linguam manus iussit, et, quasi totiens occideret quotiens uulnerabat, paulatim et per singulos artus lacerauit. 2. Quis erat huius imperii minister? quis nisi Catilina iam in omne facinus manus exercens? Is illum ante bustum Quinti Catuli carpebat grauissimus mitissimi uiri cineribus, supra quos uir mali exempli, popularis tamen et non tam inmerito quam nimis amatus, per stilicidia sanguinem dabat. Dignus erat Marius qui illa pateretur, Sulla qui iuberet, Catilina qui faceret, sed indigna res publica quae in corpus suum pariter et hostium et uindicum gladios reciperet.*[71]

[70] "Otro indicio de su insaciable bestialidad: quiso que fuesen llevadas a su presencia las cabezas cortadas de aquellos desdichados, que casi conservaban aún el gesto y el aliento, para así poder comerse con los ojos aquello que era sacrílego hacer con la boca. ¡Y qué crueldad demostró hacia el pretor Marco Mario! Tras arrastrarlo hasta el panteón de la familia Lutacia, ante las miradas del pueblo, no mandó que lo mataran sin antes haberle sacado los ojos y cercenado las partes de su cuerpo una a una". Traducción S. López Moreda.

[71] Sen., *Sobre la ira*, III, 18, 1. "A Marco Mario, a quien el pueblo había erigido estatuas en cada barrio, a quien suplicaba con incienso y vino, Lucio Siła ordenó quebrarle las piernas, arrancarle los ojos, amputarle la lengua, las manos, y, como si lo matara tantas veces como lo heria, lo desgarró poco a poco y por cada uno de sus miembros. ¿Quién era el ejecutor de esta orden? ¿Quién sino Catilina, que ya ejercitaba sus

En su venganza desmedida, volviendo a Valerio Máximo, este dice que mató inmediatamente a Marco Pletorio porque no podía soportar el suplicio de Marco Mario y se desmayó; que desenterró el cadáver de Cayo Mario y arrojó sus cenizas al río y acaba diciendo que era el más sedicioso y abyecto de los hombres[72].

Séneca, asimismo, tiene un juicio moral sobre la dictadura de Sila cuando dice que los reyes también matan, pero que los tiranos se diferencian de los reyes por los hechos; llevan la crueldad en el corazón y acude al ejemplo de Sila, que no dejó de matar hasta que se acabaron los enemigos, y que no hubo ningún tirano más sediento de sangre que él, que mató a miles de ciudadanos mientras sentado en el templo de Belona, donde estaba reunido el Senado, oía los gritos de los que estaban siendo asesinados y dijo a los senadores "continuemos padres y conscriptos; están ejecutando por orden mía unos pocos sediciosos"[73].

SECUNDUM LEGEM

Hasta aquí hemos visto cómo todos los autores clásicos analizados consideraron que la dictadura de Sila fue un régimen tiránico en el que la crueldad del dictador no tuvo límites[74]. Hacen una gran distinción entre la dictadura clásica o arcaica de los tres primeros siglos de la historia de la República romana y la del siglo I a.C., restaurada por Sila. Pero aún en este periodo hacen distinción, al menos por omisión, entre la de Sila y las sucesivas dictaduras de Ceésar. Mientras

---

manos para cualquier crimen? Lo despedazaba ante la tumba de Quinto Catulo". Traducción J. Mariné.

[72] Val. Max., IX, 2, 2.

[73] Sen., *Sobre la Clemencia*, I, 12, 1-2: "*Quid ergo? Non reges quoque occidere [p. 392] solent? Sed quotiens id fieri publica utilitas persuadet; tyrannis saevitia cordi est. Tyrannus autem a rege factis distat, non nomine; nam et Dionysius maior iure meritoque praeferri multis regibus potest, et L. Sullam tyrannum appellari quid prohibet, cui occidendi finem fecit inopia hostium? Descenderit licet e dictatura sua et se togae reddiderit, quis tamen umquam tyrannus tam avide humanum sanguinem bibit quam ille, qui septem milia civium Romanorum contrucidari iussit et, cum in vicino ad aedem Bellonae sedens exaudisset conclamationem tot milium sub gladio gementium, exterrito senatu: Hoc agamus, inquit, patres conscripti; seditiosi pauculi meo iussu occiduntur. Hoc non est mentitus; pauci sullae videbantur*".

[74] Hinard, 1988, pp. 87-96.

la de Sila, como decimos, tiene muy mala prensa, la de César es vista con cierta indiferencia o incluso admitida.

Además de tiránico, muchos de ellos también consideraban que la elección de Sila como dictador había sido ilegal, pues se había saltado el procedimiento establecido en el que debían intervenir el Senado, los cónsules y los *comitia curiata.* Pero la dictadura de Sila no solamente pudo ir en contra del procedimiento formal de llegar a ella, también tenía otros aspectos que se salían de la tradición. El más importante de ellos era la duración que se alejaba de los seis meses acostumbrados y la *lex Valeria* le otorgaba poderes hasta que cumpliera el cometido confiado.

Sin embargo, el procedimiento a seguir para el nombramiento de un dictador, si nos apoyamos en los autores clásicos, no está del todo claro y los modernos también entran en controversia y en contradicciones. Los trabajos de Mommsen sobre la dictadura intentan arrojar algo de luz, pero sus conclusiones han sido muy discutidas.

Es muy probable que en la elección de un dictador estuvieran implicados los cónsules, el Senado y los comicios por curias. La participación y el orden de cada uno de estos estamentos presenta dificultades y, probablemente, dependía de las necesidades del momento y los motivos por los que era necesario el nombramiento de un dictador. En opinión de Mommsen[75], el primer paso era que uno de los cónsules, o los dos, vieran la necesidad de ceder sus poderes y nombrar un dictador que los asumiera, esto era consultado al Senado, que se encargaba de emitir un *senatusconsultum* que, por otra parte, no era de obligado cumplimiento, en el que se hacía público su dictamen sobre la necesidad del nombramiento de ese dictador. A continuación, los cónsules, uno de ellos o los dos, puestos de acuerdo, presentaban el nombre del elegido para que fuera aprobado en los comicios por curias.

Con el tiempo todo esto fue variando. Para la dictadura fue un gran inconveniente el hecho de que no fuera un cargo electivo. En ocasiones, Mommsen opina que el dictador era nombrado elegido por el Senado[76], lo que llegó a convertirse en el procedimiento habitual,

---

[75] Mommsen, 1874, p. 133.
[76] Mommsen, 1874, p. 134.

y nombrado por un magistrado que tenía la capacidad de cesarle aún en contra de la opinión del Senado. En su nombramiento no era necesario que el futuro dictador estuviera presente y entraba en cargo inmediatamente después de ser notificado.

En este procedimiento esbozado por Mommsen, Guillen está prácticamente de acuerdo, con algunas puntualizaciones[77]. Él señala que la dictadura se establecía por una ley *de dictatore creando*, en la que aparecía la expresión *consulares legere* que podía tener dos significados: que el dictador era elegido entre los consulares, o que eran los que habían sido cónsul los encargados de elegirle. Esta elección, en una primera época, debía ser aprobada en los comicios por curias. Una vez elegido, se debían tomar los auspicios y el designado era investido con el *imperium*. Cuando los comicios por curias se convirtieron en un mero trámite, el Senado confió la elección de dictador a uno de los cónsules, bien sacado a suerte, o bien el primero que se enteraba de la decisión del Senado. En un caso extremo, si los cónsules no estaban presentes o habían fallecido, se nombraba un *interrex* que era el encargado de poner en marcha el procedimiento. En ningún momento un dictador podía ser nombrado fuera de Roma, aunque con el tiempo fue admitido que también pudiera ser nombrado en el ámbito del *ager romanus*, que en la práctica se extendía a toda Italia.

En el caso concreto del Sila como dictador, concurría la circunstancia excepcional de que era necesaria la intervención del *interrex*, dado que los dos cónsules habían muerto y aun no se habían celebrado las elecciones para el año siguiente, por lo que no había cónsules designados. En opinión de Mommsen, tanto la designación como la elección por el *interrex* era contraria a la naturaleza de la institución[78] y, en consecuencia, la llegada de Sila a la dictadura fue en virtud de una ley especial. Concluye que no se siguió en este caso el procedimiento ordinario[79], puntualizando que la de Sila, con la antigua dictadura, solamente tenía en común el nombre y algunos aspectos externos. En definitiva, hace del dictador un colega mayor de los cónsules, que ha sido designado por estos, tesis con la que

---

[77] GUILLEN, 1980, pp. 189-192.
[78] MOMMSEN, 1893, p. 168.
[79] MOMMSEN, 1893, p. 194.

no está de acuerdo Castelo[80] dado que la dictadura se diferenciaba claramente del consulado como prueba la diferencia de duración de ambas magistraturas, el dictador, por el simple hecho de haber sido nombrado, no pasaba a formar parte del colegio consular y porque no existen casos en Roma de que el designado por un magistrado tenga poderes mayores que el mismo magistrado.

Si seguimos la legalidad constitucional sabemos que los encargados de convocar las elecciones para el 81 a.C. debían haber sido Cneo Papirio Carbón y Cayo Mario el Joven, dado que eran los cónsules del año 82 a.C., elegidos legalmente, pero ambos murieron antes de hacerlo, Carbón ejecutado por Pompeyo en Sicilia[81] y Cayo Mario el Joven en el sitio de Praeneste[82]. Como el año acababa y era necesario convocar elecciones, el Senado, al que, según los expertos en derecho romano, retornaban los *auspicia* necesarios para convocar elecciones con la posibilidad de nombrar un *interrex*[83] que se encargaría de hacerlo, eligió al *princeps senatus* Lucio Valerio Flaco, con la esperanza de que convocara elecciones. Pero este ante la asamblea podía presentar la propuesta de convocatoria de elecciones o de nombramiento de dictador[84]. Existen dudas de si Valerio Flaco, dada la situación que se estaba viviendo en Roma, tras una cruenta guerra civil, actuó por iniciativa propia y se decantó por la necesidad de nombrar un dictador que hiciera frente a la situación, descartando la convocatoria de elecciones consulares; o si bien existía un acuerdo precedente con Sila y actuó siguiendo la petición que este le podía haber hecho llegar, bien en conversación personal o bien por algún medio de comunicación de la época, y sería esto lo le llevó a presentar a los comicios la propuesta de ley del nombramiento de Sila como dictador, por medio de una ley especial que le otorgaba poderes extraordinarios e ilimitados. Carcopino, apoyándose en el texto de Apiano, es de la opinión de que efectivamente existió un acuerdo secreto entre

[80] Castello, 1957, p. 42.
[81] Val. Max., IX, 13, 2.
[82] App., *B.C.*, I, 94.
[83] Liv., III, 40, 7; IV, 7, 7; VI, 1, 5; VII, 21, 2. Cic., *Sobre la Republica* II, 12, 23.
[84] Castello, 1957, p. 44.

Valerio Flaco y Sila[85] por el que Sila obtendría la dictadura y él sería su *magister equitum*.

Otro hecho que hay que tener en cuenta, admitamos o no la existencia de un acuerdo entre Valerio y Sila, es hasta qué punto Valerio Flaco y el Senado actuaron libremente, pues eran conscientes de que las tropas de Sila estaban en las cercanías de Roma y, viendo la crueldad con la que se estaba mostrando, muy pocos estarían dispuestos a contradecirle, salvo aquellos que, con anterioridad, ya había tomado partido, y que si querían salvar su vida debían abandonar Roma cuanto antes.

Esta actuación y este proceso que, como ya hemos dicho, ha estado en discusión y ha sido puesto en duda su legalidad, desde el momento mismo en el que sucedieron los hechos. Una buena parte de los detractores de la dictadura de Sila pusieron en duda su legalidad; pero otra parte, sin dejar de tener una visión negativa de los acontecimientos y del personaje, parecen admitir el nombramiento y nada dicen de que se cometiera ilegalidad alguna.

Es el caso de Apiano[86], detalla los pasos dados por Valerio y cómo el autor griego intenta ajustarlos a la forma tradicional del nombramiento de dictador. En ello se apoyan autores como Wilson para considerar que el procedimiento seguido para el nombramiento de Sila se ajustó a la tradición y la legalidad. Según él, solamente fue nombrado en apariencia por el *interrex* Valerio Flaco, pues en realidad asevera que en opinión de Apiano fue nombrado por el pueblo reunido en asamblea a través del *interrex*.

En contra de lo que opinan algunos autores, estamos de acuerdo con Castello en que los senadores usaron un recurso que les concedía el derecho consuetudinario y era el de nombrar ese *interrex*. Ahora bien, la duda es si ese *interrex* podía proponer a la asamblea una ley que nombra un *dictator legibus scribundis ac rei publica constituendae*, por un tiempo ilimitado, es decir, hasta que cumpliese el mandato, algo que sí que se podía ir en contra de la tradición. Para nosotros no existe duda al respecto, pues ya hemos visto que el dictador siempre

[85] Carcopino, 1942, p. 46.
[86] App., *B.C.*, I, 98.

se nombraba con una finalidad concreta y hasta que se cumpliese el motivo por el que había sido nombrado y, si se cumplía el tiempo límite de su nombramiento, y no se había concluido la tarea encomendada, legalmente podía, si no prolongarse su mandato, sí nombrarle por un nuevo periodo.

Mommsen, en su día, realizó un encomiable intento de reconstrucción de la *lex Valeria de Sulla Dictatore*:

> Que todos los actos de Lucio Cornelio Sila, ya sea los que hayan sido cumplidos, como cónsul o procónsul, fueron ratificados por el pasado; y que en adelante tendrá derecho a pronunciarse en primera y última instancia sobre la vida y bienes de los ciudadanos; disponer del dominio público según su plena discreción; extender, si lo juzgase conveniente, las fronteras de Roma, las de Italia y las del Estado romano; disolver o fundar ciudades en Italia; decidir soberanamente sobre la suerte de las provincias y estados dependientes; conferir *imperium* en lugar del pueblo; nombrar procónsules y propretores, y decretar nuevas leyes que afecten al porvenir de la República. Le correspondería a él solo declarar cuándo creía haber cumplido su misión; en qué momento le gustaría deponer sus facultades extraordinarias: finalmente le corresponde aún juzgar, si durante su función, convenía proveer a las altas magistraturas, o por el contrario dejarlas vacantes[87].

Algo que ha sido puesto en duda por los investigadores modernos es que la ley recogiera la impunidad o el perdón para los actos realizados con anterioridad desde el año 88 a.C. Apiano no hace ninguna referencia a ello y probablemente ni siquiera a Sila le interesaba que se removiera ese pasado[88].

Un problema importante a la hora de establecer la legalidad o no de la dictadura de Sila es el de la duración de esta por un tiempo sin determinar. Ya sabemos que en la dictadura arcaica el dictador solamente durante seis meses, los que duraban su mandato, estaba

---

[87] MOMMSEN, 1869, pp. 341-342. También recogida por CARCOPINO, 1942, pp. 40-41.
[88] CASTELLO, 1957, p. 48.

libre de responsabilidades jurídicas. Sin embargo, existen dudas de que la duración de seis meses se cumpliera estrictamente siempre y Mommsen[89] aduce el caso de Camilo, sobre el que, siguiendo las fuentes, existen fundadas dudas. Livio dice que Marco Furio Camilo no quiso dimitir de la dictadura hasta que transcurriera el año[90]. El propio Mommsen, en contra de lo que había defendido hasta ese momento y siguiendo a Wissenborn en sus comentarios a Livio, puntualiza que probablemente Livio se refiere a que no abdicó hasta que finalizó el año 389 a.C., momento en el que cumplía el mandato del resto de los magistrados. Pero si tomamos como referencia a Plutarco[91], en el que se apoyan numerosos investigadores modernos, Camilo intentó permanecer en el gobierno más tiempo de lo permitido pero el Senado no se lo permitió:

> El Senado no aceptó la propuesta de Camilo de seguir con el poder hasta cumplir un año, para no soliviantar a los senadores, pues ningún otro dictador anteriormente había sobrepasado los seis meses (Traducción S. Perea).

Camilo no debió de ser un caso único, y con seguridad debió haber dictadores que intentaron permanecer en el cargo más de los seis meses establecidos, pero hasta la dictadura de Sila, ninguno de ellos logró hacerlo y todos cesaron transcurridos seis meses, cuando concluyeron la labor por la que habían sido nombrados o cuando decayó el mandato de los magistrados que les habían nombrado. En este último caso podían volver a ser nombrados dictador por los nuevos cónsules, para así continuar la labor que se les había encomendado, sin que esto pueda considerarse una prórroga de la dictadura, pues se trataba de una nueva, y lo mismo sucedía en el caso de que transcurridos seis meses no hubiesen concluido su labor.

---

[89] MOMMSEN, 1893, p. 183, n.3

[90] Liv., VI, 1, 4: *M. Furio principe stetit, neque eum abdicare se dictatura nisi anno circumacto passi sunt.*

[91] Plut., *Camilo*, 31,3: ἐκ τούτου φοβηθεῖσα τὸν θόρυβον ἡ βουλὴ τὸν μὲν Κάμιλλον οὐκ εἴασε βουλόμενον ἀποθέσθαι τὴν ἀρχὴν ἐντὸς ἐνιαυτοῦ καίπερ ἓξ μῆνας οὐδενὸς ὑπερβαλόντος ἑτέρου δικτάτορος.

Como bien señala Castello, otro aspecto más que podía afectar a la legitimidad o no de la dictadura de Sila es si el *interrex* tenía capacidades legales para convocar a los comicios que debían aprobar la dictadura[92]. Las explicaciones sobre ello en las *oraciones* de Cicerón de la *Scholia Bobiensia,* cuyo valor documental probablemente es escaso, nos arrojan algo de luz sobre las capacidades del *interrex* para convocar a la asamblea cuando trata el asesinato de Clodio[93]. En el texto de la *Scholia* se aduce que el primer *interrex* nombrado no tenía la capacidad de convocar la asamblea, o las elecciones, que tan solo podía hacerlo el segundo que se nombraba cinco días después del primero. Esta consideración debemos tomarla con cierto reparo, pues ninguno de los autores clásicos que tratan esta época hace ninguna objeción a la posibilidad de que el *interrex* convocara a la asamblea.

Por todo lo expuesto, y si debemos tomar una postura acerca de la legalidad o ilegalidad de la *Lex Valeria de Sulla Dictatore* y el nombramiento de Sila, nos decantamos con todas las reservas por la primera posibilidad. Debemos tener en cuenta, como ya dijimos al principio, que Sila manejó la institución de la dictadura en beneficio propio, utilizándola cuando todos los romanos prácticamente habían olvidado que existía. Además, en esos 120 años que transcurrieron entre la de Servilio Gemino y la de Sila, Roma no sufrió amenazas externas que la obligaran al nombramiento de un dictador.

Las principales crisis fueron internas, como la de los hermanos Graco, y en esos momentos nadie se planteó resucitar la dictadura, o la de la Guerra Social, que por unos meses sí que puso en grave peligro la supervivencia de Roma y, en esos momentos, tampoco se creyó que era necesaria. Solo Sila vio la necesidad de gobernar sin un colega que pusiera freno a sus acciones y, para eso, la resurrección de la dictadura era el mecanismo ideal. A lo largo de la República

---

92 CASTELLO, 1957, pp. 55 ss.

93 Cic., *Scholia Bobiensia in Or. Pro Milone*, 13: *Nam M. Aemilius Lepidus cum interregno fungeretur et plerique inita conspiratione hoc ab eo postularent maxime urgentibus Milonis competitoribus, ut haberet comitia consularia, respondit civiliter non posse per se comitia heberet, quoniam primus interrex illo tempore esset proditus biduo post interemptionem P. Clodii: et erat in vetere consuetudine ut non is (qui primus interrex esset comitia haberet sed) qui loco secondo crearetur. Non obsequens tamen illi conspirate multitudini quam Plautius Hipsaeus et Metellus Scipio concitaverunt in peroculum deductus est, ut domus eius impugnaretur et obsidionem dierum quinque pateretur.*

hubo ocasiones en las que un cónsul se vio obligado a gobernar en soledad por el fallecimiento de su colega en el año 52 a.C., la anarquía reinante en Roma impidió que se celebraran las elecciones consulares. Los partidarios de Pompeyo propusieron al Senado que se le nombrase dictador, pero el Senado se negó recordando los tiempos de Sila. Marco Calpiurnio Bíbulo propuso otra solución, que se nombrase a Pompeyo cónsul único[94] (*consul sine colega*), a lo que sí que accedió el Senado y se designó *interex* a Servio Sulpicio Rufo para que presidiera las elecciones[95], pero Pompeyo, concluida la misión de pacificación encomendada, inmediatamente nombró a un colega que concluyera con él el mandato.

Innecesariamente César, en el 45 a.C., concluida la guerra civil, también fue *consul sine colega*[96], pero era innecesario, pues César ya era dictador desde el año 49 a.C., de hecho, en octubre abdicó del consulado dejando el puesto a Q. Fabio Máximo[97].

Como conclusión, la llegada de Sila a la dictadura supuso un claro cambio en el ordenamiento constitucional y un elevado número de leyes probablemente no todas ellas favorables al Senado. Sin entrar en cada una, sí que queremos dejar constancia de que nos parece interesante dejar un listado de todas ellas, pues es una clara muestra de su intensa actividad legislativa durante los dos años de dictadura, aunque de algunas de ellas existen dudas razonables para su atribución[98]:

82 a.C.	*Lex Cornelia de Proscriptione.*
	Lex Cornelia de tribunitia potestate.
	Lex Cornelia de Magistratibus.
	Lex Cornelia iudiciaria.
82-81 a.C.	*Lex Cornelia de Sacerdotiis.*

[94] Plut., *Pomp.*, 54; Cic., *Filipicas*, I, 18; Liv., *Perioca*, 107; Tac., *Anales*, 3, 28; Cic., *Atico*, 7, 1, 4.
[95] Plut., *Pomp.*, 54, 5.
[96] Suet., *Iulio*, 76.
[97] Broughton, 1952, p. 304.
[98] Rotondi, 1962, pp. 349-364.

81 a.C.	*Lex Cornelias de ludis Victoriae instituendis*
	Lex Cornelia de civitate Volaterranis adimenda.
	Lex Cornelia de provinciis ordinandis.
	Lex Cornelia de praetoribis octe creandis.
	Lex Cornelia de quaestoribus XX creandis.
	Lex Cornelia agraria.
	Lex Cornelia frumentaria.
	Lex Cornelia sumptuaria
	Lex Cornelia de confirmandis testamentis eorum qui in hostium potestate decessissent.
	Lex Cornelia de Falsis.
	Lex Cornelia de sicariis et veneficiis.
	Lex Cornelia de iniuriis.
	Lex Cornelia de adulteriis et de pudicitia.
	Lex Cornelia de Maiestate.
	Lex Cornelia de repetundis.
	Lex Cornelia de Peculatu.
	Lex Cornelia de vi.
	Lex Cornelia de ambitu.
	Lex Cornelia de supplendo senatu et de censura.
	Lex Cornelia de Sponsu.
	Lex Cornelia de aleatoribus.
80 a.C.	*Lex Cornelia de reditu Cn Pompei.*

POSTCAENIUM

Para finalizar, es necesario que nos hagamos una pregunta: la *Lex Valeria de Sulla Dictatore* ¿tuvo alguna influencia en la legislación romana posterior a Sila?

Precisamente eso es lo que trata de dilucidar Mancuso en un breve trabajo publicado en el *Bullettino dell'Istituto di Diritto Romano*[99], defendiendo que hay una gran analogía entre la *lex Valeria de Sulla*

---

[99] MANCUSO, 1993-1994.

dictatore y la *Lex de Imperio Vespasiani*, pero que le es imposible tomar una posición rígida al respecto, pues en un análisis superficial no hay nada que pueda confirmar de modo tajante esta afirmación[100].

Tanto Sila como Vespasiano tuvieron que hacer frente a una situación muy compleja para el estado romano; Sila por la ruptura del equilibrio político entre las diferentes facciones que hasta ese momento habían permitido la supervivencia de la República y habían llevado al desorden social, el mismo desorden al que tuvo que enfrentarse Vespasiano provocado por la falta de un sistema efectivo de sucesión en el Principado. En ambos casos su llegada al poder fue tras un duro enfrentamiento civil del que salieron victoriosos. La consecuencia fue: "l'istaurazione di un governo oligarchico, sulle ceneri dell'ordinamento republicano" por parte de Sila y "la creazione di un nuovo sistema dinastico, sulle rovine della estinta domus giulio-claudia"[101] por Vespasiano, en ambos casos un cambio radical que afectaba a la esencia misma del Estado.

Tanto Sila como Vespasiano eran *homines novi* que habían llegado a la política sin antecedentes después de haber desarrollado su actividad como brillantes militares. Ambos debían legitimar su llegada al poder; ambos como primera medida fundamentan su llegada en la voluntad del pueblo. Tanto la *Lex Valeria de Sulla Dictatore* como la Lex *de Imperio Vespasiani* superan el trámite de emanar de una asamblea, la Valeria por los comicios por centurias, la de *Imperio Vespasiani* pasa por ser una *Lex rogata* aprobada también por los comicios, hecho que ha sido largamente discutido y que es defendido por Lucrezi[102] quién llega a la conclusión de que se trata de un senadoconsulto incorporado a una resolución comicial.

Para Mancuso es innegable que existe un claro paralalismo en los poderes que estas dos leyes confieren a sus respectivos destinatarios[103]. Además, le parece también claro que a posteriori ambos buscaron la base constitucional que legalizara los actos ya realizados buscando

[100] Mancuso, 1993-1994, p. 273.
[101] Mancuso, 1993-1994, p. 270.
[102] Lucrezi, 1982, p. 145.
[103] Mancuso, 1993-1994, p. 276.

para ello la aprobación del pueblo y es muy probable que la *lex Valeria* sirviera de ejemplo a la cancillería de Vespasiano.

BIBLIOGRAFÍA

BALLESTEROS, L.: *Mitrídates Eupátor, rey del Ponto.* Granada, Universidad de Granada, 1996.

BANDEL, V.: *Die römischen Diktaturen*, Druck von Wilh Gottl. Breslau, Korn, 1910.

BROUGHTON, T.R.S.: *The Magistrates of the Roman Republic. Volume II 99 B.C.-31 B.C.* Nueva York, American Philological Asociation, 1952.

CABRERO, J.: *Aportaciones a la figura de Lucio Cornelio Sila y su época. Estudio de las inscripciones latinas de L. C. Sila como fuente de documentación.* Madrid, A.E., 1983.

CARCOPINO, J.: *Sylla ou la monarchie manquée.* París, L'Artisan du Livre, 1942.

CASTELLO, C.: "In torno allá legittimità della Lex Valeria de Sulla dictatore" en De Francisci, *Studi in onore di Pietro de Francisci.* Milán, A Giuffrè, 1957, pp. 30-60.

DEGRASSI, M.A.: *Fasti Capitolini.* Turín, Società per Azioni G.B: Parasvia & C., 1954.

GABBA, E.: *Appiani. Belorum civilium liber primus. Introduzione, testo critico e commento con traduzione e indici.* Florencia, La Nuova Italia, 1958.

GUILLEN, J.: *Vrbs Roma, Vida y costumbres de los romanos. II. La vida pública.* Salamanca, Ediciones Sígueme, 1980.

HINARD, F.: "De La Dictature à La Tyrannie. Réflexions sur la dictature de Sylla" en *Dictatures: actes de la Table Ronde réunie à Paris les 27 et 28 février 1984, edités par François Hinard.* París, De Boccard, 1988, pp. 87–96.

—: *Les proscriptions de la Rome Républicaine.* Roma, Ecole Francaise de Rome, 1985.

LANZANI, C.: *Lucio Cornelio Silla Dittatore. Storia degli anni 82-78 a.C.* Milán, Ulrico Oepli Editore, 1936.

LEVICK, R.M.: "Sulla's march on Rome in 88 B.C." en *Historia XXXI*, 1982, pp. 503-508.

LUCREZI, F.: *Leges super principem. La 'monarchia costtuzionale' di Vespasiano*. Nápoles, Jovene, 1982.

MANCUSO, G.: "In tema di lex Valeria de Sulla dictatore e di les de imperio Vespasiani" en *Bullettino dell'Istituto di Diritto Romano*, 1993-1994, pp. 269-277.

MOMMSEN, Th.: *Le droit public romain. Tome Troisiéme*. Traduit de la troisiéme edition allemande par Paul Federic Girard. París, Thorin et Fils Editeurs, 1893. (Reimpression Diffusion de Boccard, Paris, 1984)

—: *Römische Geschichte. Zweiter Band. Von der Schlacht von Pidna bis auf Sullas Tod*. Berlín, Weidmannsche Buchhandlung, 1869.

—: *Romisches Staatsrecht*, Zweiter Band. I Abtheilung. Leipzig, Vertlag von S. Hirzel, 1874.

RAINER, J.M.: *Römisches Staatsrecht. Republik und Prionzipat*. Darmstadt, WBG, Wissenschaftliche Buchgesellschaft, 2006.

ROTONDI, G.: *Leges publicae populi romani*. Elenco cronologico con una introduziione sull attività legislativa dei comizi romani. Estratto dalla Enciclopedia Giuridica Italiana (1912), Hildesheim, Georg Olms Verlagsbuchlandlung, 1962.

SAMPSON, G. C.: *The Collapse of Rome: Marius, Sulla and the First Civil War*. Barnsley, Pen & Sword Military, 2013.

SEGURA RAMOS, B.: *Salustio. Conjuración de Catilina. Guerra de Jugurta. Fragmentos de las Historias. Pseudo Salustio. Cartas a César, Invectiva contra Cicerón. Pseudo Cicerón, Invectiva contra Salustio*. Introducción, traducción y notas de Bartolomé Segura Ramos. Biblioteca Clásica Gredos, 256, Madrid, 1997.

VOLKMANN, H.: *Sullas Marsch auf Rom. Der Verfall der römischen Republik*. Munich, Reprographischer Nachdruck der Ausgabe, 1958.

WILSON, M.B.: *Dictator the evolution of the Roman dictatorship*. Michigan, Michigan University Press, 2021.

4.
EL *IMPERIUM* DE POMPEYO CONTRA LOS PIRATAS: UN FACTOR DE TRANSFORMACIÓN DE LA REPÚBLICA ROMANA

Alfonso Álvarez-Ossorio Rivas
Universidad de Sevilla

Cuando en 67 a.C. los piratas cilicios atosigaban a la propia Italia, impidiendo el abastecimiento de grano de la *Urbs*, y poniendo en riesgo la seguridad del mismo estado romano, la República optó por entregar unos poderes extraordinarios a Cneo Pompeyo el Magno. Con ellos, nuestro protagonista debía acabar con la amenaza pirática y asegurar la paz y la libre circulación de mercancías y personas por el Mediterráneo. No era el primero que lo intentaba, ni el primero que recibía un poder semejante. Pero la diferencia estriba en que, al menos aparentemente, consiguió su objetivo y que usó esos poderes extraordinarios con cierta mesura, aunque quizás movido por intereses más espurios y menos filantrópicos que los que él mismo y sus partidarios esgrimieron. Lo verdaderamente cierto es que las características de esos poderes determinaron un brusco cambio de escenario con respecto a lo que venía sucediendo en el ámbito político de la Roma tardorrepublicana. Igualmente, resulta innegable que esos poderes fueron un ejemplo y una meta que cuarenta años después, habrían de guiar muchos de los comportamientos de quien acabaría por ser el discípulo más aventajado de Pompeyo, que no fue otro que Octavio. Al estudio y caracterización de esas atribuciones vamos a dedicar estas páginas.

El marco en el que se desarrollan los acontecimientos que vamos a tratar en este trabajo es el de la tercera confrontación entre Roma y Mitrídates, que coincide con el período de máximo apogeo del fenómeno pirático en el Mediterráneo. Esto se debe a que las condiciones de caos generalizado que esta contienda provocó favorecieron el desarrollo de las actividades de los piratas, que además experimentaron un crecimiento exponencial en su radio de acción. En este proceso resultó muy importante la alianza que el rey del Ponto estableció con algunas bandas de piratas[1], que militaron en el bando mitridático para sacar provecho de la inestabilidad que la guerra provocó[2]. A pesar de todo, en el discurso previo al comienzo de la guerra[3], Mitrídates señala como una de las causas del conflicto que los romanos habían sido incapaces de evitar el desarrollo de la piratería y que no hacían nada por impedirla, por lo que no habría que señalar a Mitrídates como el único responsable del auge de la piratería, tal y como nos lo presentan las fuentes prorromanas, sino que su desarrollo sería una consecuencia más de la pobreza en que estas guerras sumieron a Asia y del fuerte sentimiento antirromano que prosperó en estas regiones[4].

A pesar de todo, es durante la Tercera Guerra Mitridática cuando los lazos entre el rey y los piratas se estrechan enormemente. Así, entre los aliados que contribuyen a reforzar la flota póntica se encuentran no pocos de estos jefes piratas que protagonizan algunas de las acciones más destacadas de esta contienda. Aún así, no podemos hablar de una alianza entre Mitrídates y los piratas al estilo de la del Gran Turco y los berberiscos del siglo XVI[5]. En primer lugar, porque aunque resulte evidente que existió una innegable solidaridad y comunión de acciones entre las distintas bandas piratas en estos momentos[6],

---

1 AVIDOV, 1997, p. 39, habla de un bloque antirromano encabezado por Mitrídates. Compárese con BALLESTEROS-PASTOR, 1996, p. 440.

2 ANTONELLI, 1992, p. 136. Según PORTANOVA, 1988, p. 121, la alianza entre Mitrídates y los piratas se habría producido únicamente a comienzos de la tercera guerra contra Roma, y sus consecuencias y grado de cercanía difícilmente pueden ser evaluadas a partir de las fuentes.

3 App., *Mith.* 70.3

4 BALLESTEROS-PASTOR, 1996, p. 440. Esta situación de inestabilidad y carestía generalizada también habría contribuido a que los piratas hubiesen desplazado hacia Occidente su radio de acción: App. *Mith.* 96. Véase MARÓTI, 1970, pp. 479-493; GOUKOWSKY, 2003, quien critica a Apiano por hacer responsable al rey de un fenómeno indudablemente más antiguo como señalan, entre otros Estrabón en su libro 14. Sobre los antecedentes piráticos de la región mucho antes de las Guerras Mitridáticas, véase ÁLVAREZ-OSSORIO, 2013a; 2016a. Decretos provenientes de Tenos (*IG* XII 5, 860, 1) y de Siros (*IG* XII 5, 653) vienen a confirmar cómo los piratas asolan las costas ya después de la Primera Guerra Mitridática, sin que el rey del Ponto hubiese intervenido en ninguno de estos acontecimientos.

5 BALLESTEROS-PASTOR, 1996, p. 441.

6 Cas.Dio 36.20-23

difícilmente nadie pudo cohesionar a todos los grupos piráticos para hacerlos actuar siempre en un mismo sentido. Máxime, en un momento en el que la inestabilidad podía hacer ventajoso el cambio de bando según se desarrollasen los acontecimientos políticos y bélicos[7]. Otra razón para pensar que la alianza entre el rey y los piratas fue consecuencia de las circunstancias y no una política intencionada hay que buscarla en la postura de abierta desconfianza hacia estos últimos que mantuvo cierto sector de la corte póntica[8]. Por nuestra parte, nos inclinamos a pensar que el rey póntico llegó a acuerdos con los que parecen ser los más importantes jefes piráticos del momento, utilizando sus servicios para socavar el poder romano. Pero el mismo modo de operar de los piratas, anárquico y libre, hace inviable pensar en una dirección póntica detrás de sus acciones. Simplemente se les invitó a actuar con total libertad contra los romanos, hecho que beneficiaba a los intereses mitridáticos.

Existen suficientes episodios recogidos en las fuentes que atestiguan que existió una estrecha colaboración entre el rey y los piratas, como el episodio ya comentado de Mitrídates y Seleuco el pirata, a quien también se le encargó dirigir la guarnición de Amiso, compuesta por un elevado número de piratas-mercenarios procedentes de Cilicia, y que habrían de comportarse según todas las actitudes peyorativas que se presuponen a los piratas, como podemos apreciar en las fuentes que se refieren a este episodio[9]. También fue un pirata, Isidoro, quien llevó al rey la noticia de la destrucción de la flota real en 73-72 a.C[10].

---

[7] McGing, 1986, p. 130, sostiene que Mitrídates no estuvo necesariamente aliado con todos los piratas, básicamente porque se trataba de un entramado de confusa organización, que dudosamente podría haber tenido unos representantes legítimos. Véase Portanova, 1988, p. 123, que sigue a McGing en este punto.

[8] Este rechazo aparece con ocasión del episodio en el que el pirata Seleuco transporta a Mitrídates en su barco hasta Bizancio, pese al recelo de algunos de los cortesanos pónticos: App. *Mith.* 78. Véase Maróti, 1970, pp. 486-487; Portanova, 1988, p. 124.

[9] App. *Mith.* 92; Memnon 53; Oros. *Hist.* 6.3.1. Debemos entender que en estos momentos los términos pirata y mercenario referidos a los cilicios significasen prácticamente lo mismo: Beek, 2019, 105-107. Estos grupos de cilicios tuvieron a su cargo la labor de guarnición de varias ciudades costeras importantes, como Amiso, Sinope, Amastris, Heraclea y otras. Pero, una vez perdida la esperanza en la victoria, los cilicios optaron por saquearlas y huir encabezados nuevamente por Seleuco. Esto será utilizado por las fuentes prorromanas para ejemplificar la perfidia de los piratas y anatematizarlos y de paso a quien les había hecho el encargo, el propio Mitrídates.

[10] Portanova, 1988, p. 283; Ballesteros-Pastor, 1996, p. 439. Véase Flor. *Epit.* 1.41.3.

La situación de inestabilidad generalizada en Asia, las medidas emprendidas por los romanos, que veremos a continuación, y el escaso éxito de las mismas provocaron que los objetivos de los piratas se desplazasen hacia Occidente, afectando de lleno a los intereses romanos, no solo a los puramente comerciales, como ya venía sucediendo desde varias décadas antes, sino también al territorio de la propia península Itálica y a sus habitantes. De esta forma, los piratas llevaron el terror de la guerra a unas regiones que no lo habían sufrido a manos de enemigos extranjeros desde que Aníbal las había invadido con sus ejércitos casi un siglo y medio antes. La misma ciudad de Roma sufría espantosamente por el hambre, consecuencia de las dificultades que el tráfico marítimo de grano encontraba a causa de la acción de los piratas. Tal fue el desafío de los piratas al orden romano, que llegaron incluso a destruir una flota consular en el mismo puerto de Ostia y a capturar a importantes personajes de la *nobilitas* republicana, entre ellos los pretores Sextilio y Belino y la hija de Marco Antonio el Orador[11].

Estos episodios de inseguridad en la misma Italia, consecuencia directa de la expansión geográfica de las acciones de los piratas durante la década de los 70 de este siglo I a.C., no fueron los únicos que contribuyeron a poner en riesgo al Estado y generaron las transformaciones políticas que ahora paso a enumerar. Y esto es así porque los piratas fueron capaces de socavar o destruir las bases mismas del poder romano, como sucedió con la flota consular de Ostia, además de episodios protagonizados por piratas en ámbitos geográficos tan distantes como la Tróade, Mauritania o Hispania[12]. Además, no debemos dejar de contemplar el peso que la fallida colaboración entre Espartaco y los piratas cilicios habría tenido en la opinión pública de la República romana del momento[13].

[11] Plut. *Pomp.* 25.1-3; App. *Mith.* 93; Cas.Dio 36.22-23. Sobre estos problemas de tráfico marítimo véase Casson, 1964, p. 181; Rickman, 1980, p. 61. Sobre las destrucciones efectuadas por los piratas en Ostia consúltese Zevi, 1973, p. 575 y Frederiksen, 1971, p. 362. Para la más reciente actualización sobre estas cuestiones véase Álvarez-Ossorio 2008, pp. 69-70; Tröster, 2009, p. 23; Sintès, 2016, pp. 190-193.

[12] Para un resumen de todos estos episodios véase Ormerod, 1924, p. 206; chulz, 2000, p. 436. Para la más reciente actualización bibliográfica acerca del tema de Sertorio y la piratería véase Álvarez-Ossorio, 2022.

[13] Plut. *Cras.* 10.3. Compárese con App. *BC* 1.118 y Floro 2.8.13, quienes no mencionan a los cilicios en este episodio. Guarino, 1979, pp. 123-125; Kamienik, R., 1981, p. 120;

Como vemos, la seguridad y estabilidad del Estado estaban en franco riesgo a finales de la década de los 70 del siglo I a.C., y todo esto motivó que la República se viese obligada a emprender acciones que buscasen solucionar de manera definitiva el problema pirático. Estas medidas tuvieron una doble vertiente, como ya sucedió a finales del siglo anterior: por un lado, la legal (con la creación de un *imperium* extraordinario y otras medidas legislativas) y por otro la puramente militar, fundamentada en expediciones de castigo contra las bases piráticas. La conjunción de ambas habría de producirse, en estos primeros momentos de la crisis (año 75 a.C.) en la persona de Marco Antonio, el hijo del magistrado que ya había recibido un encargo similar en torno al 101 a.C., y al que las fuentes denominarían de forma peyorativa Crético[14]. Esta denominación surge del fracaso de M. Antonio al tratar de vencer a las ciudades de Creta. En efecto, en 74 a.C., este magistrado recibe un *imperium* extraordinario para acabar con la piratería en el Mediterráneo. Estas atribuciones son exactamente iguales a las que habría de recibir Pompeyo siete años después. Así, se le confiere un enorme número de tropas y el control de las costas del Mediterráneo hasta 75 km al interior. Tras algunos éxitos iniciales en la zona occidental, y una devastadora requisa de medios en Sicilia[15], se encaminó hacia Oriente, donde optó por atacar la isla de Creta, en lugar de buscar el asalto a las bases cilicias. Con la excusa de la connivencia entre cretenses y piratas, presentó batalla contra los primeros, sufriendo un estrepitoso descalabro, que le obligó a firmar la paz con los insulares[16]. Este tratado nunca fue ratificado por el Senado, que optó por enviar a la isla a Q. Cecilio Metelo, mientras que Antonio moría en el 72 a.C., soportando las burlas de sus detractores. Entre estas burlas estaría el denominarlo

---

Bradley, 1989, p. 100.

[14] Acerca del origen del mandato de Antonio contra los piratas en 74 a.C. ver Cic. *II Verr.* 2.91-93; Vel. 2.31.3. Maróti, 1971, pp. 259-262; Verbrugghe, 1972; Sintès, 2016, pp. 173-180.

[15] Maróti, 1971, p. 269; Verbrugghe, 1972, pp. 549-550. Cicerón (*II Verr.* 3.91-213) critica a Antonio y su modo de requisar trigo para su lucha contra los piratas. Salustio (*Hist.* Fr. III.5) nos cuenta que Antonio fracasa en su intento de derrotar a sus enemigos mientras ejerce su *imperium maius* contra los piratas.

[16] Sobre los esfuerzos de M. Antonio Crético para acabar con los problemas de la piratería cretense, véase App. *BC.* 1.3; Maróti, 1971, p. 263.

con el cognomen *Creticus*, haciendo así escarnio de la derrota sufrida en la isla de Creta[17].

Las motivaciones de este mandato conferido al padre del triunviro son de diversa índole. Por un lado, parece claro que el *imperium* concedido a M. Antonio Crético hay que fundamentarlo en la crisis de aprovisionamiento de grano que la actividad de los piratas estaba constituyendo para Roma. Condiciones similares se dan en el mandato conferido a Pompeyo en 67 a.C.[18]. Por otra parte, E. Badian[19] plantea el *imperium* de M. Antonio Crético como parte de una estrategia política de una facción claramente antipompeyana dentro de los *optimates*. No podemos desarrollar aquí nuestra posición sobre lo que esto implicaría respecto de la fecha del comienzo de la tercera guerra contra Mitrídates[20], pero, como veremos más adelante, hay una implicación evidente entre esta cuestión y la forma en la que se produjo la elección de Pompeyo en el año 67 a.C. En esta misma línea se expresa Schulz[21], si bien introduce la interesante variable de que el fracaso del mandato de M. Antonio Crético contra los piratas debe analizarse desde la perspectiva de que los nobles no querían que semejante poder otorgado a una única persona pudiese poner en peligro la posición predominante de la que disfrutaban. De ahí que nombrasen a Antonio, un personaje de segunda fila, como encargado de tan importante tarea y que no le dotasen de los necesarios recursos financieros para llevar a cabo semejante misión, hecho que le abocó a fallar en su cometido.

Hemos visto que Antonio recibe la tarea de luchar contra los piratas por toda la costa del Mediterráneo. En esta medida parece claro que para este momento los romanos habían llegado a la conclusión de que para acabar con este problema era imprescindible erradicar las bases de piratas, más que intentar derrotarles en el mar, con lo que lo único que se lograba era posponer algo en el tiempo

[17] Compárese con Linderski, 1990, pp. 157-164, que atribuye un origen mucho más "digno" a este cognomen.

[18] Casson, 1964, p. 181; Rickman, 1980, p. 61; Garnsey, 1988, p. 200.

[19] Badian, 1958, p. 281.

[20] Sobre este particular, véase Ballesteros-Pastor, 1996, p. 216 y ss. Con abundantes referencias bibliográficas y aparato de fuentes.

[21] Schulz, 2000, p. 437.

las actividades de estas gentes, sobre todo ante la situación creada por la nueva contienda mitridática[22]. De esta forma, el magistrado obtendría un rango similar al de cualquier gobernador cuyo territorio se viese afectado por sus acciones. Por lo que los gobernadores provinciales estarían obligados a someterse a su voluntad y colaborar en las acciones que emprendiese, acciones que muchos definieron como más devastadoras que las de los piratas[23].

Las necesidades que atravesaban las tropas romanas que combatían contra Sertorio en Hispania obligaron a que la primera intervención romana se produjesen en esta zona[24]. Esto se debía a que los navíos con la paga y los suministros no podían alcanzar la Península Ibérica con facilidad a causa de la presencia de piratas ligures y de otras procedencias en el Golfo de Marsella. Por ello, M. Antonio se dirigió a esta región para tratar de resolver la cuestión hispana. Solo cuando este problema estuvo parcialmente solucionado, tras la muerte de Sertorio en 73 a.C. y la disminución de las actuaciones piráticas en esta zona, Antonio tomó camino hacia el este, previo paso por Sicilia.

Aunque el blanco natural debería haber sido Cilicia, el objetivo principal de las operaciones de Antonio fue Creta, generando un nuevo problema para Roma, el de la guerra en esta isla[25]. Se puede pensar que el magistrado romano, lejos de preocuparse por erradicar de manera definitiva el problema de la piratería, procuró buscar un objetivo en el que el éxito y los beneficios pudieran estar asegurados, en este caso las ciudades cretenses. Nos resulta complicado hablar de un *imperium* contra la piratería en todo el Mediterráneo que no se ocupase en primer lugar del mayor peligro pirático del momento, el de Cilicia[26], o que al menos no lo tuviese entre sus objetivos principales.

De cualquier forma, Marco Antonio murió en 72 a.C. sin completar su tarea, de tal forma que estos años, hasta el 67 a.C. (cuando

---

[22] BOAK, 1918.

[23] JASHEMSKI, 1950, p. 51 SHERWIN-WHITE, 1994, p. 248. Sobre las rapiñas realizadas por Antonio durante el desarrollo de sus funciones ver Sall. *Hist.* Fr III, 2M; Cic. *II. Verr.* 3.91.213 ; *OGIS* III 748.

[24] Para la más reciente actualización bibliográfica sobre Sertorio, Antonio Crético y la piratería véase ÁLVAREZ-OSSORIO, 2022.

[25] SHERWIN-WHITE, 1994, p. 231; MARÓTI, 1971, p. 263.

[26] Liv. *Per.* 68.1. Sobre la colaboración entre los piratas cretenses y cilicios al amparo de la política de Mitrídates véase MARÓTI, 1971, p. 265.

se confiere a Pompeyo un mandato de similares características), contemplaron un incremento de las actividades piráticas, cada vez más osadas y gravosas para los intereses romanos. La acción de Antonio deja, tras su muerte, una situación de guerra abierta en Creta, problema que es aprovechado por el bando pompeyano para oponerse al sector *optimate* que le había vetado hasta ese momento, grupo en el que destacaban los Metelo[27].

En estas circunstancias, Roma se ve obligada a emprender nuevas medidas que solucionen una situación que empieza a ser insostenible. Para ello, la República comienza a contar ahora con el apoyo decidido de ciertos pueblos del Mediterráneo Oriental, así como de determinados sectores sociales, dentro de la propia Roma, pero también entre las elites dirigentes de no pocas ciudades del Mediterráneo Oriental, quienes ven que solo una enérgica respuesta a nivel global puede acabar con la piratería[28]. En efecto, la situación se ha hecho tan grave, con episodios de asaltos y saqueos tan reiterados y de tal magnitud, que Roma, antes de conferir a Pompeyo la tarea de solucionar este problema de manera definitiva, emprende una serie de medidas previas, que se justifican por los cruentos asaltos piráticos que tienen lugar durante estos años[29]. De estos episodios, el segundo asalto a Delos constituye el principal ejemplo. En este episodio, la ausencia de una flota de guerra que la protegiese y la carencia de murallas hacen de la isla un plato apetitoso para los piratas, que la atacan en 69 a.C., provocando destrucciones más graves que las del 88 a.C.

---

[27] MATTINGLY, 1980, p. 1506.

[28] POHL, 1993, 151, contrasta la actitud de los provinciales asiáticos respecto de Mitrídates en el año 88 a.C. y en 71 a.C., cuando Lúculo reclama su apoyo para luchar contra el rey. La realidad en estos territorios debió cambiar, y los desmanes cometidos por los piratas, aliados de la causa póntica, debieron influir para explicar este cambio de posición de los provinciales. Compárese con Plut. *Pomp.* 25. 1, que sugiere que las elites de algunas ciudades de Asia Menor se dedicaron decididamente a la piratería en estos momentos.

[29] En el año 69 a.C. se producen los saqueos de Egina (*IG* IV 2 1. 9-10) y Delos. Véase MATTINGLY, 1980, p. 1493: Del mismo modo, inscripciones provenientes de Tenos nos hablan de los desastres producidos por estas incursiones piratas (*IG* XII 5, 860 1. 7-10). Sobre este particular, véase BIELMAN, 1994, pp. 263-268; MARASCO, 1987, p. 141 con n. 52, ofrece un listado de los diferentes ataques piráticos a ciudades durante la Tercera Guerra Mitridática.

Las medidas que Roma emprende en estos momentos para tratar de solucionar el problema, o como paso previo a la misión encomendada a Pompeyo, son dos: el envío de Q. Marcio Rex a Cilicia como procónsul[30] y la guerra dirigida por Q. Cecilio Metelo en Creta. A raíz de las operaciones de los piratas que acabamos de reseñar y las de la guerra contra Mitrídates y Tigranes en Armenia, la región de Cilicia se convierte en una zona esencial para Roma como base de operaciones, lo que explica el envío a la provincia de Q. Marcio Rex[31]. Esta misión es importante no solo por el momento en el que se produce, sino porque también puede servirnos para mostrarnos cómo se habrían comportado los distintos procónsules en esta provincia desde su creación unos 30 años antes. Cota, en su discurso al pueblo romano[32], señala que la guerra contra Mitrídates ha hecho que Roma tenga que mantener y alimentar a un ejército en Cilicia, seguramente encargado de luchar contra los piratas. A estas dificultades se une la progresiva disminución de la flota de combate disponible, de forma que se hace complicado defender los transportes navales, imprescindibles para el sustento económico del pueblo romano.

Rex, en 68 a.C. recibió la provincia proconsular de Cilicia (que había estado bajo mandato de Lúculo de manera formal, pero no efectiva), así como el mando de tres legiones para el año siguiente[33]. Este mandato estaba encaminado a acabar con las actividades de los piratas y era la continuación del desempeñado por Servilio durante la década anterior. En su viaje hacia Asia, Q. Marcio Rex llegó a Grecia, donde recibió las quejas de los itálicos allí asentados, dedicados fundamentalmente al comercio, que lo instaban a acabar con el problema de la piratería[34].

[30] Sobre el nombramiento de Q. Marcio Rex para Cilicia, ver Cas.Dio. 16.2.2; cf. Cic. *Har.* 20.42. Véase DOWNEY, 1937, pp. 144-151. Confróntese con FREEMAN, 1991, p. 260.

[31] Según KALLET-MARX, 1995, p. 312, su misión ha sido ensombrecida por los logros de Pompeyo, pero defiende el autor que gran parte de estos éxitos no se explicarían sin la aportación de este personaje.

[32] Sall. *Hist.* Fr II.47.7.

[33] SHERWIN WHITE, 1994, p. 248; confróntese con WILLIAMS, 1984, p. 227, para quien la asignación de la provincia de Cilicia a Q. Marcio Rex se produce el mismo 67 a.C. Para todas estas cuestiones resulta fundamental la obra de DÍAZ, 2016.

[34] Sobre Marcio Rex y su auténtico papel en la campaña contra los piratas y en la de Siria, véase DOWNEY, 1937, p. 147; PULCI DORIA BREGLIA, 1962, con n. 127; MAGIE, 1975, p. 297.

El otro problema al que Roma tenía que enfrentarse en estos momentos era el creado por Antonio en Creta[35]. La situación empujó al Senado a enviar un ultimátum a las ciudades cretenses , y a designar a Metelo para que se encargase de solucionar la cuestión de Creta. Este magistrado es enviado a Creta como cónsul en 69 a.C. manteniéndose en la zona como procónsul el año siguiente[36].

A pesar de todas estas medidas, la inestabilidad fruto de la actividad de los piratas siguió siendo una constante, lo que acabaría por provocar que se le entregase el *imperium* contra los piratas a Pompeyo. Se crea este mandato a instancias de Aulo Gabinio[37]. Esta medida legal, conocida como *Lex Gabinia*, limitaba los candidatos a dicho *imperium*, puesto que solo aquellos que ostentaran el rango consular podían optar a obtener ese mandato especial, conformando así las condiciones ideales para que Pompeyo resultase elegido mediante senadoconsulto[38].

Ya hemos visto que, a comienzos de la década de los sesenta del siglo I a.C., la piratería es una amenaza tal para Roma que se decide abandonar la táctica de encomendar su solución a los aliados y emprender campañas puntuales contra lugares concretos, sustituyéndola por otro modo de actuación de mayor calado, que es encomendada a Pompeyo[39]. Es indudable que el ataque por parte de los cilicios contra objetivos situados en la misma Italia precipita la respuesta romana, dirigida por el Magno, quien debe, como primera medida, garantizar el suministro de grano para Roma, puesto que este

---

[35] Para BERNHARDT, 1985, p. 90, el Senado se excusó en la connivencia existente entre cretenses y piratas para rechazar el tratado que los primeros habían firmado con M. Antonio. De esta forma se les exigió la rendición de todos los barcos de guerra, así como la alianza incondicional, la entrega de rehenes y de los fugados romanos, y el pago de una indemnización. Véase BRULÉ, 1978, p. 164.

[36] Cas.Dio. 36.1. La guerra contra los cretenses fue concedida en origen a Hortensio, pero este rechazó el encargo, que le fue conferido a Metelo. Según Orosio (*Hist.* 6.4.2) este magistrado conquista Creta en dos años y por ello recibe el cognomen de Crético. Véase GIRARDET, 2001, p. 172.

[37] BROUGHTON, 1952, pp. 144-145.

[38] BOAK, 1918. Véase AMELA, 2006, pp. 10-12.

[39] Plutarco (*Pomp.* 25.1) nos informa de que los piratas son los responsables de que se hiciera muy difícil navegar por el Mediterráneo y que este mar quedase cerrado al comercio. Este sería el principal motivo para que los romanos entregasen semejante poder a Pompeyo. Sobre mandatos extraordinarios en la República tardía, véase RIDLEY, 1981, p. 285; DE SOUZA, 1999, pp. 162-165; GIRARDET, 2001, p. 174.

se había visto amenazado e incluso interrumpido por culpa de las actividades de los piratas[40]. El tribuno Aulo Gabinio, ante esta difícil situación, decide formular una ley de poderes extraordinarios para Pompeyo. Defiende Casio Dion (36.24.3) que a Gabinio le movían los intereses del propio Pompeyo o el deseo de hacerle un favor a este. Parece claro, por tanto, que los movimientos de estos personajes no eran actuaciones espontáneas, consecuencia del azar o de la buena intención de sus protagonistas, sino que, detrás de ellos, se adivina una política intencionada, claramente direccionada por el bando pompeyano, antes que la defensa del interés general. Ya hemos visto que, según las condiciones que exigía la ley, el Magno aparecía a ojos de la opinión pública romana como candidato idóneo para que el pueblo lo escogiese. Sin embargo, parece claro que la mayor parte del Senado no quería de ninguna manera entregar esos poderes a Pompeyo. Hay que fundamentar esa posición negativa en dos cuestiones esenciales. Por un lado, la animadversión que la mayor parte de los miembros de la aristocracia romana experimentaba por Pompeyo, a quien consideraban un arribista. Por otro lado, las condiciones mismas del poder que se le pretendía entregar resultaban del todo inaceptables, puesto que superaban de largo el marco legal establecido hasta aquel momento y dotaban al candidato de unos medios y poderes inéditos hasta la fecha. En efecto, y esta es la esencia fundamental de lo que en estas líneas queremos defender, el *imperium* obtenido por Pompeyo hacía de facto intrascendente cualquier otro mandato provincial recibido por el resto de magistrados romanos. En las palabras de Catulo, recogidas por Casio Dion (36.33): "*si cónsules, generales representantes de ambos asumen regularmente sus cargos de acuerdo con las leyes, ni por lo demás dice mucho en vuestro favor el que estos admitan la introducción de una nueva magistratura, ni tal cosa os*

[40] Casson, 1980, p. 48. Para referencias a los ataques piratas contra los intereses romanos y cómo dichos ataques precipitan la respuesta por parte de la República, véase Cas.Dio 36.22-24; Liv. *Per.* 99, donde se hace especial incidencia en la importancia del tráfico de grano interrumpido por los piratas. Este mandato constituye un precedente que será utilizado como ejemplo en épocas posteriores, véase Tac. *Ann.* 25.3, donde los poderes conferidos a Corbulón son comparados con los que recibió Pompeyo para luchar contra los piratas. Para un detallado análisis sobre cómo se produjo la elección de Pompeyo para este mandato, véase Van Ooteghem, 1954, pp. 160-163; Greenhalgh, 1980, pp. 80-89; Southern, 2002, p. 29; Christ, 2006, p. 48.

beneficia ¿Con qué objeto, efectivamente, elegís magistrados cada año, si, en realidad, de nada os van a servir en situaciones como la que aquí se presenta? (...) ¿Y cómo estos, y todos los demás que se consagran a alguna otra tarea pública no os harán blanco de su hostilidad si abolís las magistraturas tradicionales y para nada recurrís a quienes fueron elegidos según las leyes, sino asignáis a un particular la autoridad derivada de una institución foránea y sin carta aún de naturaleza?" (trad. Candau).

Para Boak[41] el *imperium maius* constituye un mandato extraordinario sobre todas las tropas de Roma, sin límite cronológico ni geográfico. En este sentido, la carrera de Pompeyo antecede a la de Augusto, que crea esta figura jurídica a semejanza de los grandes personajes del final de la República[42]. Lo que sí está bastante claro es que se producen una serie de innovaciones legales que se concentran en la figura de Pompeyo[43], hecho que fue bastante criticado, sobre todo por los sectores aristocráticos más conservadores, especialmente porque los poderes comprometían a todo el Imperio, así como a las ciudades, repúblicas y reinos más poderosos del momento[44]. Existen dos proposiciones acerca de las características del *imperium* de Pompeyo concedido por la *Lex Gabinia.* Si era igual al de los gobernadores provinciales, con quienes necesariamente debía tratar a lo largo del desempeño de su misión (*aequm*), o si este mandato situaba a Pompeyo por encima de cualquier otra autoridad (*maius*)[45]. En mi opinión, el mandato de Pompeyo era necesariamente *maius*, y eso fue lo que, por ejemplo, le permitió intervenir en Creta en contra del propio Metelo. Esta asunción de poderes que, como se señala

[41] Boak, 1918, pp. 1-25. Otras fuentes bibliográficas para el conocimiento de este *imperium* son Loader, 1940, pp. 134-136; Jameson, 1970, pp. 539-560; Girardet, 1992, pp. 177-188.

[42] La definición de *imperium infinitum* aparece por primera vez para referirse al mandato recibido por Antonio en 74 a.C. Una inscripción griega (*IG* IV, 932, c 25) lo define como "Μ[αρκ]ου Αντωνίου τοῦ ἐπὶ παντων στραταγο, el que está por encima de los generales". Este mandato se asocia con el control del mar, como se podrá ver para el caso de Pompeyo en 67 a.C. Para estudiar el origen de este tipo de mandatos, véase Boak, 1918, p. 10

[43] Cic. *Pro. Leg. Man.* 21.61 ss. Sobre la peculiaridad del proceso electivo de Pompeyo, véase Cas.Dio. 36.23-36.

[44] Plut. *Pomp.* 25.2. Veleyo Patérculo (31.2-4) es también muy crítico con el poder que se le concede a Pompeyo: *Dissuadebant optimates, sed consilia impetu victa sunt.*

[45] Sobre esta cuestión, véase Jameson, 1970, p. 541

en el discurso de Cátulo es una auténtica novedad. Para empezar, porque sobrepasa con mucho los límites de una magistratura extraordinaria ya existente, la dictadura, pensada para momentos como el que parecía estar viviendo la República. En segundo lugar, porque la capacidad que recibe Pompeyo no solo para reclutar y armar su ejército y su flota, sino también para designar a todos sus generales, lugartenientes, legados, etc., sin atender a los designios del Senado o la Asamblea, constituyen un antecedente directo del *imperium* que 40 años después habría de autoarrogarse Octavio en solitario[46]. Por lo tanto, para nosotros, este *imperium* contra los piratas constituye el más claro antecedente de la forma en la que habría de producirse la transformación de las estructuras políticas de la República para dar paso a las del Imperio y su puesta en marcha acabaría precipitando el comienzo de esos cambios, al demostrar claramente que un solo hombre podía desempeñar con éxito sus tareas en beneficio de la comunidad disfrutando de tan amplios poderes unipersonales.

Tres factores determinan el hecho de que, verdaderamente, Pompeyo disfrutó de un *Imperium Maius*: A) las dificultades planteadas por los piratas provocaron que se otorgase un mandato verdaderamente efectivo, en el que no cupiese ninguna posibilidad de interferencia por parte de magistrados previamente nombrados, ya que su autoridad debía quedar subordinada a la de Pompeyo. B) Las disposiciones económicas que acompañaban al mandato de Pompeyo eran de mayor entidad que las que poseía cualquier otro magistrado romano *cum imperio* de este período, dado que estos, normalmente, tenían pocas atribuciones en el campo de la fiscalidad. C) La capacidad de reclutamiento y de distribución del mando conferida a Pompeyo es mucho mayor que la de cualquier magistrado romano de esos momentos[47].

Frente a la oposición de parte de la *nobilitas*, el Magno había llevado a cabo una política de fortalecimiento de sus propios seguidores,

---

[46] SOUTHERN, 2002, p. 28; EVERITT, 2006, pp. 281, 375; ÁLVAREZ-OSSORIO, 2013b, pp. 228-229.

[47] LOADER, 1940, pp. 134-136; SOUTHERN, 2002, pp. 62-63; TRÖSTER, 2009, pp. 14-33; SINTÈS, 2016, pp. 197-200; MASTRORROSA, 2018, pp. 71-104; ÁLVAREZ-OSSORIO Y FERRER, 2021, p. 36.

de manera que las conexiones entre Pompeyo y sus partidarios se habían convertido en un *do ut des* durante la década de los setenta y así continuaron siéndolo en los años posteriores, como sucede, por ejemplo, con el propio Gabinio, que habría de acompañar a Pompeyo en su posterior campaña contra Mitrídates, y en Siria y finalmente acabaría siendo procónsul en esta última provincia con el beneplácito del mismo Pompeyo[48]. Otros ejemplos de esto que estamos contando serían los cónsules del año 72 a.C., L. Cornelio Léntulo Clodiano y L. Gelio Publícola, quienes durante su mandato otorgaron la aprobación a las actuaciones del Magno en Hispania contra Sertorio[49] y posteriormente fueron legados de Pompeyo durante la campaña contra los piratas. Este es un ejemplo de cómo nuestro protagonista movió los hilos de la política romana en su propio beneficio. Hay que entender que la expedición contra los piratas fue un eslabón más en esta política de actuaciones. Pudiera ser que en la mente de Pompeyo estuviera presente el lograr el mandato asiático en la más que probable confrontación final contra Mitrídates, y para esto jugó sus cartas durante varios años. Twyman[50] cree que solo desde 69 o 70 a.C., pero quizás este pensamiento se gestase antes en la mente de Pompeyo.

Las principales características de este *imperium* concedido al Magno son las siguientes: se le otorga el mandato sobre todos los mares y costas del territorio romano, con la capacidad de ampliarlo tierra adentro hasta 75 km[51]. El mandato se extiende por tres años, con la posibilidad de que Pompeyo disponga de todos los recursos del estado romano, situándole por encima de todos los magistrados

---

[48] BROUGHTON, 1952, p. 179 y 194-195.

[49] Plin. *H.N.* 7.96.

[50] TWYMAN, 1972, p. 856. Según el autor, Pompeyo debía haber estado dando pasos en este sentido (al menos desde que logró acabar con la insurrección de los gladiadores de Espartaco), moviendo los peones en un complicado juego de estrategias y bandos políticos (incluyendo su rechazo a una provincia proconsular a fines de 70 a.C.), en el que la campaña pirática supuso el necesario paso previo para lograr su auténtico anhelo. Sin embargo, BALLESTEROS-PASTOR, 1996, p. 215, defiende que no existe rivalidad entre ambos personajes en fechas tan tempranas. Véase también HILLMAN, 1991, pp. 315-318.

[51] App. *Mith.* 94; Cas.Dio 36.36; Plut. *Pomp.* 26.4

de la República[52]. La misión de Pompeyo será acabar con todos los piratas para garantizar la libertad del tráfico marítimo, especialmente del suministro de grano, interrumpido por estos. Roma pone a la disposición del Magno una serie de recursos extraordinarios que le posibilitan armar una escuadra imponente, con la que llevará a cabo su misión con una celeridad y eficacia inesperada.

Ya hemos señalado que el mandato de Pompeyo se extiende por todo el litoral Mediterráneo, puesto que el problema de la piratería se había extendido de una forma tal que afectaba a todo el *Mare Nostrum*. Sin embargo, hay que tener claro que el principal objetivo de esta misión era erradicar las principales bases piráticas asentadas en Cilicia. Por eso, es importante conocer qué territorios de Cilicia y las zonas adyacentes estaban ya controlados por los romanos cuando le fue conferido el mandato contra los piratas a Pompeyo. Así, estarían fuera de control la Cilicia Traquea y parte de Panfilia, mientras que la Cilicia Pedias estaría, al menos nominalmente, en poder de los Seléucidas, restaurados por Lúculo tras la retirada de Tigranes[53].

De cualquier forma, la campaña de Pompeyo tiene otra serie de pasos previos al ataque contra Cilicia, empezando por el reclutamiento de las tropas[54]. Se le permite alistar los contingentes que él crea necesario[55], hasta un total, en palabras de Apiano (*Mith.* 94) y Plutarco (*Pomp.* 26.2), de ciento veinte mil hombres. Además, hizo

[52] Boak, 1918, p. 12, defiende que no se trata de un *imperium maius* porque algunos gobernadores provinciales se mostraron reticentes a obedecer las órdenes de Pompeyo. En este sentido, véase Girardet, 2001, p. 180, quién hace hincapié en los enfrentamientos que los poderes de los que disfrutaba Pompeyo provocaron con Metelo Crético y Calpurnio Pisón. Sobre el uso que de estos poderes hicieron los legados de Pompeyo, sirve el ejemplo de Cirenaica: Reynolds, 1962, pp. 97-103. Nosotros, por nuestra parte, ya hemos expresado nuestra firme opinión sobre las características del mandato y la novedad revolucionaria que acabaría suponiendo.

[53] Pulci Doria Breglia, 1962, p. 348. Debemos recordar que el territorio de la provincia de Cilicia no incluía a Cilicia propiamente dicha, sino a Isauria y a Panfilia: véase Ormerod, 1922, pp. 35-56, 54. Compárese con Dmitriev, 2000, p. 356. Según este autor, dicho territorio fue añadido al *imperium* de Pompeyo tras la *Lex Manilia* de 66 a.C., no antes. Dado el volumen de tropas que manejó y la extensión de los territorios que cayeron bajo su control, hay que considerar a Pompeyo como el auténtico "Señor del Imperio" durante estos años, hasta 62 a.C., cuando disolvió a sus tropas. En este sentido, se expresa Twyman, 1972, p. 817.

[54] Harmand, 1967, p. 148, con n. 156.

[55] Cas.Dio 36.37.

una leva de entre 4000 y 5000 jinetes para la guerra. Esto quiere decir que se preveía que la contienda no iba a ser tan solo marítima y que sería necesaria una amplia fuerza móvil para acabar de forma rápida y concatenada con las bases de los piratas. Además, el tipo de navegación de cabotaje practicado en la época y la cercanía entre los distintos asentamientos piráticos requerían una fuerza de este estilo, capaz de actuar diligentemente a fin de evitar respuestas organizadas por parte del enemigo. Por lo tanto, el poder marítimo y el terrestre tenían que ir de la mano, pues para controlar el mar era necesario dominar la tierra y en eso Roma llevaba la voz cantante. De este modo de actuación trasciende también una concepción netamente "terrestre" de lo que debía ser la lucha contra la piratería. Incluso se ha llegado a decir que los romanos "buscaban conquistar el mar desde tierra antes que la tierra desde el mar"[56]. Para Shaw, las operaciones de Pompeyo fueron esencialmente terrestres porque solo desde tierra se podía solucionar el problema de la piratería en la zona, acabando con las bases de los piratas en la abrupta costa cilicia. De hecho, las fuentes que se centran en los aspectos marítimos de este mandato son las de época tardía, mientras que las más cercanas en el tiempo, y por lo tanto, mejores conocedoras de las características de la campaña, resaltan los poderes terrestres que le fueron concedidos al Magno. Los romanos intentarían, de este modo, solucionar el problema de la piratería en tierra, destruyendo o controlando con este tipo de tropas a las poblaciones susceptibles de llevar a cabo empresas piráticas.

Pese a todo, por coste e implicaciones internacionales, la parte principal de los recursos puestos al servicio de Pompeyo era la flota[57]. La escuadra pompeyana para la guerra contra los piratas debió estar compuesta, entre otras naves, por los barcos que Mitrídates había entregado a Sila apenas 20 años antes[58]. Se confió también en los

---

[56] Adcock, 1940, p. 31; Shaw, 1990, p. 222; Wolf, 2003, p. 112.

[57] Plutarco (*Pomp.* 26.2) habla de 500 naves, mientras que Apiano (*Mith.* 94) las cifra en 260, incluyendo a las *hemiolia*, naves típicamente piráticas. Casio Dion (36.37-38) sostiene que se le entregó el mando de la flota al completo, sin aportar número de naves.

[58] Harmand, 1967, p. 216. El potencial marítimo de Roma y sus aliados es imponente, aunque el autor dé la para nosotros exagerada cifra de un millar de barcos de guerra.

aliados, porque Roma carecía de una organización naval estable, dado que eran las circunstancias las que fijaban el tamaño y características de las flotas de guerra empleadas[59]. Pompeyo decide que la mejor forma de actuar contra los piratas es dividir el Mediterráneo en una serie de regiones, colocando al frente de cada una de ellas a un legado[60].

Una vez realizado esto, establece un plan de actuación de oeste a este, coordinado por él mismo. En un mes y medio quedan resueltas las operaciones en el Mediterráneo Occidental, y Pompeyo se dispone a realizar el asalto definitivo a Cilicia, donde acabará con las bases piráticas en menos de tres meses, completando así en un tiempo sorprendentemente corto una tarea que debería haber durado tres años. La resolución de la problemática pirática en Occidente parece estar encomendada de manera principal a los legados pompeyanos, mientras que Pompeyo actúa como coordinador. Esto se puede atestiguar en el registro numismático[61] y en el arqueológico. En el primer caso, sabemos que los legados de Pompeyo acuñaron monedas durante el transcurso de esta guerra contra los piratas, mientras que desconocemos si todos o solo algunos de ellos continuaron actuando como legados de Pompeyo durante el posterior enfrentamiento contra Mitrídates. En el registro arqueológico, resultan muy interesantes los vestigios procedientes de las inmediaciones de Massalia, en cuyas inmediaciones tiene lugar la fundación del asentamiento fortificado

---

Esto explicará el rápido triunfo de Pompeyo en el enfrentamiento final contra la flota coaligada de los piratas frente a Coracesio. Véase Reddé, 1986, p. 460.

[59] Rickman, 1980, pp. 463-464; Reddé, 1986, p. 33.

[60] Según Casio Dion (36.37.1-2) se le asignan quince lugartenientes. Para Apiano (*Mith.* 95) son trece, pero no nos da sus nombres. Véase Pulci Doria-Breglia, 1970-71, pp. 47-66, con las disquisiciones sobre el número de legados. Para Wylie, 1990, p. 446, los legados de Pompeyo, o al menos la mayor parte de ellos, ya estaban sirviendo en las regiones que les fueron asignadas antes de la promulgación de la *Lex Gabinia*, por lo que el general aprovechó los conocimientos de estos sobre los distintos territorios para agilizar aún más su actuación contra los piratas. Acerca de las distintas ideologías pro y antipompeyanas que la mención de los legados puede encerrar: Pulci Doria-Breglia, 1970-71, p. 53. Esta autora plantea el hecho de que la disposición de los legados, uniendo territorios como Cilicia, Siria y Chipre, no hace sino adelantar las intenciones anexionistas de Roma, que se verán colmadas con la progresiva incorporación a los dominios romanos de estos tres territorios.

[61] Kraft, 1968, p. 17.

de Pomponiana, por parte de su legado Marco Pomponio quien se ocupó del sector de las costas del sur de la Galia[62].

Al llegar a Cilicia, los piratas le presentaron batalla frente a Coracesio, y allí Pompeyo los derrotó por completo, capturando a más de 10.000 hombres y un ingente botín, así como enormes cantidades de material naval y barcos[63]. Finalmente, Pompeyo, según Apiano (*Mith.* 96), se enfrenta también al problema endémico del bandidaje en Cilicia, tomando las fortalezas de Crago y Anticrago, tratando de solucionar de igual forma la situación en el interior de esta región, no solo la costera, aunque los datos históricos que conocemos de etapas posteriores nos llevan a afirmar que fracasó en este intento[64].

La conclusión que de esta celeridad se puede sacar es que verdaderamente se produce una comunión de intereses en todos estos lugares duramente afectados por el ataque de los piratas. La reacción que los saqueos de estos suscitan es la de unirse con quienes parecen dispuestos a acabar con los mismos, en este caso los romanos. Esto explicaría en gran medida el éxito de Pompeyo en 67 a.C. La victoria pompeyana debe entenderse no solo gracias a las ventajas de su política y sus medidas, sino también en la predisposición de los lugares más importantes de la región oriental, que basan su sistema económico en el tráfico de mercancías. Tras haber disfrutado de una cierta sintonía con los piratas en épocas anteriores, el crecimiento indiscriminado del fenómeno a raíz de las contiendas mitridáticas hace insostenible la situación. Esto provoca que dichas ciudades se presten rápidamente a colaborar con quien parece dispuesto a acabar con un problema cada vez más acuciante[65]. Asimismo, tampoco debe obviarse el papel que en esta victoria debieron haber jugado algunos de los dinastas cilicios, más que posibles líderes piráticos, que parecen haberse pasado al bando pompeyano en estos momentos, o inmediatamente después de la expedición de El Magno, como es el caso de Tarcondimoto[66]. El listado podría completarse con otros

[62] Brun, 1992, p. 287.
[63] App. *Mith.* 96; Plut. *Pomp.* 28.3.
[64] Pulci Doria-Breglia, 1962, p. 343; Wolf, 2003.
[65] Maróti, 1962, pp. 124-127; Kallet-Marx, 1995, p. 05; Magie, 1975, vol. I, p. 297.
[66] Plut. *Ant.* 49.2; Cas. Dio 61.63.1; Flor. *Epit.* 2.13.5.

personajes como Antípatro de Derbe, los Reyes-Sacerdotes de Olba, y otros[67], amén de incluir a los libertos de Pompeyo (calificados en las fuentes como antiguos piratas) que comandarían las flotas de su hijo Sexto durante la guerra contra Octaviano en Sicilia[68]. En todos los casos se trata, sin duda, de líderes o cabecillas piráticos que optaron por pasarse al bando romano cuando Pompeyo hizo acto de presencia en Cilicia.

Por último, reseñaremos que los historiadores de la época no pasaron por alto la importancia simbólica de esta victoria de Pompeyo sobre los piratas. Así, el triunfo concedido al Magno, por este y otros éxitos en Oriente, se convierte en un panegírico de la seguridad de los mares obtenida gracias a los esfuerzos de Pompeyo[69]. El reconocimiento a la labor de este general se ejemplifica en el cartel que según Plinio el Viejo abría el triunfo de Pompeyo en el 61 a.C. y que decía lo siguiente: "Habiendo liberado de piratas la costa marítima y habiendo devuelto el imperio del mar al pueblo romano..."[70]. A nivel administrativo, destaca el hecho de que es en este momento cuando la verdadera Cilicia pasa a formar parte de los territorios directamente controlados por Roma[71].

Desde la Antigüedad se fue consciente de que Pompeyo había roto, mediante el asentamiento de los piratas y el tratamiento basado en la clemencia que les deparó a la mayor parte de ellos, una larga tradición de comportamiento de los romanos para con aquellos pueblos o grupos considerados "criminales" y vencidos por la fuerza de las armas[72]. Además, desde un primer momento, sorprendió so-

---

[67] Para un análisis detallado de los modos de comportamiento de estos piratas y de cómo Roma se serviría de ellos para controlar en un primer momento el complicado territorio cilicio véase ÁLVAREZ-OSSORIO, 2021.

[68] ÁLVAREZ-OSSORIO, 2013b, pp. 223-225; WELCH 2012. El último trabajo sobre Sexto Pompeyo es el de KERSTEN Y WENDT, 2020.

[69] Cic. *Pro.Leg.Man.* 11.31: *...Hoc tantum bellum, tam turpe, tam vetus, tam late divisum atque dispersum, quis umquam arbitraretur aut ab omnibus imperatoribus uno anno aut omnibus annis ab uno imperatore confici posse?...*

[70] *H.N.* 7.98: *Cum oram maritimam praedonibus liberasset et imperium maris populo Romano restituisset.*

[71] Plin, *H.N.* 7.98; App. *Mith.* 116; Gell. 5.6.21; Plut. *Pomp.* 28.4. Para un mejor análisis del calado político y psicológico que representó para Roma esta ceremonia de reconocimiento a las victorias de Pompeyo, véase GIRARDET 1991, pp. 201-215.

[72] STRASBURGER, 1965, pp. 46-51; ÁLVAREZ-OSSORIO, 2008, pp. 123-126.

bremanera la celeridad con la que Pompeyo había logrado solucionar el problema pirático[73]: en menos de tres meses había acabado con una cuestión para la que se había previsto un período de ejecución de tres años. Donde otros fracasaron o apenas alcanzaron logros puntuales, Pompeyo utilizó un argumento que facilitó este éxito fulgurante: la "civilización" en forma de la concesión de recursos que hiciesen posible un cambio de vida. Para ello, el Magno debió usar, tras su victoria militar, un arma que se mostró más poderosa que cualquier ejército, la clemencia, al observar a los piratas como víctimas de las circunstancias, más que como indeseables criminales. Sin embargo, esta actitud, sus motivaciones y consecuencias, que ya hemos tratado con detenimiento en otros lugares[74], no pueden ser objeto de estudio en estas páginas.

A modo de conclusión, incidiremos en el hecho de que los poderes obtenidos por Pompeyo para su campaña contra los piratas marcaron un antes y un después en la relación entre los distintos magistrados de la República y supusieron para Octavio un magnífico ejemplo en el que fijarse cuando este decidió la manera en la que habría de arrostrar todo el poder militar y político del estado cuarenta años después de que nuestro protagonista hubiese obtenido su *Imperium Maius*.

BIBLIOGRAFÍA

ADCOCK, F. E.: *The Roman Art of War Under the Republic*. Cambridge, Harvard University Press, 1940.

ÁLVAREZ-OSSORIO, A.: *Los piratas contra Roma. Estudio socioeconómico y cultural de la piratería cilicia (143-36 a.C.)*. Écija, Editorial Gráficas Sol, 2008.

—. "La piratería en Cilicia durante la Antigüedad: El paisaje como desencadenante de la práctica de la piratería por los indígenas y los foráneos", en N. Jaspert; S. Kolditz (eds.) *Seeraub im Mittelmeerraum*. Ed. Wilhelm Fink/Ferdinand Schöning, Paderborn, 2013a, pp. 155-173.

[73] App. *Mith*. 96; Cas.Dio 37.4.

[74] ÁLVAREZ-OSSORIO, 2016b; ÁLVAREZ-OSSORIO, 2021.

—. "¿Sexto Pompeyo, un pirata romano?", en A. Álvarez-Ossorio; E. Ferrer; E. García Vargas (eds.), *Piratería y seguridad marítima en el Mediterráneo Antiguo*. Sevilla, Editorial Universidad de Sevilla, 2013b, 211-232.

—. "Piracy as a Disequilibrium Factor in the Eastern Medirranean Seepower Balance: The Cilician Example during the Archaic and Classical Times", *Historika* 5 (2016a), pp. 176-187.

—. "Augusto, la paz y los piratas", en A. Álvarez-Ossorio, E, Ferrer, A. Pereira (eds.), *Guerra y paz. Las religiones ante los conflictos en la Antigüedad.* Sevilla, Editorial Universidad de Sevilla, 2016b.

—. "*Fidelissimvs socivs amicissimvsque popvli romani*: the collaboration between roman commanders and former pirates at the End of the Republic", en A. Díaz (ed.), *Provinces and Provincial Command in Republican Rome. Genesis, Development and Governance*. Sevilla-Zaragoza, Editorial Universidad de Sevilla-Prensas de la Universidad de Zaragoza, 2021, pp. 165-190.

—. "Rome and the Political Dimmension of Piracy in the North-Western Mediterranean", en T. Ñaco; J. Principal; M. Dobson (eds.), *Rome and the North-Western Mediterranean: Integration and Connectivity c. 150–70 bc*. Oxford, Oxbow, 2022, pp. 217-226.

— y Ferrer, E.: "Entre lo privado y lo estatal: la piratería en el Mediterráneo Antiguo", *RUHM* 20 (2021), pp. 18-40.

Amela, Luis, "La campaña de Pompeyo Magno en Hispania contra los piratas (67 a.C.)", *HAnt.* 30 (2006), pp. 7-20.

Antonelli, G.: *Mitridate il nemico mortale di Roma*. Milano, Ed. Il Giornale, 1992.

Avidov, A.: "Where the Cilicians a Nation of Pirates", *MHR* 12 (1997), pp. 5-55.

Badian, E.: *Foreign* Clientelae *(264-70 B.C.)*, Oxford, Clarendon Press, 1958.

Ballesteros-Pastor, L.: *Mitrídates Eupator, rey del Ponto.* Granada, Editorial Universidad de Granada, 1996.

Beek, A.: "Campaigning against pirate mercenaries. A very Roman strategy?", en R. Evans, M. De Marre (eds.), *Piracy, Pillage and Plunder in Antiquity*. London, Routledge, 2019, pp. 97-114.

Boak, A. E. R.: "The Extraordinary Commands from 80 to 48 b.C.: a Study in the Origins of the Principate", *AHR* 24 (1918), pp. 1-25.

Bradley, K.: *Slavery and Rebellion in the Roman World. 140 B.C.-70 B.C.* Londres, Indiana University Press, 1989.

BROUGHTON, T. R. S.: *The Magistrates of the Roman Republic*. Nueva York, American Philological Association, 1952.

BRULÉ, P.: *La piraterie crétoise hellénistique*. París, Les Belles Lettres, 1978.

BRUN, P.: "Le village massaliote de La Galère à Porquerolles", en *Marseille grecque et la Gaule. Actes du Colloque International d'Histoire et d'Archéologie et du V Congrès archéologique de Gaule méridionale (Marseille, 18-23 novembre 1990)*, Aix en Provence, 1992, pp. 279-288,

CASSON, L.: "The Grain Trade in the Hellenistic World", *TAPA* 85 (1964), pp. 168-187.

CHRIST, K.: *Pompeyo*. Barcelona, Herder, 2006.

DE SOUZA, P.: *Piracy in the Graeco-Roman World*. Cambridge, Cambridge University Press, 1999.

DÍAZ, A.: *Provincia Et Imperium*. Sevilla, Editorial Universidad de Sevilla, 2015.

EVERITT, A.: *Augusto. El primer emperador*. Barcelona, Ariel, 2006.

FREDERIKSEN, M.: "The Contribution oh Archaeology to the Agrarian Problem in tne Gracchan Period", *Dialoghi di Archeolologia* 4-5 (1971) 2-3 (*Incontro du Studi su Roma e l'Italia tra i Gracchi e Silla*), pp. 362-367.

FREEMAN, P. W. A.: "Pompey's Eastern Settlement: a Matter of Presentation?", en C. Deroux (ed.) *Studies in Latin Literature and Roman History* VII. Bruselas, Latomus, 1991, pp. 143-179.

GARNSEY, P.: *Famine and Food Supply in the Graeco-Roman World*. Londres, Cambridge University Press, 1988.

GIRARDET, K. M.: "*Imperia* und *Provinciae* des Pompeius 82 bis 48 v. Chr.", *Chiron* 31 (2001), pp. 153-209.

GREEN, P.: *Alexander to Actium. The Hellenistic Age*. Londres, De Gruyter, 1990.

GREENHALGH, P.: *Pompey. The Roman Alexander*. Londres, Weidenfeld & Nicholson, 1980.

GUARINO, A.: *Spartaco. Analisi di un mito*. Nápoles, Liguori, 1979.

GOUKOWSKY, P.: *Appien. Histoire Romaine Livre XII. La Guerre de Mithridate*. París, Les Belles Lettres, 2003.

HARMAND, J.: *L'armée et le soldat a Rome de 107 à 50 avant notre ère*. París, Picard, 1967.

JAMESON, S.: "Pompey's Imperium in 67: some constitutional fictions", *Historia* 19 (1970), pp. 539-560.

JASHEMSKI, W. F.: *The Origins and History of the Proconsular and the Propraetorian Imperium to 27 B.C.* Chicago, University of Chicago Press, 1950.

KALLET-MARX, R.: *Hegemony to Empire. The development of the Roman Imperium in the East from 148 to 62 B.C.* Oxford, University of California Press, 1995.

KAMIENIK, R.: "Spartacus und die Seeräuber", *Altertum* 27 (1981), pp. 119-12.

KERSTEN, L. y WENDT Chr. (eds.): *Rector Maris: Sextus Pompeius und das Meer.* Bonn, Freie Universität Berlin, 2020.

KRAFT, K.: "Taten des Pompeius auf den Münzen", *JNG* 18 (1968), pp. 7-24.

LINDERSKI, J.: "The Surname of M. Antonius *Creticus* and the *Cognomina ex victis gentibus*", *ZPE* 80 (1990), pp. 157-164.

McGING, B. M.: *The Foreign Policy of Mithridates VI Eupator King of Pontus.* Leiden, Brill, 1986.

MAGIE, D.: *Roman Rule in Asia Minor to the End of the Third Century after Christ.* NuevaYork, Princeton University Press, 1975, en 2 volúmenes.

MARÓTI, E.: "O koinos Polemos", *Klio* 40 (1962), pp. 124-127.

—: "Die Rolle der Seeräuber in der Zeit der mithridatischen Kriege", en L. de la Rosa (ed.), *Ricerce istorice et economice in Memoria di Corrado Barbagallo.* Nápoles, 1970, vol. I, pp. 479-493.

—: "On the problem of M. Antonius Creticus' *Imperium Infinitum*", *AAHung.* 19 (1971), pp. 259-272.

MASTROROSA, I. I.: "Pirateria e imperium maius: le ambizioni pericolose di Pompeio alle origini del principato", en I. Mastrorosa (ed.), *Latrocinium maris. Fenomenologia e repressione della pirateria nell' esperienza romana e oltre.* Canterano, Aracné Editrici, 2018, pp. 71-103.

MATTINGLY, H. B.: "M. Antonius, C. Verres and the Sack of Delos by the Pirates", *Miscellanea di Studi Classici in onore di Eugenio Manni.* Roma, G. Brertschenider (1980) vol. IV, pp. 1490-1515.

ORMEROD, H. A.: "The Campaigns of Servilius Isauricus against the Pirates", *JRS* 12 (1922), pp. 35-56.

—: *Piracy in the Ancient World.* Liverpool John Hopkins University Press, 1924.

POHL, H.: *Zum Wesen der antiken Piraterie.* Berlin - Nueva York, De Gruyter, 1993.

PORTANOVA, J. J.: *The Associates of Mithridates VI of Pontus.* Columbia, 1988.

PULCI DORIA BREGLIA, L.: "La provincia di Cilicia e gli ordinamenti di Pompeo", *RAAN* 47 (1962), pp. 327-387.

—: "I legati di Pompeo durante la Guerra piratica", *AFLN* 13 (1970-1971), pp. 47-66.

REDDÉ, M.: *Mare Nostrum.* Roma, École Française de Rome, 1986.

REYNOLDS, J.: "Cyrenaica, Pompey and Cn. Cornelius Lentulus Marcellinus", *JRS* 52 (1962), pp. 97-103.

RICKMAN, G.: *The Corn Supply of Ancient Rome.* Oxford, Clarendon Press, 1980.

RIDLEY, R. T.: "The Extraordinary Commands of the Late Republic", *Historia* 30 (1981), pp. 280-297.

SCHULZ, R.: "Zwischen Kooperation und Konfrontation. Die römische Weltreichsbildung und die Piraterie", *Klio* 82 (2000), pp. 426-440.

SHAW, B. D.: "Bandits Highlands and Lowlands Peace: The Mountains of Isauria-Cilicia", *Journal of the Economic and Social History of the Orient* 33 (1990), pp. 199-233 y 237-240.

SHERWIN-WHITE, N.: "Lucullus, Pompey and the East", *CAH*[2] IX, Londres, Cambridge University Press, 1994, pp. 229-273.

SINTÈS, C.: *Les pirates contre Rome.* París, Les Belles Lettres, 2016.

SOUTHERN, P.: *Pompey the Great.* Charleston, Tempus, 2002.

STRASBURGER, H.: "Posidonios on Problems of the Roman Empire", *JRS* 55 (1965), pp. 40-53.

TRÖSTER, M.: "Roman hegemony and non-state violence: a fresh look at Pompey's campaign against the pirates", *Greece & Rome* 56 (2009), pp. 14-33.

TWYMAN, B. L.: "The Metelli, Pompeius and prosopography", *ANRW* I, 1 (1972), pp. 816-874.

VAN OOTEGHEM, J.: *Pompée le Grand, bâtisseur d'empire.* Bruselas, J. Vrin, 1954.

VERBRUGGHE, G. P.: "Sicily 210-70 B.C.: Livy, Cicero and Diodorus", *TAPA* 103 (1972), pp. 535-559.

WELCH, K.: *Magnus Pius, Sextus Pompeius and the transformation of the Roman Republic.* Swansea, Classical Press of Wales, 2012.

WILLIAMS, R. S.: "The Appointment of Glabrio (*cos.* 67) to the Eastern Command", *Phoenix* 38 (1984), pp. 221-234.

WOLF, C.: *Les Brigands en Orient sous le Haut.-Empire romain.* Roma, Collection de l'École française de Rome, 2003.

WYLIE, G. J.: "Pompey *megalopsychos*", *Klio* 72 (1990), pp. 445-456.

ZEVI, F.: "P. Lucilio Gamala Senior e i 'Quattro Tempieti' di Ostia", *MEFRA* 85 (1973), pp. 555-581.

5.

REHENES ROMANOS EN EL CAPITOLIO: ¿UN CAMBIO DE PARADIGMA?

Denis Álvarez Pérez-Sostoa
UPV-EHU

LOS IDUS DE MARZO

Según Woolf, a través de la mirada de Cicerón vemos como transcurren las últimas décadas de la República[1]. Aunque supuestamente el sistema de gobierno republicano debería haber quedado restaurado tras el asesinato del tirano César, la sociedad romana sería testigo de cómo en poco más de una década el poder se concentraría en la figura de Octaviano tras la siguiente guerra civil que lo enfrentaría a Marco Antonio. Así se propició el establecimiento de un gobierno unipersonal que se preciaba de asegurar el bienestar de la *res publica* al amparo de la figura del *princeps* y, posteriormente, gracias al gobierno de los emperadores.

En efecto, los escritos del orador de Arpino son testimonios de primera mano para conocer algunos de los momentos más cruciales de la República romana. Del amplio corpus documental que ha llegado hasta nuestros días, los 14 discursos que conforman las *Philippicae* son para Linttot los más completos ejemplos de oratoria política nunca escritos por Cicerón[2] y, probablemente, los que mejor reflejan la situación política de Roma en los meses que siguieron al magnicidio perpetrado en los idus de marzo del año 44 a.C.[3] Cicerón pronunció la primera *Philippica* en el Senado el día 2 de septiembre de dicho año, mientras que la última fue declamada el 21 de abril

---

1 Woolf, 2006, p. 4.
2 Lintott, 2008, p. 340.
3 En general, para un balance acerca de las fuentes que relatan el asesinato de César y la cronología de los momentos posteriores véanse Ramsey, 2003, pp. 11-15; Woolf, 2006, pp. 12-ss; Lintott, 2009, pp. 72-74.

del año 43 a.C. tras la noticia de la victoria de los ejércitos consulares ante las tropas de Marco Antonio en el núcleo conocido como *Forum Gallorum*[4]. Precisamente, se debe tener en consideración que los discursos tuvieron lugar a partir de septiembre del año 44 a.C., con los hechos ya consumados y con la perspectiva temporal que el transcurso de los meses le había dado a Cicerón para poder idear unos argumentos que se centrarían en la figura de Marco Antonio, a la postre principal objetivo de las *Philippicae*.

Cicerón se había ausentado de Roma durante varios meses tras la muerte de César. Al inicio del primer discurso evocaba los motivos de su marcha y el porqué de su regreso, producido el 31 de agosto precedente. Cicerón recordaba que pese a su ausencia física de la ciudad no había dejado de preocuparse por el devenir de Roma desde el mismo momento en el que los senadores fueron convocados al templo de Tellus el 17 de marzo anterior, apenas transcurridos dos días desde el asesinato de César. El discurso insistía en que su intención en dicha reunión fue desde un inicio la de apaciguar los ánimos exaltados por el reciente magnicidio y, a imitación de las decisiones tomadas por los atenienses tras poner fin a la tiranía de los 30 a finales del siglo v a.C., abogar por una amnistía para los conjurados. Al mismo tiempo, elogió las palabras de Marco Antonio, a las que tildaba de magníficas (*praeclara oratio*), por defender la concordia[5]. Plutarco retomó idéntica idea, señalando que Antonio habló en pro de la concordia, mientras que Cicerón se había mostrado partidario de la amnistía[6].

El primer discurso, por tanto, fue utilizado por el orador de Arpino para identificarse como el principal valedor de los compromisos del 17 de marzo, que simbolizaban el restablecimiento de la paz frente a la discordia y la consiguiente restauración del gobierno senatorial[7]. La posibilidad de una futura colaboración en el buen gobierno de la República quedaba abierta gracias al tono moderado y conciliador

---

[4] Para la batalla de *Forum Gallorum*, veánse Cic. *Phil.* 14.26-28; App. *BC* 3.66-70.

[5] Cic. *Phil.* 1.1.1. Respecto al inicio del discurso y la intencionalidad de Cicerón sigue siendo de referencia Gabba, 1956, p. 148. Asímismo, Ramsey, 2003, p. 83; Lintott, 2008, pp. 374-378; Stevenson, 2009, p. 181.

[6] Plut. *Ant.* 14.2-4; *Cic.* 43.3; *Caes.* 67.8.

[7] Stevenson, 2009, p. 178. De idéntico parecer es Ramsey, 2003, pp. 2-3.

mostrado por Cicerón[8]. Al mismo tiempo, según Usher, uno de los principales objetivos de la primera filípica fue el de tratar de persuadir al cónsul Marco Antonio para que este restaurara el gobierno a través del poder y de la autoridad emanada del Senado y del pueblo de Roma, si bien esta era una solución legal absolutamente inaceptable para Antonio[9]. La segunda filípica, en cambio, mostraba un giro en la opinión que Cicerón tenía de Antonio, un sesgo que ya se apreciaba al final del primero de los discursos. En este caso, además, se debe tener en cuenta que no fue leída en público, sino que fue elaborada para ser publicada a posteriori. De esta forma, Cicerón pudo disponer de más margen de maniobra para elaborar un texto con el que poder defender sus ideas[10].

En realidad, los escritos de Cicerón se deben contemplar con cierta perspectiva, dado que abordaban cuestiones relacionadas con la muerte de César pero ya a varios meses vista de los sucesos. Es cierto que Cicerón fue testigo de primera mano de los hechos, por lo que su versión sigue siendo primordial. No obstante, conviene recordar que no formó parte del grupo de conspiradores aunque a posteriori estos intentaron que se les uniera. Él mismo recuerda que Antonio lo acusó de formar parte de la conspiración porque nada más ejecutar a César, Bruto enarbolando en alto el cuchillo ensangrentado lo aclamó dándole las gracias por la recuperación de la libertad[11]. Tempest sugiere que en vista de las posibles represalias, la apelación al orador pudo estar motivada por considerar Bruto que Cicerón podría ejercer como su mejor defensor[12].

Plutarco, por su parte, indica que tras asesinar a César Bruto hizo intención de dirigirse al senado y justificar la acción. Los senadores le impidieron hablar, de modo que los conjurados no tuvieron más remedio que salir huyendo de la curia, sembrando el pánico a su

---

[8] STEVENSON, 2009, p. 174.

[9] USHER, 2010, p. 133.

[10] Es de común consenso que el escrito que Cicerón dice haber enviado a su amigo Ático en la misiva fechada el 24 de octubre del año 44 a.C. es precisamente la segunda filípica, Cic. *Att.* 15.13.1.

[11] Cic. *Phil.* 2.28, 30.

[12] TEMPEST, 2017, Ip. 38.

paso[13]. Tras reunirse a la salida del Senado, Plutarco insiste en que se dirigieron al Capitolio, exhortado a la gente a la libertad y saludando a quienes se cruzaban en su camino[14].

Los conspiradores esperaban recibir amplio respaldo, confiados en que su acción les granjearía el favor del pueblo como principales garantes del orden y la libertad, si bien se encontraron con que su intento patriótico por restaurar el gobierno republicano mediante el asesinato del dictador quedaba lejos de lo esperado. En consecuencia, en previsión de posibles represalias por parte de los partidarios de César, los conspiradores tomaron tres decisiones de relevancia. En primer lugar, se encaminaron al Capitolio, adonde fueron acompañados por otros simpatizantes a los que exhortaron con sus arengas. En segundo lugar, según Apiano y Dión Casio, a fin de proteger su integridad y facilitar su huida usaron de escolta a un grupo de gladiadores previamente reclutados[15]. Gracias a la presencia de los gladiadores, los conjurados creían poder defenderse de posibles ataques. No en vano, Apiano recuerda que el *magister equitum* Lépido movilizó rápidamente a una legión y la condujo al Campo de Marte a la espera de recibir órdenes de Marco Antonio[16]. Antes de que las tropas comandadas por Lépido hubieran tomado posiciones, Bruto y Casio bajaron del Capitolio para dirigirse al pueblo en una *contio* y tratar de explicar el motivo de sus acciones con la esperanza de poder ser secundados por la mayoría[17]. Sin embargo, en vista de que no obtenían el resultado deseado volvieron a buscar refugio en el Capitolio.

---

[13] Plut. *Caes.* 67.1; *Brut.* 18.1.

[14] Plut. *Caes.* 67.3; *Brut.* 18.7.

[15] App. *BC* 2.120, 122; D.C. 44.16.1-2. Asimismo, Perea Yébenes, 2012, quien añade como testimonio menos comentado la Βίος Καίσαρος de Nicolás de Damasco y su relato relativo a la participación de los gladiadores en la conjura. Esta importancia es también subrayada en Horsfall 1974, p. 193; Linttot, 2009, pp. 78-79; Tempest, 2017, p. 129.

[16] App. *BC* 2.118. En relación a la actuación de Lépido tras el asesinato de César Hayne, 1971. A su vez, Weigel, 1992, pp. 44-45, sostiene que la pronta reacción de Lépido fue decisiva para reconducir y pacificar la situación.

[17] Las fuentes clásicas difieren en este punto en concreto y no todas concuerdan al detallar quiénes fueron los oradores. Entre otras, Plut. *Brut.* 18.7-14; App. *BC* 2.122; D.C. 44.21.1-22.2. Asimismo. Nic. Dam. 99-100. Para una reconstrucción de los eventos Pina Polo, 1989, p. 308.

Si bien es cierto que Cicerón no fue partícipe directo de la trama, es evidente la simpatía que manifestaba por Bruto, Casio y el resto de los conjurados. Más allá del llamativo gesto de Bruto para con él, un pasaje de la segunda filípica demuestra que en segunda instancia se sumó a quienes acompañaron a los asesinos al Capitolio[18]:

> *Dicebam illis in Capitolio liberatoribus nostris, cum me ad te ire vellent, ut ad defendendam rem publicam te adhortarer quoad metueres, omnia te promissurum.*

> Yo decía a nuestros libertadores en el Capitolio, cuando quisieron que yo fuera a visitarte para animarte a defender la República, que tú, mientras tuvieras miedo, lo prometerías todo.

El testimonio es interesante, puesto que al definir como *liberatores nostri* a los refugiados en el Capitolio está distanciando su propia persona de la política de César. Al mismo tiempo, se postula partidario de sus acciones puesto que precisamente lo eligen a él para que actúe en su nombre como delegado ante Antonio, a quien además aprovechó para menospreciar.

La tercera de las medidas acordadas por los magnicidas se produce con toda probabilidad en este contexto, puesto que una vez a salvo, se dieron los pasos oportunos para entablar conversaciones con los partidarios de César encabezados principalmente por Antonio. En consecuencia, como medida preventiva y poder tener la confianza de que sus vidas no iban a correr peligro, solicitaron que les fueran entregados como rehenes los hijos de Antonio y Lépido.

LOS REHENES ENVIADOS AL CAPITOLIO

Ante la relevancia de los hechos propiciados por el asesinato de César, ciertos aspectos directamente relacionados con el suceso han pasado relativamente desapercibidos para la historiografía contemporánea.

---

[18] Cic. *Phil.* 2.89.

Seguramente el más llamativo de todos sea la última de las medidas adoptadas por los conjurados acogidos al abrigo que les brindaba el Capitolio, la solicitud de que les fueran enviados varios rehenes para su seguridad personal. Aunque este episodio en concreto ha sido transmitido por varios autores clásicos, es más que probable que la principal fuente de información sean precisamente las dos primeras *Philippicae* de Cicerón.

Nada más finalizar el exordio del primer discurso, en la sección inicial en la que Cicerón detalla los motivos de su partida de Roma y la situación en la que se encontraba la ciudad a partir del 17 de marzo, menciona explícitamente que la paz con los conjurados refugiados en el Capitolio se consiguió gracias a Marco Antonio y a sus hijos[19]:

> *Praeclara tum oratio M. Antonii, egregia etiam voluntas; pax denique per eum et per liberos eius cum praestantissimis civibus confirmata est.*

> Excelente fue el discurso de Marco Antonio, noble también su intención; por medio de él y de sus hijos firmada finalmente la paz con los ciudadanos más importantes.

Es evidente que Cicerón omite el uso del término *obsides*. En su lugar, se limita a señalar que la *pax*[20] se obtuvo *per eum et per liberos eius*. Es decir, la paz se garantizó gracias a la intervención directa de Antonio y, sobre todo, por el envío de sus hijos a aquellos *praestantissimi cives*, entre los que se encontraban tanto los conjurados como aquellos que los habían secundado posteriormente. El uso del superlativo *praestantissimi*, evidentemente, no es casual y demuestra con quiénes residía la simpatía del orador. Como recurso retórico, además, se sirve del plural *liberi*, cuando por testimonios posteriores tanto de Cicerón como de otros autores, se tiene la certeza de que Antonio remitió únicamente a su hijo Antilo.

---

[19] Cic. *Phil.* 1.2.

[20] Para el lenguaje de la paz en el contexto de las Guerras Civiles, Cornwell, 2014, pp. 59-66.

En la segunda parte del mismo discurso ya se aprecia un cambio de registro. Cicerón pasa a tratar las cuestiones relativas a las disposiciones que César había adoptado antes de su asesinato y la actitud de los cónsules Dolabela y Antonio. El orador retoma la cuestión de la paz y la forma en la que esta se obtuvo[21]:

> *Quae fuit oratio de concordia! quanto metu senatus, quanta sollicitudine civitas tum a te liberata est, cum collegam tuum, depositis inimicitiis, oblitus auspiciorum a te ipso augure populi Romani nuntiatorum, illo primum die collegam tibi esse voluisti, tuus parvus filius in Capitolium a te missus pacis obses fuit!*

> ¡Cómo fue tu discurso sobre la paz! De cuán gran miedo liberaste a los veteranos, de cuán gran preocupación a la ciudad, cuando dejando de lado las enemistades y olvidándote de los auspicios anunciados por ti mismo cono augur del pueblo romano, quisiste por primera vez aquel día tener a tu colega como colega y llevaste a tu hijo pequeño al Capitolio como prenda de paz.

Las diferencias con el pasaje precedente son sorprendentes. En apenas unos párrafos, Cicerón cambia completamente de términos para describir la misma situación. Tras ensalzar las primeras medidas del cónsul Antonio, Cicerón insiste en que la *pax* se obtuvo gracias al envío de un rehén. Esta vez sí, el hijo del cónsul es descrito como garante de la paz, *pacis obses*[22]. Otro cambio sustancial se aprecia en la descripción del niño, puesto que en lugar de *liber*, Antilo pasa a ser *parvus filius*, produciendo en el oyente un sentimiento de cercanía y compasión con el niño enviado para asegurar la paz de la República.

Finalmente, en la segunda *Philippica* Cicerón da un último giro. Ya en abierta oposición a la actitud de Marco Antonio, vuelve a

[21] Cic. *Phil.* 1.31.

[22] Esta unión de conceptos era habitual en el lenguaje diplomático de época republicana. Construcciones similares son frecuentes, por ejemplo, en la obra de Tito Livio. Entre otros casos, Liv. 9.15.7; 36.40.3; 40.15.8.

insistir en que la paz se había obtenido en primera instancia con el envío del hijo del cónsul al Capitolio en calidad de rehén[23]:

> *Pacem haberemus, quae erat facta per obsidem puerum nobilem, M. Bambalionis nepotem.*

> Tendríamos la paz, que había sido firmada sirviendo de prenda un niño noble, el nieto de Marco Bambalión.

A diferencia de las precedentes, en esta tercera alusión Antilo es descrito como un *puer nobilis,* pero no por su relación con Marco Antonio, sino por su ascendencia materna. Cicerón insiste en que se trataba del nieto de Marco Fulvio Bambalión, padre de Fulvia, de modo que el linaje del niño era relevante por su abuelo materno y no por pertenecer a la *gens Antonia.*

Cicerón no vuelve a mencionar este hecho ni en el resto de las *Philippicae* ni en sus otras obras. Como se ha indicado con anterioridad, a partir del segundo discurso el foco del orador se centra en exclusiva en la figura de Antonio, a quien crítica cada vez de forma más acerba. Por tanto, las decisiones tomadas en los días inmediatamente posteriores al asesinato de César van quedando al margen para focalizar sus esfuerzos en socavar lo más posible la imagen de Marco Antonio.

Con posterioridad a Cicerón, es probable que haciendo uso de la información contenida en sus discursos, otros autores reflejaron el envío de los rehenes al Capitolio. Estos testimonios varían en parte respecto al texto ciceroniano, aunque ninguno duda en señalar el envío de *obsides* a los conjurados como medida para garantizar su seguridad y poder dar una salida viable a la crisis que se había iniciado tras la muerte de César. El texto que más se asemeja al del orador es el de Veleyo Patérculo[24]:

---

23 Cic. *Phil.* 2.90.

24 Vell.Pat. 2.58.3. El pasaje es comentado por Woodman, 1983, p. 114. En general, para el análisis de la época de César en las *historiae* de Veleyo, Pelling, 2011.

> *convocato senatu, cum iam Dolabella, quem substituturus sibi Caesar designaverat consulem, fasces atque insignia corripuisset consulis, velut pacis auctor liberos suos obsides in Capitolium misit fidemque descendendi tuto interfectoribus Caesaris dedit.*
>
> Convocada una reunión del Senado, Dolabela, a quien César había designado para sucederle en el consulado, tomó las fasces y las enseñas consulares. Antonio, como negociador de paz, envió a sus hijos como rehenes al Capitolio y ofreció garantías de seguridad a los asesinos de César para que bajaran de allí.

Como se aprecia, el pasaje de Veleyo retoma a grandes rasgos la información transmitida por Cicerón. El historiador añade la participación en el proceso del cónsul Dolabela, mientras que la parte activa en las negociaciones de paz recaían en Antonio. También en este párrafo, la idea de la *pax* va estrechamente unida a la presencia de los *obsides* en el Capitolio. Además, el uso del plural *liberi* para definir a los rehenes, demuestra que la probable fuente de Veleyo era el primer pasaje de Cicerón.

El primer texto que presenta cierta divergencia respecto al de Cicerón pertenece a las *periochae* de Tito Livio. Evidentemente, la pérdida del libro relativo a la muerte de César imposibilita saber con certeza cuál pudo ser el texto original, aunque el párrafo de la correspondiente períoca aporta cierta luz[25]:

> *Oblivione deinde caedis eius a senatu decreta, obsidibus Antoni et Lepidi de liberis acceptis coniurati a Capitolio descenderunt.*
>
> Decretada luego por el senado la amnistía por esta muerte, los conjurados, una vez que se les entregaron rehenes tomados entre los hijos de Antonio y Lépido, bajaron del Capitolio.

Es cierto que se trata de un breve resumen y que el epitomador pudo muy bien adecuar el párrafo a las ideas generales del texto. Así se

---

[25] Liv. *Per.* 116.4.

podría entender la ausencia del término *pax*, presente en los ejemplos precedentes, y la inclusión al inicio de la períoca del concepto *oblivio*. Por otra parte, a diferencia de los pasajes de Cicerón y Veleyo, en el texto de Livio el uso del plural *liberi* queda justificado al mencionar que tanto Antonio como Lépido enviaron a sus respectivos hijos al Capitolio. La identificación de ambos como rehenes queda fuera de toda duda gracias al uso de la construcción en ablativo absoluto *obsidibus acceptis*[26], que encuentra amplio eco en la obra del propio Livio y que presenta, además, paralelos significativos en la epigrafía altoimperial[27].

La proximidad cronológica a los hechos descritos en los textos de Livio y Veleyo Patérculo es todavía relativamente cercana. Sin ser testigos de primera mano, como lo fuera Cicerón, la distancia respecto al asesinato de César no era insalvable. Evidentemente, tanto uno como otro ya compusieron sus obras bajo unas circunstancias completamente diferentes y en las que el peso político añadido inherente a las *Philippicae* de Cicerón está ausente. Sin embargo, a grandes rasgos, continuaban la tradición textual de los escritos del orador. Apiano, Dión Casio y Plutarco también se hicieron eco del envío de los rehenes al Capitolio tras el asesinato de César y sus testimonios siguen patrones similares, aunque al escribir en griego, los textos de estos últimos presentan alguna ligera variante[28].

Apiano cita el envío de los rehenes en dos ocasiones. La primera, al narrar los acontecimientos de los Idus de Marzo[29]:

> οἱ δὲ ἡδόμενοι κατεκάλουν ἐκ τοῦ ἱεροῦ τοὺς ἀμφὶ τὸν Κάσσιον. Καὶ οἵδε ἀναπέμπειν αὐτοῖς ἐν τοσῷδε ὅμηρα ἐκέλευον, καὶ ἀνεπέμποντο οἱ παῖδες Ἀντωνίου τε καὶ Λεπίδου.

[26] El uso del ablativo absoluto en relación con la toma de rehenes cuenta con amplia difusión en la producción latina. Al respecto, Álvarez Pérez-Sostoa, 2014, 139-140.

[27] Entre otros, Liv. 21.34.4; 36.39.3. Los testimonios epigráficos paralelos son *CIL* X.6225 = *ILS* 985 y *CIL* XIV.3608 = *ILS* 986, estudiados en Álvarez Pérez-Sostoa, 2010, 172-173.

[28] Gowing, 1992, 158-161, sugiere que tanto Apiano como Dión Casio pudieron hacer uso de otras fuentes, aunque sin desdeñar las obras de Cicerón.

[29] App. *BC* 2.142.

> El pueblo estaba encantado e invitó a venir desde el templo a Casio y sus amigos. Estos pidieron que, entretanto, les enviaran rehenes y fueron enviados los hijos de Antonio y Lépido.

La segunda, en cambio, se encuentra inserta en un discurso pronunciado por Octavio criticando la actitud de Antonio el día del asesinato de César[30]:

> Σὺ δὲ καὶ ὅμηρα τῆς ἀδείας, οἰκεῖα αὐτοῦ σοῦ, τοῖς ἀνδροφόνοις ἔπεμψας ἐς τὸ Καπιτώλιον.

> Sin embargo, tú enviaste rehenes de tu propia familia a los asesinos al Capitolio para su seguridad.

Apiano certifica el envío de rehenes mediante el uso de los verbos κελεύω y πέμπω, equivalentes al verbo *mitto* usado tanto por Cicerón como por Veleyo. Mientras en el primer pasaje, al igual que en Veleyo, los rehenes son los hijos de Antonio y Lépido, en el segundo Octavio únicamente alude a Antonio. No obstante, también en este último se habla de rehenes en plural, mediante el término ὅμηρα.

Casio Dion, por su parte, introduce un matiz interesante, puesto que en lugar de κελεύω o πέμπω hace uso del verbo λαμβάνω. Es decir, no habla del envío, sino del hecho de retener a los niños como rehenes[31]:

> συνέβησαν μὲν οὖν ἐφ᾽ οἷσπερ ἐψήφιστο, οὐ μέντοι καὶ πρότερον οἱ ἐν τῷ Καπιτωλίῳ ὄντες κατέβησαν πρὶν τόν τε τοῦ Λεπίδου καὶ τὸν τοῦ Ἀντωνίου παῖδα ἐν ὁμήρων λόγῳ λαβεῖν.

> Se llegó entonces a un acuerdo en los términos que se habían votado, sin embargo, los que estaban en el Capitolio no bajaron hasta que tuvieron la palabra de tener como rehenes al hijo de Lépido y al de Antonio.

---

[30] App. *BC* 3.15.
[31] D.C. 44.34.6.

Pero, además, se debe subrayar el giro lingüístico ἐν ὁμήρων λόγῳ usado por Dión Casio[32]. A diferencia del resto de ejemplos, que directamente identifican a los niños como *obsides* u ὅμηροι, la expresión elegida por el historiador no es tan directa. Dión Casio detalla que los conjurados recibieron a los hijos de Lépido y Antonio como si de rehenes se tratara, un aspecto a destacar puesto que en el fondo los rehenes sobre todo desempeñaban un papel relevante en el escenario diplomático y no en un contexto de posible enfrentamiento civil.

Los dos últimos ejemplos pertenecen a dos pasajes de las biografías de Antonio y Bruto redactadas por Plutarco. Curiosamente, en la *vita Caesaris* Plutarco soslaya la entrega de los rehenes a los conjurados, si bien sí que indica que la reunión del Senado culminó con la concesión de la amnistía a los asesinos en aras de la reconciliación y el respeto a las voluntades de César[33].

En la vida de Marco Antonio Plutarco opta por el verbo λαμβάνω, y al igual que hiciera Cicerón, únicamente menciona la entrega del hijo del cónsul, sin citar la posibilidad de que Lépido hiciera lo propio[34]:

> θεράποντος μεταλαβὼν ἔκρυψεν αὑτόν. ὡς δ› ἔγνω τοὺς ἄνδρας ἐπιχειροῦντας μὲν οὐδενί, συνηθροισμένους δ› εἰς τὸ Καπιτώλιον, ἔπεισε καταβῆναι λαβόντας ὅμηρον παρ› αὐτοῦ τὸν υἱόν·
>
> Entonces Antonio tomó el vestido de un esclavo y se ocultó y, como vio que los hombres no tomaban represalias contra ninguno más, sino que se reunían en el Capitolio, los convenció para bajar dejando como rehén a su propio hijo.

En la biografía correspondiente a Bruto vuelve a citar únicamente al hijo de Antonio, aunque siguiendo los pasos de Apiano en esta ocasión opta por el verbo πέμπω[35]:

---

[32] Existen varios paralelos, como por ejemplo, Hdt. 7.222; Plut. *Mor.* 865B. Al respecto, ÁLVAREZ PÉREZ-SOSTOA, 2014, pp. 125-126.
[33] Plut. *Caes.* 67.8.
[34] Plut. *Ant.* 14.2.
[35] Plut. *Brut.* 19.1-2.

> Οὐ μὴν ἀλλὰ τῇ ὑστεραίᾳ τῆς βουλῆς συνελθούσης εἰς τὸ τῆς Γῆς ἱερόν, Ἀντωνίου δὲ καὶ Πλάγκου καὶ Κικέρωνος εἰπόντων περὶ ἀμνηστίας καὶ ὁμονοίας, ἔδοξε μὴ μόνον ἄδειαν εἶναι τοῖς ἀνδράσιν, ἀλλὰ καὶ γνώμην ὑπὲρ τιμῶν προθεῖναι τοὺς ὑπάτους· καὶ ταῦτ› ἐπιψηφισάμενοι (2) διελύθησαν. Ἀντωνίου δὲ τὸν υἱὸν εἰς τὸ Καπετώλιον ὁμηρεύσοντα πέμψαντος, κατῆλθον οἱ περὶ Βροῦτον, ἀσπασμοί τε καὶ δεξιώσεις ἐγένοντο

> Sin embargo, al día siguiente, reunido el Senado en el templo de Tellus, Antonio, Planco y Cicerón propusieron una amnistía y la concordia; se resolvió no solo la inmunidad para los conjurados, sino también que los cónsules propusieran medidas para concederles honores. Una vez votado el decreto, se disolvieron. (2) Una vez que Antonio envió a su hijo como rehén al Capitolio, se presentaron Bruto y los suyos, y fueron recibidos y saludados por todos sin distinción.

Un último aspecto a destacar en este segundo testimonio es el uso del verbo ὁμηρεύω en lugar del sustantivo habitual ὅμηρος. A diferencia del latín, que no cuenta con un verbo específico para el hecho de "ser o convertirse en rehén", los autores griegos optan con cierta asiduidad por sustituir el sustantivo por el verbo, manteniendo idéntico significado[36].

REHENES ROMANOS: UNA EXCEPCIÓN A LA TRADICIÓN

Debido a la familiaridad con la que Cicerón y el resto de autores evocan el envío de los jóvenes al Capitolio como salvaguarda para los asesinos de César, se podría pensar que la situación cabía dentro de las posibilidades y que contaría con un amplio respaldo social y político, máxime en las especiales circunstancias en las que se efectuó. Sin embargo, es un episodio que sobrepasa ampliamente cualquier coyuntura análoga.

---

[36] ÁLVAREZ PÉREZ-SOSTOA, 2014, pp. 127-128.

De partida, a lo largo de la República los rehenes desempeñaron ante todo una función diplomática en cuanto eran garantes de los acuerdos establecidos entre dos o más partes contendientes. Aunque la casuística es amplia y variada, a grandes rasgos podían ser entregados bien como medida previa a una negociación, bien como una cláusula que formara parte de un acuerdo definitivo de rendición o alianza[37]. Ciertamente, a primera vista, el primero de los supuestos se asemeja al episodio del año 44 a.C. No obstante, en el ámbito diplomático, el envío mutuo de rehenes se pactaba con frecuencia. En cambio, Antonio y Lépido enviaron a sus hijos después de un asesinato y como única salida posible al esperable caos que reinaba en Roma tras la muerte de César. Al mismo tiempo, las circunstancias no propiciaron un intercambio de rehenes, dado que todos los testimonios anteriormente citados demuestran que la única finalidad era la de asegurar la integridad de los conjurados en el transcurso de las negociaciones.

Los rehenes, junto con los prisioneros de guerra y los desertores, formaban parte de un conjunto variado de personas que se definían como *cautivi*, aunque las circunstancias que habían desembocado en el cautiverio de cada una de ellas eran diferentes[38]. Las variables posibles eran numerosas y no siempre seguían unas reglas concretas, si bien existía una máxima que hacía diferentes a los rehenes de los demás. No existía un componente violento en relación con estos últimos, dado que su valor residía precisamente en que sus personas estuvieran bien atendidas mientras durara su cautiverio. Por ese motivo, generalmente los rehenes se enviaban (*obsides mittere* o *remittere*), se daban (*obsides dare*) o se recibían (*obsides accipere* o *recipere*), y las fuentes clásicas evidencian este extremo mediante construcciones como las señaladas en los párrafos precedentes[39].

---

[37] La importancia de los rehenes en el mundo antiguo cuenta con varios estudios en las últimas décadas, aunque su relevancia en el ámbito diplomático no haya merecido idéntica atención. Entre otros, ELBERN, 1990; NDIAYE, 1995; ALLEN 2006; GARCÍA RIAZA, 2006; ÁLVAREZ PÉREZ-SOSTOA 2009; THIJS, 2019.

[38] Es cierto que el término *cautivi* hace referencia directa a los prisioneros de guerra, mientras que los rehenes eran definidos *obsides* y los desertores *transfugae* o *emansores*. Sin embargo, con frecuencia los autores latinos hacen uso del concepto *cautivi* en sentido genérico, englobando así a todos aquellos que habían pasado a estar bajo su poder.

[39] Para la terminología relacionada con la toma de rehenes ROOS, 1990; ÁLVAREZ PÉREZ-SOSTOA, 2014.

A lo largo del período republicano, especialmente a partir del enfrentamiento con Cartago y la paulatina expansión romana por el Mediterráneo, la combinación del uso de la fuerza y el establecimiento de relaciones diplomáticas con gran parte de los pueblos con los que se enfrentó Roma, propiciaron la recepción de numerosos rehenes. La imposición de acuerdos a los enemigos vencidos contemplaba la imperiosa necesidad de garantizar dichos tratados mediante el envío de rehenes a Roma. Así lo demuestran, por ejemplo, los acuerdos más amplios y mejor conservados, los establecidos con Cartago tras la victoria en Zama en el año 202 a.C.[40], el tratado con la Liga Etolia del año 189 a.C.[41], y el de Apamea con Antíoco III en el año 188 a.C.[42] Más allá de estos tres grandes acuerdos, los autores clásicos han transmitido muchos casos en los que Roma actuaba como receptora de rehenes y, al mismo tiempo, narraban una práctica similar entre los demás pueblos del arco mediterráneo.

Por el contrario, a pesar de consignar numeras derrotas romanas a lo largo de los siglos, los autores clásicos únicamente informan de tres ocasiones en las que Roma hubo de enviar a sus ciudadanos en calidad de rehenes. La primera con la entrega de 20 rehenes a Porsena en los albores de la República, un episodio en el que la tradición literaria hizo destacar la figura de una joven llamada Cloelia que pasó a formar parte del amplio conjunto de *exempla* con los que los romanos fueron moldeando con el tiempo la imagen y los valores de su propia sociedad[43]. En contraste, los otros dos episodios adquirieron un valor negativo, como claros ejemplos de vergüenza, desastre y negligencia por parte de los generales romanos. El año 321 a.C. se produjo la infausta derrota de las Horcas Caudinas, ocasión en la que

---

[40] Pol. 15.18; Liv. 30.37-38; App. *Lib.* 54; D.C. 17.82; Zonar. 9.14. MOSCOVICH, 1974a; ALLEN, 2006, pp. 49-52.

[41] Pol. 21.32.10; Liv. 38.11.6-7. MOSCOVICH, 1974b.

[42] Pol. 21.16-17; Liv. 37.45.4-21; App. *Syr.* 38-39; Diod. 29.10.

[43] Las fuentes que narran el episodio de Cloelia son principalmente Liv. 2.13.6-11, *Per.* 2.13-14; Dion.Hal. 5.31-34.3; Plut. *Mor.* 250, *Publ.* 18.2-19.8. Además, ofrecen detalles complementarios Cic. *Off.* 1.18.61; Val.Max. 3.2.2; Virg. *Aen.* 8.646-651; Manil. 1.780; Sil. *Pun.* 10.487-501; Plin. *NH* 34.13; Tac. *Ann.* 11.24.5; Flor. 1.4.7; Aur.Vict. *De vir. ill.* 13.1; Sen. *Cons. ad Marc.* 16.2; Juv. 8.264-265; Polyaen. *Strat.* 8.31; D.C. 45.31.1; Oros. 2.5.3. El valor de Cloelia como *exemplum* ha sido ampliamente tratado por los historiadores modernos. De reciente aparición, destaca el análisis de ROLLER, 2018.

el ejército romano fue obligado a pasar bajo el yugo y, además, 600 *equites* quedaron como rehenes entre los samnitas[44]. Finalmente, en el año 107 a.C. los helvecios capitaneados por Divicón derrotaron en Agen a los ejércitos comandados por Lucio Casio Longino, obligando al ejército romano a pasar nuevamente bajo el yugo y a entregar un número indeterminado de rehenes[45].

Estos tres sucesos evocan una práctica habitual en el escenario bélico: la derrota de un ejército y la entrega de garantías, es decir, de rehenes, para ratificar los acuerdos posteriores. Son, por tanto, fiel reflejo de lo que se podría esperar en el campo de batalla. Lo que los hace especiales es que se trata de derrotas romanas y, en consecuencia, siempre quedaron marcados con cierto halo de venganza, exageración y, sobre todo, desprecio para quienes habían sufrido la derrota. Pero, en lo esencial, no son diferentes a cualquier otro episodio parecido. La transición al siglo I a.C., por tanto, parece iniciarse con un caso que, si bien recuerda una derrota romana, en realidad no está especialmente alejada del *ius belli*. Sin embargo, con el estallido de las guerras civiles, con el ahondamiento en la crisis del sistema republicano, el panorama cambió significativamente.

En relación con la exigencia de entregar rehenes como instrumentos de seguridad, como garantía, hay un aspecto que demuestra que una sociedad inmersa en un conflicto civil no dudaba en romper con las tradiciones más arraigadas. Si a lo largo de la República Roma entregó rehenes únicamente en las tres ocasiones mencionadas y siempre con motivo de una derrota o una imposición por parte del enemigo, a partir del conflicto entre Mario y Sila se produjo un cambio de actitud entre los romanos ante la captura o intento de captura de sus propios conciudadanos para usarlos posteriormente como rehenes. Se debe insistir en que la entrega de un romano para que fuera retenido por

[44] Entre otros, Liv. 9.1-11; *Per.* 9.1-2; Val.Max. 5.1.ext.5; 6.1.9; Flor. 1.11.9-12; App. *Sam.* 4; Eutr. 2.9.1-2. Recientemente ha sido analizado por De Cazanove, 2011.

[45] A diferencia de los dos casos más antiguos, el episodio de Agen está peor documentado, especialmente por la pérdida de la correspondiente parte del texto de Livio. Sin embargo, las periocas livianas, una escueta mención de Apiano, un pasaje tardío de Orosio y, sobre todo, varios capítulos del *Bellum Gallicum* de César evocan la derrota romana. Caes. *BG* 1.7.4, 12.4-7, 13.2-4, 14.3-7; Liv. *Per.* 65.5-6; App. *Gall.* 1.3, 15; Oros. 5.15.23-24.

otro romano en calidad de rehén es una situación completamente inusual, motivada en todo momento por razones muy puntuales y generalmente buscando un rédito o provecho a muy corto plazo. Los ejemplos que se pueden citar no son abundantes y se concentran exclusivamente en los últimos decenios de la República[46].

Así, en los enfrentamientos entre Sila y los partidarios de Mario, hasta en tres ocasiones se menciona la posibilidad de solicitar o intercambiar rehenes: en el año 85 a.C. el cónsul Cn. Papirio Carbón exigió a los habitantes de Piacenza que le entregaran rehenes con miras a poder presionarlos en su lucha contra Sila[47]; un año más tarde, volvería a intentarlo al solicitar que varias ciudades de Italia le enviaran rehenes, aunque en esta ocasión contó con la oposición del Senado[48]; por último, en el año 83 a.C., Cornelio Escipión solicitó que Sila le enviara varios rehenes a fin de poder entablar conversaciones con cierta seguridad, aunque ante el fracaso de la conferencia decidió devolverlos[49].

Como añadido se podrían citar tres episodios que no llegaron a formalizar la entrega de los rehenes. El primero se remonta a la conjura de Catalina, momento en el que los partidarios de la conspiración buscaron hacerse con los hijos de Pompeyo ante la noticia del regreso del general a Roma y el temor que tal circunstancia les producía[50]. Idéntico resultado obtuvo el vano intento de Lucio Estaberio, comandante de la plaza de Apolonia, por tomar como rehenes a los ciudadanos de dicha ciudad y recluirse con ellos en la ciudadela ante la inminente llegada de Julio César[51]. El plan urdido por Sexto Pompeyo, quien trató de hacerse con Domicio Ahenobarbo a través de Curio, uno de sus oficiales, y así poder usarlo como moneda de cambio por su persona en caso de necesidad, tampoco llegó a buen puerto[52].

---

46 Álvarez Pérez-Sostoa, 2012a.
47 Val.Max. 6.2.10.
48 Liv. *Per.* 84.3.
49 App. *BC* 1.85.
50 Plut. *Cic.* 18.1-2.
51 Caes. *BC* 3.12,1.
52 App. *BC* 5.137.

Por último, merece la pena subrayar la actitud de Marco Emilio Lépido, quien remitió a su liberto Apella a C. Planco. La noticia la recoge una misiva enviada por el propio Planco a Cicerón en el año 43 a.C. En la carta se especifica que ante la convulsa situación de la República, Lépido había enviado a su propio liberto Apella como señal del respeto que sentía por Planco, de modo que este lo pudiera usar como garantía en caso de que temiera por su integridad[53].

Pero, al mismo tiempo, no conviene olvidar que en el período transcurrido desde el final de la guerra civil entre Mario y Sila y el enfrentamiento entre César y Pompeyo, estos dos últimos protagonizaron sendas campañas victoriosas. Aunque los relatos de las operaciones orientales de Pompeyo no entran a detallar los acuerdos que pudiera haber efectuado el general romano, la descripción de su triunfo en el año 61 a.C. muestra una realidad que evoca a la perfección idénticos escenarios vividos en Roma durante las centurias precedentes. Los textos de Plutarco y Apiano son los que mejor ilustran los fastos celebrados por Pompeyo, en una demostración de grandeza con la que parecía querer rivalizar con los éxitos de generales anteriores[54].

El segundo caso es el de las Guerras de las Galias, un relato en el que la presencia de los rehenes es constante. Gracias al testimonio del propio general, observamos que durante los ocho años de campaña, a través de la figura de César o de uno de sus lugartenientes, Roma se hizo cargo de ingentes cantidades de rehenes procedentes de las diversas tribus de Galia y Britania. Al mismo tiempo, el relato constata idéntica práctica entre las tribus galas, generalmente para ratificar una alianza contra el enemigo común, la Roma invasora. El relato de César, sin embargo, adolece de la precisión deseada en muchos casos y en el ritmo casi frenético con el que se suceden los eventos, la presencia de los rehenes se difumina con rapidez, de modo que salvo excepciones puntuales poco o nada se sabe de la suerte corrida por todos los rehenes exigidos por César. Como añadido, a diferencia del caso precedente, los textos que ilustran los triunfos de César una vez finalizada la

---

[53] Cic. *Fam.* 10.17.3.

[54] Plut. *Pomp.* 45.4; App. *Mith.* 117. Ambos proporcionan una amplia lista de personas ilustres, tanto prisioneros de guerra como rehenes, que formaron parte del cortejo triunfal del general.

contienda civil que lo enfrentó a Pompeyo y sus lugartenientes, no incluyen en ningún caso la presencia de rehenes en el desfile, aunque la ausencia de las menciones no implica que no estuvieran presentes. Es posible, que las características especiales de los triunfos celebrados por César también influyeran en la omisión de la información. Por una parte, se celebró un cuádruple triunfo enmarcado en el seno de un conflicto civil y en el que primaban otra serie de consideraciones. Además, otras figuras más importantes acapararon el centro de atención, principalmente Vercingétorix y, en menor medida, Juba y Arsínoe. En el caso del caudillo galo, su sola figura adquiría mayor relevancia que la enorme cantidad de rehenes exigida a lo largo de sus campañas. Juba y Arsínoe, por otra parte, evocaban un aspecto diferente del conflicto civil, las guerras en África y Egipto[55].

CONCLUSIONES: ¿CAMBIO DE PARADIGMA?

Tras la muerte de César, la situación en Roma quedó paralizada momentáneamente, hasta que Marco Antonio convocó al Senado el 17 de marzo. La reunión tuvo lugar en el Templo de Tellus, un edificio dedicado a la madre tierra que pocos años antes había sido restaurado por Cicerón y que viviría uno de los momentos que marcaron el devenir de los últimos años de la República. Las negociaciones entre los magnicidas, encabezados por Casio y Bruto, y Marco Antonio se saldó con la declaración de amnistía para los primeros. Pero, al mismo tiempo, se ratificó el *acta Caesaris*, incluyendo lo que el fallecido había prometido o donado a sus soldados veteranos. Eventualmente, estas mismas decisiones acabarían por encender la mecha para la continuación del conflicto civil que no cesaría hasta la definitiva victoria del heredero de César en la batalla de Accio en el año 31 a.C.

La rapidez con la que se desarrollaron los acontecimientos inmediatamente posteriores al asesinato de César eclipsó un episodio

[55] Liv. *Per.* 115.1; Flor. 2.13.88-89; Plut. *Caes.* 55.2-3; Suet. *Caes.* 37; App. *BC* 2.101: C.D. 43.19.

que en su momento debió ser ciertamente clave para propiciar los primeros contactos entre los magnicidas y los partidarios del dictador. Una sociedad como la romana, con una amplia experiencia en el ejercicio de la actividad diplomática en la que los rehenes jugaron un papel determinante, especialmente desde mediados del siglo III a.C., no pareció mostrar extrañeza ante el envío al Capitolio de los hijos de Marco Antonio y Lépido como garantía para la salvaguarda de los conjurados allí refugiados. El propio Cicerón, testigo directo de los hechos y, en consecuencia, la fuente más directa, no pone en duda la validez de la medida y no critica que en aras de la concordia se tuvieran que entregar como rehenes a los hijos de Antonio y Lépido. Evidentemente, los discursos dirigidos a Antonio tenían una finalidad diferente, pero aún así un hecho que en cualquier otro momento de la historia de Roma hubiera sido duramente censurado es hasta cierto punto alabado por el arpinate.

Este aspecto contrasta sobremanera con la neta oposición del orador al cónsul del año 44 a.C., antagonismo que quedó reflejado en sus discursos y en su correspondencia personal, si bien los primeros muestran con mayor nitidez los postulados de Cicerón. En sus escritos se ofrece la visión de la resistencia ante la tiranía y, en palabras de Gildenhard, constituían *a type of political activism and civic commitment in a time of chaos, when constitutional safeguards and institutions, legal procedures and republican norms arguably no longer guaranteed the survival of the senatorial commonwealth*[56]. Al hilo de esta consideración, las dos primeras filípicas marcaron el punto de inflexión en la tensa relación existente entre Cicerón y Marco Antonio. Aunque el inicio del primer discurso sugería una tendencia más conciliadora, lo cierto es que como ya argumentara Stevenson, en realidad se asociaba la idea del tirano a la figura de Marco Antonio, en una especie de hilo de continuidad tras el magnicidio perpetrado contra Julio César[57]. La ausencia de Cicerón en el Senado el 1 de septiembre, aduciendo cansancio a pesar de que ya se encontraba en Roma, fue una forma de indisponer su persona para con Antonio.

[56] Gildenhard, 2018, p. 42.
[57] Stevenson, 2009.

En consecuencia, la impresión de Antonio de que Cicerón trataba de poner al Senado en su contra, presentándolo como potencial tirano, estaría en la base de la animadversión del primero respecto al orador y sentaría las bases para la postrera ejecución del arpinate[58].

El evidente contraste entre ambos alegatos, con un tono más conciliador el primero, a pesar de no ser bien recibido por Antonio, y una cruda crítica en el segundo, anticipaba la posterior reacción de Cicerón y la propuesta de que Antonio fuera declarado *hostis*, enemigo público del estado. El segundo discurso, aunque nunca fuera presentado públicamente ante los senadores, ha sido señalado como la mejor invectiva ciceroniana conservada[59], dado que los ataques personales directos deben contarse entre los objetivos primordiales de las invectivas[60].

El cambio de actitud por parte de Cicerón es manifiesto y la buena voluntad que parecía primar en los párrafos iniciales de la primera filípica dejaron paso a una crítica dura, directa y difícil de gestionar por parte de Antonio. El tono conciliador fue sustituido por una alusión directa a la enemistad cada vez más palpable entre dos de las figuras más relevantes del espacio político romano. Cicerón decía de Antonio que *mihi inimicus subito exstitisti*[61], principalmente como consecuencia de la furia desplegada por el cónsul tras la primera arenga. Así, en la cuarta filípica, dirigida al pueblo, ya se sugería la posibilidad de declarar a Marco Antonio enemigo del pueblo romano[62]. Sin embargo, la última de las filípicas no dejó lugar a dudas. Merced a un extenso alegato, Cicerón establecía un punto de no retorno en su relación con Antonio[63]. Al mismo tiempo, de forma inconsciente, firmaba su propia sentencia de muerte, que sería efectiva el mismo año 43 a.C. a instancias precisamente de quien había sido objeto de sus invectivas.

La elección de los tiempos por Cicerón no fue casual. La rapidez con la que se sucedieron los acontecimientos entre septiembre del

58 Usher, 2010, p. 136.
59 Lintott, 2008, p. 378; Stevenson, 2009, p. 175: *a masterpiece of eloquence and invective.*
60 Powell, 2007, p. 2.
61 Cic. *Phil.* 2.90: aunque de pronto te mostraste como enemigo mío.
62 Cic. *Phil.* 4.6-7, 9-10.
63 Cic. *Phil.* 14.6-10.

año 44 a.C. y abril del año siguiente se plasmaron a la perfección en sus discursos. Recientemente Hannah Cornwell ha puesto de manifiesto que el lenguaje de paz y estabilidad fue un instrumento frecuentemente usado por los políticos de finales de la República[64] y los discursos de Cicerón son prueba evidente de esta afirmación. Como parte de la retórica de las guerras civiles, el lenguaje fue un elemento imprescindible con el que atacar o defender las ideas en espacios públicos y sin la necesidad de recurrir a métodos más expeditivos como el asesinato o la intimidación.

Por eso, en el caso de Cicerón, la omisión de cualquier tipo de crítica o de extrañeza por un caso que no tenía precedentes en la historia de Roma podría estar condicionado por las circunstancias del momento. Era más relevante la situación en la que se encontraba sumida la República que el hecho de que unos romanos tuvieran que asegurar sus personas gracias al envío como rehenes de los hijos de sus conciudadanos. Sin embargo, no es menos cierto que precisamente la excepcionalidad del hecho podría haber desencadenado algún tipo de reproche por parte del orador, incluso aunque él mismo se encontrara entre quienes habían secundado a los asesinos al Capitolio. Como se ha visto, el eje central en los pasajes iniciales de la primera filípica de Cicerón es la *pax* y, en consecuencia, los jóvenes romanos enviados en calidad de rehenes fueron un instrumento válido en su consecución. El concepto de *pax* va unido estrechamente al de la reconciliación y al de la amnistía defendidos por Cicerón y Antonio, en aras de un bien común, el restablecimiento del orden institucional de la *res publica*. Por este mismo motivo, cabe pensar que la ausencia de debate se deba a la imperiosa necesidad por evitar un conflicto mayor en el seno de una sociedad que temía la posibilidad de una nueva guerra civil[65]. Esta ausencia de discrepancias se agudiza además si se tiene en cuenta que quienes desempeñan la función de rehenes

---

[64] CORNWELL, 2014, p. 47.

[65] De hecho el propio Cicerón contaba con experiencia en el campo, puesto que menciona la recepción de rehenes durante el desempeño de su gobierno en Cilicia. En una de las misivas dirigidas a Catón (Cic. *Fam.* 15.4.10) detalla con precisión y cierto grado de orgullo la victoria alcanzada.

son niños pequeños, denominados *filius*, παῖς o υἱός, cuando en el campo diplomático la exigencia de niños era una excepción[66].

De forma análoga, el resto de autores que recogieron el envío de los rehenes al Capitolio no muestra sorpresa por los hechos. El tono general, como se ha visto, es similar al manifestado por Cicerón. El único atisbo de crítica lo ofrece el pasaje de Apiano que recoge el discurso de Octavio. Pero se debe tener en cuenta que el contexto en el que se efectúan las declaraciones de Octavio se está criticando la actitud de Antonio, la inacción general del cónsul y, como añadido, el envío de rehenes al Capitolio.

La excepcionalidad del caso solo se puede comprender desde el prisma del conflicto civil, desde la visión de una sociedad que ante un peligro cercano e inminente no dudó en hacer uso de cuantos recursos estimara necesarios para tratar de obtener una protección o un beneficio inmediato. Así lo demuestran otros dos paralelos cercanos ocurridos también en el mismo período. El primero se produjo durante la campaña hispana de las guerras civiles, cuando César tomó como rehén al hijo del general pompeyano Afranio para asegurar el correcto discurrir de unas conversaciones[67]. El segundo, transmitido por Apiano, pertenece al año 43 a.C. y detalla el fallido intento de hacerse por la fuerza con la madre y la hermana de Octavio para poder presionar al joven. Este, ante el temor de que precisamente se pudiera dar el caso, se anticipó a tal posibilidad y las había escondido previamente[68].

En definitiva, el esquema habitual asociado a la idea de que los rehenes actuaban como garantes de acuerdos bilaterales quedó en suspenso desde el momento en el que pasaron a ser un mero instrumento de presión más en el complicado escenario bélico y político en el que se vio inmersa la sociedad romana. De hecho, como se ha señalado, en aquellos períodos en los que los intereses de los romanos se centraron en territorios extranjeros como la Galia o el

[66] Ante la escasez de datos el rango de edad de los rehenes es una cuestión debatida entre los historiadores contemporáneos. La elección de jóvenes o niños de corta edad tampoco suscita el consenso general. Al respecto, Álvarez Pérez-Sostoa, 2012b.

[67] Caes. *BC* 1.84.1-2.

[68] App. *BC* 3.91.

oriente mediterráneo, el *ius belli* se aplicó conforme a la tradición y siguiendo los cauces habituales y esperados. En consecuencia, no se puede hablar tanto de un cambio de patrón, sino de la adecuación puntal a las circunstancias a las que obligaba el conflicto civil. Con el paso al principado, Roma volvería a retomar los cauces diplomáticos tradicionales. No obstante, es cierto que el escenario diplomático que había dirigido el Senado a lo largo de la República fue paulatinamente siendo sustituido por la corte y la figura del emperador.

BIBLIOGRAFÍA

Allen, J.: *Hostages and hostage-taking in the Roman Empire.* Cambridge, Cambridge University Press, 2006.

Álvarez Pérez-Sostoa, D.: "El confinamiento de los prisioneros de guerra y rehenes en la Roma republicana", *Veleia* 26 (2009), pp. 151-169.

—: "*Opsides abdoucit.* La toma de rehenes en la epigrafía latina", *Epigraphica* 72.1-2 (2010), pp. 169-190.

—: "Conflits autour des otages romains pendant les guerres civiles", en: P. Sauzeau / J.-F. Thomas / H. Menard (eds.), *La pomme d'Eris. Le conflit dans l'Antiquité.* Presses Universitaires de Montpellier, Montpellier 2012a, pp. 383-397.

—: "Traduttore, traditore - a propósito de Polibio XXI, 42, 22", *REA* 114.1 (2012b), pp. 3-15.

—: "ὅμηροι y *obsides* en los autores clásicos", *Athenaeum* 112.1, 2014, 120-149.

Candau Morón, J. M. y Puertas Castaños, M. L. (trad. y notas): *Dión Casio: Historia Romana Libros XXXVI-XLV.* Madrid, Gredos, 2004.

Cornwell, H.: "The construction of one's enemies in civil war (49-30 BCE)", *Hermathena* 196-197 (2014), pp. 41-68.

De Cazanove, O.: "Pratiques et rites de la guerre en Italie, entre Romains et Samnites: le passage sous le joug, la légion de lin samnite", en: J.-C. Couvenhes / S. Crouzet / S. Péré-Noguès. (eds.), *Pratiques et identités culturelles des armées hellénistiques du monde méditerranéen.* Ausonius Éditions, Bordeaux 2011, pp. 357-370.

Elbern, S.: "Geiseln in Rom", *Athenaeum* 78 (1990), pp. 97-140.

Gabba, E.: *Appiano e la storia delle guerra civili.* Florencia, La Nuova Italia, 1956.

GARCÍA RIAZA, E.: "Rehenes y diplomacia en la Hispania romano-republicana, en: R. González Salinero y G. Bravo Sastañeda (eds.), *Minorias y sectas en el mundo romano*. Signifer Libros, Madrid 2006, pp. 17-33.

GILDENHARD, I.: *Cicero, Philippic 2, 44-50, 78-92, 100-119*. Cambridge, OpenBook Publishers, 2018.

GOWING, A. M.: *The Triumviral Narratives of Appian and Cassius Dio*. Michigan, University of Michigan Press, 1992.

HAYNE, L.: "Lepidus' role after the Ides of March", *AClass* 14 (1971), pp. 109-117.

HORSFALL, N.: "The Ides of March: Some New Problems", *G&R* 21.2 (1974), pp. 191-199.

LINTOTT, A.: *Cicero as Evidence: A Historian's Companion*. Oxford, Oxford University Press, 2008.

—: "The Assassination", en: M. Griffin (ed.), *A Companion to Julius Caesar*. Wiley-Blackwell, Oxford 2009, pp. 72-82.

MANUWALD, G.: *Cicero, Philippics 3-9*. Berlín, De Gruyter, 2007.

MOSCOVICH, M. J.: "Hostage Regulations in the Treaty of Zama", *Historia* 23 (1974a), pp. 417-427.

—: "A note on the Aetolian treaty of 189 B.C. ", en J. A. S. Evans (ed.), *Polis and imperium: Studies in honor of Edward Togo Salmon*. Hakkert, Toronto 1974b, pp. 139-144.

MUÑOZ JIMÉNEZ, M. J. (intro., trad. y notas): *Cicerón. Discursos VI: Filípicas*. Madrid, Gredos, 2006.

NDIAYE, S.: "Le recours aux otages à Rome sous la République", *DHA* 21.1 (1995), pp. 149-165.

PELLING, Chr.: "Velleius and biography: the case of Julius Caesar", en: E. Cowan (ed.), *Velleius Paterculus: Making History*, The Classic Press of Wales, Swansea 2011, pp. 157-175.

PEREA YÉBENES, S.: "El papel de los gladiadores en la trama criminal de los idus de marzo del 44 a.C. según Βίος Καίσαρος, de Nicolás de Damasco", *Gerión* 30 (2012), pp. 169-184.

PINA POLO, F.: *Las contiones civiles y militares en Roma*. Zaragoza, Universidad de Zaragoza, 1989.

POWELL, J. G. F.: "Invective and the orator: Ciceronian theory and practice", en: J. Booth (ed.), *Cicero on the attack. Invective and subversion in the orations and beyond*. Classical Press of Wales, Swansea 2007, pp. 1-23.

RAMSEY, J. T.: *Cicero: Philippics I-II.* Cambridge, Cambridge University Press, 2003.

ROLLER, M. B.: *Models from the Past in Roman Culture. A World of Exempla.* Cambridge, Cambridge University Press, 2018.

ROOS, P.: "Οἱ ὁμηρεύοντες on the terminology of ancient hostages", en: S.-T. Teodorsson (ed.), *Greek and Latin Studies in Memory of Cajus Fabricius.* Acta Universitatis Gothoburgensis, Gotemburgo 1990, pp. 158-164.

ROSENSTEIN, N. y MORSTEIN-MARX, R.: "The transformation of the Republic", en: N. Rosenstein y R. Morstein-Marx (eds.), *A Companion to the Roman Republic*, Blackwell, Oxford, 2006, pp. 625-636.

SÁNCHEZ HERNÁNDEZ, J. P. y GONZÁLEZ GONZÁLEZ, M. (intro., trad. y notas): *Plutarco: Vidas Paralelas VII.* Madrid, Gredos, 2009.

SÁNCHEZ MANZANO, M. A. (intro., trad. y notas): *Veleyo Patérculo: Historia Romana.* Madrid, Gredos, 2001.

SANCHO ROYO, A. (trad. y notas): *Apiano: Historia Romana II, Guerras Civiles (Libros I-II).* Madrid, Gredos, 1985.

—: *Apiano: Historia Romana III, Guerras Civiles (Libros III-V).* Madrid, Gredos, 1985.

STEVENSON, T.: "Antony as "Tyrant" in Cicero's First Philippic", *Ramus* 38 (2009), pp. 174-186.

TEMPEST, Kathryn.: THIJS, Simon, *Obsidibus imperatis. Formen der Geiselstellung und ihre Anwendung in der Römischen Republik.* Wiesbaden, Harrasowitz, 2019.

USHER, S.: "Cicero's First Philippic and the fall of the Republic", *BICS* 53.1 (2010), pp. 129-136.

VILLAR VIDAL, J. A. (intro., trad. y notas): *Tito Livio: Períocas.* Madrid, Gredos, 2008.

WEIGEL, R. D.: *Lepidus: The Tarnished Triumvir.* Londres, Routledge, 1992.

WOODMAN, A. J. (ed.): *Velleius Paterculus. The Caesarian and Augustan Narrative (2.41-93).* Cambridge, Cambridge University Press, 1983.

WOOLF, G. D.: *Et tu, Brute? The murder of Caesar and political assassination.* Londres, Profile Books, 2006.

6.

ANÁLISIS Y VERIFICACIÓN ARQUEOLÓGICA DE DOS EPISODIOS BÉLICOS DE LAS GUERRAS CESARIANAS EN HISPANIA (ULIA-MONTEMAYOR, CÓRDOBA). HISTORIA Y ARQUEOLOGÍA DE CAMPOS DE BATALLA ANTIGUOS[1]

Fernando Quesada Sanz
Javier Moralejo Ordax
Jesús Robles Moreno[2]

INTRODUCCIÓN

El estudio del entorno de Montemayor (Córdoba) se integra en el marco de nuestro proyecto de investigación sobre el mundo ibérico y la conquista romana en la Alta Andalucía, centrado en la Campiña meridional y la Subbética cordobesa. Las circunstancias y desarrollo iniciales de los trabajos en Montemayor se han dado a conocer ya y no los repetiremos aquí[3].

Baste recordar que este subproyecto se centra en el periodo más tardío de la horquilla cronológica de nuestros trabajos, y en particular en las Guerras Civiles Romanas de mediados del s. I a.C. y su impacto en la población ibérica. Su objetivo principal es verificar arqueológicamente y enriquecer nuestro conocimiento sobre una serie de acontecimientos militares narrados en el corpus cesariano acerca de los enfrentamientos entre cesarianos y pompeyanos en la Campiña cordobesa (en particular *Bell. Alex.* 48-64 y *Bell. Civ.* 2,6 y alguna referencia menor en otros autores).

---

[1] Trabajo realizado en el marco de los proyectos HAR 2017 039502, *"Ciudades y complejos aristocráticos ibéricos en la conquista romana de la Alta Andalucía"* y HAR 2013-43683-P, del Plan Nacional e Investigación, y dentro del convenio específico FUAM 039503 con el Ayuntamiento de Montemayor (Córdoba)

[2] Universidad Autónoma de Madrid

[3] Quesada y Moralejo, 2020.

Para ello recurrimos a una combinación entre el estudio detallado de las fuentes literarias y los resultados de los trabajos de prospección arqueológica intensiva con estudio georreferenciado de los materiales hallados. La prospección se puso en marcha en el año 2018 y se ha prolongado durante varios años hasta la actualidad, con los parones y limitaciones de todos conocidos debido a la pandemia del COVID

La metodología empleada es la desarrollada y refinada estos últimos años en el marco de la Arqueología Militar, generalmente denominada por influencia del mundo anglosajón como "arqueología del conflicto"[4], en la que España ha ido adquiriendo un peso creciente, especialmente para el periodo romano republicano[5], En particular se ha recurrido a la metodología desarrollada específicamente para el estudio de campos de batalla, que debe ser considerado un tipo de yacimiento con importantes peculiaridades y que exige, por tanto, técnicas y metodologías específicas[6]. Entre ellas cabe reseñar la prospección intensiva de grandes espacios de terreno con el empleo de detección electromagnética controlada, la ubicación mediante GPS de cada objeto localizado, el empleo de herramientas SIG para asociar elementos con el espacio, los sistemas de Bases de Datos ligadas a los SIG, así como el empleo de LIDAR y otras herramientas de teledetección[7]. Casi todas estas técnicas son empleadas en otros tipos de proyectos arqueológicos, pero en arqueología de los campos de batalla constituyen la herramienta fundamental y son empleadas a gran escala; en España en particular se vienen obteniendo en los últimos años resultados muy relevantes derivados de su aplicación

[4] Por ejemplo, como buena muestra reciente con fuerte presencia española véase Fernández Götz y Roymans, 2017.

[5] Quesada, 2018. Ver también, a título de mero ejemplo, los trabajos recogidos en Morillo y Aurrecoechea, 2006; Cadiou y Navarro, 2014; Peralta, Camino y Torres, 2019; Morillo et al., 2020, entre una bibliografía que crece exponencialmente.

[6] Sutherland y Host, 2005; VVAA, 2007; Quesada, 2008; Landa y Hernández, 2020.

[7] El trabajo pionero fue el aplicado al Little Big Horn (Fox, 1993). Entre los estudios señeros destacaremos, por su relativa cercanía crono-cultural y proximidad metodológica, los de Kalkriese (Willbers Rost et al., 2007; Rost, Wilbers Rost, 2017); y en España los de Baecula (Bellón et al., 2015) o el Delta del Ebro (Noguera et al. 2013), aunque hay muchos otros. Existen incluso revistas y congresos especializados, como el *Journal of Conflict Archaeology* (https://www.tandfonline.com/toc/yjca20/current) o las *Field of Conflict Conferencies* (http://fieldsofconflict.com/).

cada vez más sistemática y refinada. El estudio de los materiales así localizados y georreferenciados entronca con la tradición arqueológica habitual y su contraste con la información de las fuentes literarias tiene la potencialidad de corroborar o, también de alterar sustancialmente, lo presentado por ellas. En ese caso el reexamen de los textos con esta nueva mirada puede ser extremadamente revelador[8].

Las fuentes literarias a las que venimos aludiendo hacen referencia, en el caso concreto de nuestro estudio, a dos episodios bélicos separados por pocos años en el entorno inmediato de una ciudad denominada *Ulia.* Por tanto, la primera cuestión es la ubicación de dicha ciudad.

MONTEMAYOR/*ULIA*

La ciudad de *Ulia* aparece expresamente citada en diversas fuentes literarias entre los siglos I a. C y IV d. C. A los ya mencionados relatos del corpus cesariano, de los que nos ocuparemos con detalle más adelante, hay que añadir los de Plinio, Estrabón, Ptolomeo o los Itinerarios Antonino y Rávena, que proporcionan ciertos detalles que han animado, primero a los eruditos, y posteriormente a la investigación, a proponer diversas hipótesis de localización e identificación del enclave desde el siglo XVI hasta nuestros días. Plinio (*Nat. Hist.* 3.10), nos informa de que la ciudad se situaba "*al interior, en la parte de Bastetania que mira al mar, entre el río y la costa del océano*"; el mismo autor la denomina "*Ulia atque Fidentia*" precisamente en alusión a su fidelidad a César durante las guerras civiles contra Pompeyo y sus hijos.[9] Por su parte, Ptolomeo (2.4,9.) la considera una ciudad túrdula situada al interior[10] y Estrabón (3.10) la ubica,

[8] Por ejemplo, de nuevo en el caso de *Baecula*, la reinterpretación no solo de la batalla sino una nueva lectura de las tradiciones textuales conservadas que altera la visión tradicional (Quesada, 2013; Quesada, 2015).

[9] "*Celeberrima intec hunc (Baetim) et oceani eran in Mediterraneo Segida quae Augurina cognominatur, Iulia quae Fidentia, Urgao quae Alba...omnia Bastetaniae vergentis ad mare*".

[10] "*Los bastuli habitan la costa del mar desde Menralia a Baria, tal y como se ha dicho; por encima de ellos, en el interior, adyacentes a la Tarraconensis, moran los turduli y sus ciudades del interior son [...] Ulia...* ".

más lejos de las orillas del *Baetis,* que *Italica* y en el mismo entorno geográfico y contexto histórico de ciudades como *Munda*, *Ategua* o *Urso*: *"aquellas en las que fueron vencidos los hijos de Pompeyo"*[11]. Otras fuentes más tardías, tanto el Itinerario Antonino (*It. Ant.* 412, 5-6), como el Itinerario de Rávena (315, 17), nos informan de que *Ulia* distaba XVIII millas de *Corduba,* al sur, y X de *Ipagrum,* identificada con Aguilar de la Frontera (*It. Ant.* 412, 4-5), por la vía que unía la capital de la Bética con Gades a través de *Antikaria* (Antequera).

Todos los aspectos relacionados con la identificación y evolución histórica de *Ulia* han sido analizados en décadas recientes sobre todo por los estudios específicos de Pablo Moyano (fundador del Museo local)[12] y, de manera especialmente minuciosa, de M.L. Cortijo Cerezo[13].

Hoy es generalmente aceptado que la población actual de Montemayor corresponde con la antigua *Ulia.* Aparte de la escasa dispersión conocida de monedas de la ceca de *Ulia*[14], que encaja bien con la ubicación propuesta en este estudio, la combinación de hallazgos epigráficos romanos (en particular CIL II^{2}5.492, 5.493, 5.496, 5.515)[15], otros hallazgos de época ibérica y sobre todo romana en el casco urbano actual de Montemayor y su entorno inmediato, asientan esta identificación, propuesta ya en el s. XVI por Ambrosio de Morales tras desechar la opción de Montilla, ocho km. al sur/sureste. El debate sobre la ubicación de *Ulia*, pues, en Úbeda, Alcalá la Real, La Rambla, Santaella, Dos Hermanas (entre eruditos anteriores al s. XIX) y sobre todo entre Fernán Núñez, Montilla, y Montemayor, parece,

[11] Recopilación y comentario detenido de las fuentes escritas en CORTIJO, 1997, pp. 65 y ss.

[12] MOYANO, 1994; MOYANO, 1997; MOYANO, 1999.

[13] CORTIJO, 1990; CORTIJO, 1994; CORTIJO, 1997; CORTIJO, 2009; CORTIJO, 2010. El estudio presentado por esta autora en 1990, y sus continuaciones o matizaciones, siguen siendo actualmente referencias de partida en todo lo relativo a la identificación de *Ulia Fidentia* con Montemayor, así como en el análisis de las referencias a la ciudad en las fuentes literarias y sus diversas interpretaciones. Sus argumentos de base para la identificación siguen estando vigentes.

[14] VILLARONGA, 1994, pp. 366-367; GARCÍA-BELLIDO y BLÁZQUEZ, 2001, p. 386. La ceca de *Ulia* dejaría de emitir moneda a partir del final de las guerras y comienzos del gobierno de Augusto, probablemente debido a la reorganización provincial iniciada por César tras su victoria y continuada por su sucesor.

[15] Ver CORTIJO, 1990, pp. 115-12; MORALEJO, 2018, p. 9, Tabla 2.

pues, ya solventado en favor de esta última población, aunque ya el Coronel Stoffel en 1877 lo daba como "incontestable" por razones militares y geográficas[16].

Por lo que concierne a su estatuto jurídico y funcionamiento administrativo primitivos, no es mucho lo que se sabe con certeza. Por nuestra parte, coincidimos con Cortijo Cerezo cuando afirma que la ciudad hubo de promocionar de estatuto tras las guerras civiles en el marco de las recompensas y reorganización promovidas por el propio César y después por Augusto. Ahora bien, la presencia de términos como *municipes* o *res publica* en los textos epigráficos de los siglos I y II d. C.[17]. no acredita necesariamente la condición de municipio de *Ulia* que, si bien es probable, resulta también debatible. En cualquier caso, es difícil pensar que el estatuto de la ciudad no fuese, en buena medida, privilegiado habida cuenta de que ciudades como *Urso* o *Ucubi*, cuyas lealtades en la guerra fueron más bien dudosas o directamente filopompeyanas, gozaron del estatuto de colonias inmunes. Posiblemente podamos hablar de Ulia como *municipium civium Romanorum* desde una época relativamente temprana a la que habría que añadirle, quizá, algún otro privilegio como la *immunitas*[18].

La lectura de las referencias literarias presenta a *Ulia* como una ciudad situada en la orilla meridional del *Baetis*, indudablemente próxima a Córdoba, situada en un alto y bien fortificada, lo suficiente para resistir un asedio prolongado. Además, se trataría de un núcleo de población extenso, tal y como indica su importancia en las contiendas y su capacidad para acoger contingentes numerosos. Montemayor cubre todos los requisitos mejor que ninguna otra población de la comarca. La atribución de *Ulia* a Montemayor se

[16] STOFFEL, 1877, vol. II: p. 306. Para la historia de la localización de *Ulia*, propuestas alternativas y conclusiones recientes, ver CORTIJO, 1990, pp. 19-24 (autores anteriores al s. XX) y y 31-49; MORALEJO, 2018, pp. 4-6.

[17] CIL II 1534=CIL II² 5, 495: *P(ublio) Aelio P(ubli) f(ilio) Fabiano / patri aed(ili) IIvir(o) / praef(ecto) C(ai) Caesaris / praef(ecto) iterum pont(ifici) / sacrorum flamini / divi Augusti // municipe[s] / quod / annon[a---].* CIL II 1536= CIL II² 5, 498: *L(ucio) Calpurnio L(uci) f(ilio) / Gal(eria) Danquino / IIvir(o) municipes / et incolae.*

[18] A este respecto CIL II² 5 (volumen de la nueva edición del *conventus Astigitanus*), concretamente la parte correspondiente a la *praefatio* de la ciudad de *Ulia*, y Cortijo Cerezo, 1990, pp. 99-112, con un tratamiento específico de la discusión científica en torno al estatuto jurídico de la ciudad incluyendo las fuentes epigráficas. Para información complementaria: CORTIJO, 1997, pp. 95ss.

recoge así ya, sin interrogantes, también en obras internacionales de referencia cartográfica como la hoja J-30 del TIR, en su edición de 2001, o en el *Barrington Atlas*[19]. Que la ciudad de época cesariana tiene precedentes ibéricos es indudable; de hecho que la ciudad cesariana es todavía una ciudad ibérica que se irá romanizando hasta eventualmente alcanzar estatuto municipal queda claro de los datos arqueológicos conocidos, pero no es tema que nos ocupe aquí más allá de que su perímetro fortificado debía ser necesariamente de época ibérica[20].

DATOS TOPOGRÁFICOS E ITINERARIOS

Desde una perspectiva de análisis espacial del territorio cotejado con las fuentes, la identificación de *Ulia* con el actual enclave de Montemayor se deduce del territorio, los itinerarios y la topografía local.

En primer lugar, en los textos cesarianos queda meridianamente claro que *Ulia* ha de estar al sur del *Baetis*/Guadalquivir (en particular *Bell. Alex.* 59-61, en relación con la bien conocida posición de Córdoba y las diferentes referencias a campamentos situados a "éste" (*citra flum*en) o al otro (*Baetim traducit*) lado del río, y con el hecho de que Casio Longino realiza una marcha nocturna desde la ribera sur del río hasta *Ulia*, que le era fiel (*Bell. Alex.* 61,2). Lo mismo se puede inferir de los textos de Plinio o de los itinerarios ya mencionados.

En segundo lugar, *Ulia* ha de estar a la distancia de una marcha del río *Baetis*, según se extrae del mismo episodio: *"sale de noche y en silencio del campamento y en una rápida marcha se dirige a Ulia"*[21]. Una marcha diurna normal de un ejército romano de la época

---

[19] TIR J-30 2000, TALBERT, 2000: I, 430.

[20] Sobre los restos ibéricos en Montemayor: MOYANO, 1997, pp. 16 ss (necrópolis); pp. 19-20 (muralla); MOYANO, 1999, pp. 11-21.

[21] *"noctu silentio ex castris proficiscitur celerique itinere Uliam contendit"*. Aquí y en el resto del texto emplearemos la traducción de Julio Calonge y Pere Quetglas para la Biblioteca Clásica Gredos 342, Madrid 2005. Si se hace necesaria alguna precisión o modificación se advertirá expresamente. Otra buena edición reciente, muy anotada históricamente, es de del Landmark Caesar coordinada por K. Raaflaub (2017a).

tardorrepublicana o altoimperial por un terreno favorable podía llegar a unas veinte millas romanas, en torno a los 30 Km[22]; una marcha forzada era muy superior (Caes. *Bell. Gal.* 7, 41 es un ejemplo quizá excesivo); una marcha nocturna, incluso forzada, es mucho más lenta. Dado que Casio Longino había acampado a unos seis km. (*IIII milia passuum*) de Córdoba al sur del río y en una zona elevada desde la que se veía la ciudad (*Bell. Alex.* 59,2), la distancia desde un punto de un arco a 6 km. al sur/sureste de Córdoba y Montemayor es de unos 19 km., perfectamente asequible para una marcha nocturna en otoño y en territorio fácil como es la vega y campiña[23]. De hecho, en otra marcha citada en las fuentes, la de Casio Longino desde *Hispalis* a *Naeva* (Cantillana Sevilla) llevó una noche para cubrir unos 27 km. aunque con solo cinco cohortes, lo que agiliza mucho el ritmo por comparación a un contingente mayor (*Bell. Alex.* 57,2)[24].

En tercer lugar, ya hemos hecho alusión a las distancias recogidas en el Itinerario Antonino y el *Ravennate,* que marcan la distancia entre *Ulia* y *Corduba* en XVIII millas romanas (26,6 km.) en la vía hacia *Anticaria* y entre *Ulia* e *Ipagrum* en X (14,8 km.), cifras que coinciden con exactitud[25].

---

[22] RAMBAUD, 1976; BENARIO, 1986 *passim.* Confirmado por Vegecio 1,27, citando costumbres de época augústea, da 30 km. como marcha de ejercicio con armas y equipo; o *Bell. Afr.* 65,2. 30 km. o 20 millas romanas parece ser el *iustum iter,* aunque en condiciones de campaña y en terrenos no ideales cifras de 20 a 25km. parecen más factibles (*pro* RAMBAUD, 1976, p. 847). Además, y como recuerda GOLDSWORTHY (1996, pp. 109-110) el recorrido de Vegecio parte y termina en campamentos ya construidos, lo que llevaría tiempo. La mayoría de las fuentes antiguas se preocupan de dar tiempos y distancias en marchas en casos excepcionales por su rapidez, por lo que no son significativas; acatar la excepcionalidad como norma en condiciones de campaña es delicado. Por otro lado, la disciplina y organización de los ejércitos varían mucho su distancia media de marcha. Finalmente, hasta época napoleónica al menos las distancias medias que los ejércitos, basados en la marcha a pie de infantes, el paso de caballos y la logística basada en mulas y carros de bueyes, no ha variado mucho. Las distancias medias de 25 km/día en buen terreno es la más frecuente (FURSE, 1901 *passim*).

[23] CORTIJO (1997, p. 38) calcula 27 km. desde Córdoba propiamente dicha, pero ya hemos visto que el campamento estaba a varios kilómetros al sur-sureste de la ciudad.

[24] CORTIJO (1997, pp. 38-39) añade que en la campaña del año 45 a.C. César recorre la distancia en el entorno de *Corduba-Ulia* en varios momentos con rapidez, dando la idea de que las distancias son cortas (Dio. Cas. 43,32; *Bell. Hisp.*III-IV).

[25] Para el Itinerario de Antonino: PARTHEY *et al.* (1848); BLÁZQUEZ, 1892. Para el Itinerario de Rávena: *Codex Parisinus* Ms 4794. Estudio más pormernorizado en CORTIJO, 1990, pp. 67-69 y 1997, pp. 37-38.

En cuarto lugar, y referido ya a la topografía local, Montemayor resulta un emplazamiento óptimo por su extensión suficiente para acoger al pie de su perímetro amurallado el campamento de un ejército. Además, el propio topónimo de Montemayor, alusivo a su dominio topográfico y visual sobre la campiña circundante, coincide con lo expresado en el corpus cesariano: *"pues Ulia está situada en lo alto de un monte"* (*Bell. Alex.* 61,2)[26]; y "*hacía muchos días que César trataba de atraer … al enemigo a un lugar llano… al darse cuenta de que los adversarios no querían esto de ninguna manera, siendo así que él los había apartado de Ulia para llevarlos a un terreno abierto*"[27]. La topografía de Montemayor en relación directa con las informaciones de los textos literarios, en particular su posición elevada sobre el entorno, visible hoy (Figura 1) y que era más destacable en la antigüedad sin la expansión del casco urbano (Figura 2, realizada con LIDAR eliminando la cobertura vegetal y urbana moderna) sitúa a esta localidad como la mejor candidata para su identificación con *Ulia*. Esta premisa resulta esencial para lo que inmediatamente analizaremos[28].

---

[26] "*Ibi adeo coniuncta ponit moenibus castra ut et loci natura - namque Ulia in edito monte posita est*".

[27] *"Caesar, si qua condicione posset, adversarios in aequum locum deducere et primo quoque tempore de bello decernere. [6] Id cum animadverteret adversarios minime velle, quos +quoniam a avia+ retraxerat, ut in aequum deduceret..."*.

[28] Sobre Montemayor como "mirador de la campiña" en comparación con otros pueblos cercanos, ver Cortijo, 1997, p. 490.

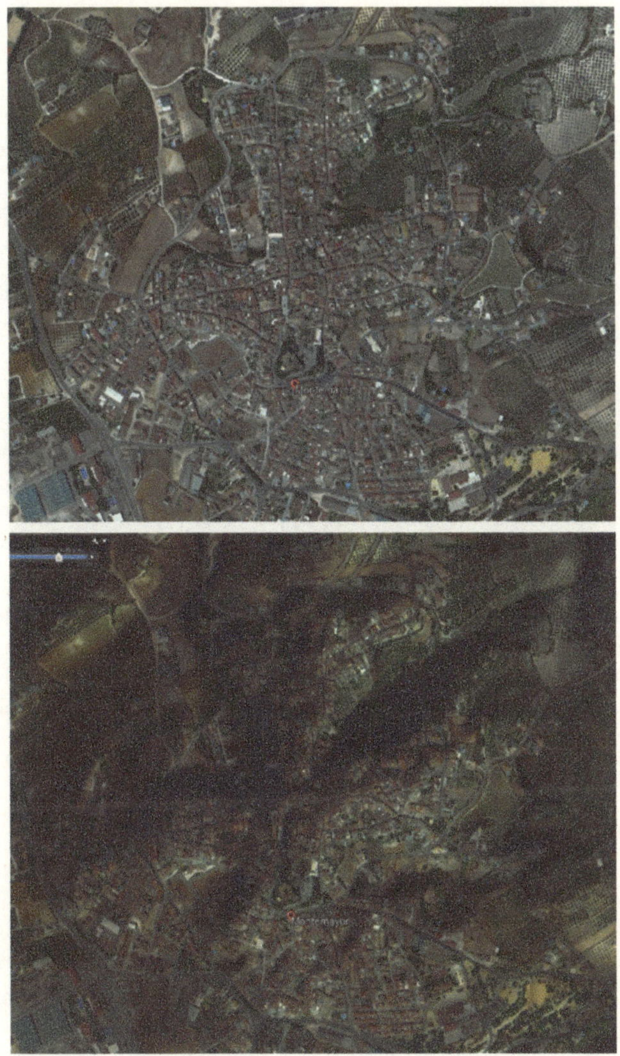

1. Topografía actual del casco urbano Montemayor utilizando la opción de resaltar luces bajas de Google Earth Profesional. La zona alta, con varias pendientes acusadas y vías naturales de acceso por el sur y el norte, presenta indicios de coincidir con el perímetro amurallado de la ciudad ibérica en el s. I a.C. y la traza posterior del municipio romano.

2. Topografía preliminar de las alturas donde se ubica Montemayor eliminado la cobertura vegetal y arquitectónica moderna empleando tecnología LIDAR. Esta planta, depurada, será la que se emplee para el contraste y ubicación sobre el terreno de restos arqueológicos –especialmente posible trazado de muralla de época ibérica– muy fragmentariamente conocidos por informaciones locales. © M. Camacho, J. Moralejo, F. Matas, Grupo Polemos.

PRIMER EPISODIO BÉLICO (*BELL. ALEX.* 61-63, VERANO AVANZADO A DICIEMBRE DEL AÑO 48 A.C.)[29]

En el primer episodio en que *Ulia* juega un papel relevante, Q. Casio Longino, gobernador –cesariano– de la *Hispania Ulterior* se dirige desde *Hispalis* (Sevilla) hasta *Corduba* (Córdoba) para sofocar la rebelión de Claudio Marcelo.

El discurrir de los acontecimientos es el siguiente, reducido a esquema y reordenando en algún caso un texto confuso, y es en torno a su lectura e interpretación sobre lo que podremos hacer preguntas y

[29] Ha sido tratado entre otros por Cortijo (1990, pp. 58 ss.; 1997, pp. 44-45), Quetglas (2005b, p. 157) Novillo (2012, pp. 20-121 y 209-211.; 2018, pp. 112-116).

establecer referentes de investigación arqueológica e histórico-militar, esto es, una definición de parámetros de inquisición.

ACONTECIMIENTOS Y COMENTARIO

Se incluye la sucesión de acontecimientos en redonda, y en *cursiva* aquellos aspectos de directa relevancia militar para el asedio y combates de *Ulia*. El tono árido pero preciso del texto indica claramente la mano de un militar, fundamentalmente debido al énfasis con que describe el movimiento de las distintas unidades, incluso de las fragmentadas en cohortes. Se discute si el texto es de la pluma de César[30], pero si es así, debió de basarse en informes de sus legados en *Hispania* para la parte que nos interesa. Suetonio, desde luego, no creía que las guerras de Alejandría y de *Hispania* fueran obras de la pluma de César, sino de Aulo Hircio o de Opio. El tema no está resuelto[31].

I. CONTEXTO (*BELL.ALEX.* 48-64):

- Tras la victoria de César en Farsalia al otro extremo del Mediterráneo.
- Los hijos de Pompeyo todavía no han llegado a Hispania (48,1)

II. ORIGEN DE LOS DISTURBIOS EN LA PROVINCIA:

- Q. Casio Longino, pretor legal impopular en la provincia. Prodigalidad con los soldados para atraerlos... relajamiento de la disciplina (48-49).
- *Recluta nueva legión (V) y 3.000 jinetes auxiliares.* Implica gastos elevados (50).
- Recibe de César la orden de llevar el ejército a Africa, contra Juba, aliado de Gn. Pompeyo. Endurece presión fiscal (50-51).

[30] QUETGLAS (2005a, pp. 27 y 32-35) llega a hablar de "partes de guerra de las unidades orgánicas" también QUETGLAS, 2005b.
[31] Suet., *Caes.* 56,1.

• Casio Longino cuenta ahora con cinco legiones: la *legio* II de origen pompeyano y larga permanencia en la provincia, la también originalmente pompeyana *Vernacula* (ambas se pasaron a César)[32]. Y además las XXI y XXX de reciente reclutamiento itálico; y la V de reciente reclutamiento local. Heterogéneas en origen y veteranía (50 y 53 sobre todo) [33].

• Atentado fallido contra el impopular Casio Longino (52), pero continúan los planes de embarque a *Africa* (56).

• Las legiones V, XXI, XXX apoyan a quien les ha reclutado, el pretor Casio Longino. La II vacila. La vernácula se mantiene levantisca (54.2-3).

• Casio Longino se lanza a una purga feroz de nobles desafectos (55).

• Llega la noticia a *Corduba* de la victoria de César en *Farsalos* (56,1), pero se mantienen los preparativos para cruzar a *Africa* (56.5).

• Parte del ejército se resiste a marchar a *Africa*. Sublevación escalonada de las legiones *Vernacula*, II y seis cohortes de la V –reticentes y forzadas por los vernáculos– [34] contra el pretor Casio Longino (57.3)[35]. Al mando, primero Lucio Ticio (57.1) y enseguida, por elección, el italicense T. Torio (57.3). Poco después

---

[32] Sobre la *Legio Vernacula* (reclutada con ciudadanos romanos asentados en Hispania, *provinciales*) ver el clásico de ROLDÁN (1974); FEAR (1991); CADIOU (2008, pp. 612-627). Sobre los efectivos militares pompeyanos en Hispania en general, NOVILLO (2012, pp. 94 ss.)

[33] "*Nemo enim aut in provincia natus, ut vernaculae legionis milites, aut diuturnitate iam factus provincialis, quo in numero erat secunda legio, non cum omni provincia consenserat in odio Cassi: nam legionem XXX et XXI paucis mensibus in Italia scriptas Caesar attribuerat Longino, quinta legio nuper ibi erat confecta*" (*Bell. Alex.* 53). Sobre la peculiaridad de la II y la vernácula, ver también *Bell. Civ.* (7,4). Ambas son veteranas y con experiencia de batalla a diferencia de las otras tres (*Bell. Alex.* 61,1). Fear sostiene, contra lo sostenido por Roldán, que los hombres de la *Legio Vernacula* no eran ciudadanos, sino iberos nativos sin ciudadanía: Entre estos dos extremos oscila la investigación; en último lugar CADIOU (2008, pp. 612-627) se opone frontalmente a FEAR y la considera conformada por ciudadanos, con lo que coincidimos. Los textos cesarianos no parecen tratarla nunca como una legión irregular o "indígena".

[34] Cuatro forzadas en Obúcula (57.3) y otras dos que estaban de guarnición en Córdoba (57.5), tomada por los sublevados mientras el pretor estaba en *Hispalis* (56.6)

[35] Los "soldados indígenas" de la traducción estándar no son tropas auxiliares, como pudiera entenderse, sino legionarios de la vernácula ([Q. Cassius] *audit IIII cohortis a vernaculis oppressas ad Obuculam).*

el cuestor M. Marcelo (57,4-6) que es nombrado pretor por las tropas[36], toma el mando de los sublevados (59.1).

- Los soldados sublevados pintan inicialmente en sus escudos el nombre de Gn. Pompeyo (58.3). Son los provinciales, en origen de reclutamiento pompeyano y los más irritados (58,1-2).
- En cambio, el legado de la XXX, Q. Casio, mantiene la lealtad de su unidad, de la XXI, del resto de la V y de toda la caballería (57,2-3). Enfatiza a la tropa su lealtad a César (57,6). Se trata de las tropas de reclutamiento más reciente sin apenas lazos provinciales.
- Córdoba se posiciona contra el pretor Casio Longino, pero no quiere ser vista como pro-pompeyana (58.4)[37], en vista de lo cual los soldados quitan el nombre de Gn. Pompeyo de sus escudos. Ahora ambos bandos se declaran cesarianos (59.1-2).

III. SITUACIÓN INICIAL ENFRENTAMIENTO. *ULIA* ENTRA EN ESCENA.

- El pretor Casio Longino regresa de *Hispalis* (56.6) vía Segovia junto al río *Singilis* (57.6)[38], se pone al mando de sus tropas y *acampa a 6 Km. de Córdoba, por tanto, en la ribera meridional o izquierda* (59.2).
- Pero Casio Longino es consciente de que las tropas no le son leales a él, sino fieles a César que le ha nombrado (57,6).
    - Envía mensaje pidiendo ayuda en nombre de César al rey Bógudo de Mauritania (59.2).
    - Envía otro mensaje pidiendo ayuda al procónsul de la *Citerior*, Marco Emilio Lépido (59,2)[39].
    - Devasta los campos cordobeses.
- Los sublevados exigen a Marcelo que plante batalla antes de que Córdoba sea arrasada (60).

[36] Ilegalmente.

[37] Sobre todo teniendo en cuenta que ya se sabe que Pompeyo magno ha sido decisivamente derrotado en Farsalos.

[38] *Cassius his rebus incensus movet castra et postero die Segoviam ad flumen Singiliense venit.* El *Síngilis* es el Genil (TIR J-30:303, y *Segovia* se ubica en Isla del Castillo junto a Écija. Por tanto, al sur o en la ribera izquierda del *Baetis*. A partir de ahora se indican en cursiva los datos o acontecimientos más relevantes para el estudio arqueológico que desarrollamos.

[39] Cesariano, obviamente, y como procónsul, de rango superior a él mismo.

IV. PRIMERAS ACCIONES:

- Tanteos y escaramuzas. Cruces del Betis hacia la margen izquierda o meridional. Superioridad de caballería de Casio (60.4) y de infantería de Marcelo, pues sus legiones[40] eran veteranas y experimentadas en muchos combates (61.1). Ningún bando desea la batalla campal.

V. MARCHA A *ULIA* Y ASEDIO

- Ante su inferioridad en infantería, y ante una Córdoba que le era hostil, *Casio Longino marcha de noche a Ulia, que le era fiel (61.2). Acampa dentro y a sus pies (Ulia es un alto), muy pegado a sus murallas (61.3).*
- *Marcelo le persigue y rodea con fortificaciones tanto la ciudad como el campamento de Casio Longino: establece fortines en los puntos idóneos (castellis idoneis locis), y una contravalación completa mirando a la ciudad: "operibusque in circuitu oppidi continuatis Uliam Cassiumque munitionibus clausit" (61.5).*
- *Antes de que se cierre el dogal, Casio Longino saca de Ulia su superior caballería para no tener que alimentarla y para que hostigue desde fuera a los sitiadores (61.6).*
- *Esto obliga a Marcelo y los "rebeldes" a construir una circunvalación mirando al exterior "exteriores Marcelli munitiones" (62.3).*

VI. LLEGA BÓGUDO A AYUDAR AL CERCADO Q. CASIO LONGINO

- A los "pocos días" llega el mauritano Bógudo con tropas: una legión y numerosas (*complures*) cohortes auxiliares hispanas en auxilio de Casio Longino, el cercado (63.1)[41].

---

[40] Originariamente pompeyanas.

[41] *Paucis diebus Q. Cassi litteris acceptis rex Bogus cum copiis venit adiungitque ei legioni quam secum adduxerat compluris cohortis auxiliarias Hispanorum(63.2).* No se especifica, pero el mauritano debe haber recibido el mensaje, reunido tropas, cruzado el estrecho de Gibraltar y llegado a *Ulia*. Deben haber pasado, pues, varias semanas –muchas semanas en realidad– desde 59.2 a este punto, tiempo más que suficiente para hacer obras de asedio completas. Las *cohortes* de hispanos probablemente fueran de *caetrati*

• *Combates reñidos entre Bógudo y Marcelo en la circunvalación, es decir, la línea que mira hacia el exterior, que se mantiene incólume (63.2).*
• *No sabemos dónde exactamente acampa Bógudo.*

VII. LLEGA DE LA *ULTERIOR* EL PROCÓNSUL M. EMILIO LÉPIDO A PONER ORDEN.

• Trae consigo tres legiones y media (35 cohortes legionarias, mucha caballería y numerosos auxiliares (63.1)[42].
• No toma partido. Viene a mediar. *Prohíbe que los bandos combatan más* (63.1 y 63.33).
• *Lépido acampa junto a Ulia y pegado al campamento de Marcelo* (63.3)[43].
• Marcelo –líder de los sublevados– se pone a disposición de Lépido. *Casio se mantiene en Ulia (63.2).*
• Se pacta una tregua y se desmontan fortificaciones, que en parte estaban en curso todavía, y se habían retirado las tropas de las líneas (63.4-5) [44].
• *Justo entonces, por sorpresa, los auxiliares del rey Bógudo lanzan un ataque contra el campo de Marcelo más cercano al de Bógudo* (63.5)[45].
• Lépido impone orden evitando una reactivación de la lucha (63.6)

(Caes. *Bell. Civ.* 1,39,1), las *cohortes scutatae* se reclutaban en la Ulterior, pero si eran unidades traídas de Arcia, como es probable, junto con la legión, entonces pudieron ser *scutati* igualmente.

[42] *Interim Lepidus ex citeriore provincia cum cohortibus legionariis XXXV magnoque numero equitum et reliquorum auxiliorum venit ea mente Uliam* (63.1).

[43] *Ponit ad Uliam castra Lepidus neque habet a Marcello quicquam divisi (63.3).* En principio esto debería implicar que el campamento de Emilio Lépido estuviera entre la circunvalación y la contravalación, pero estando Bógudo en la cercanías no parece probable.

[44] *postulat [Cassius] uti munitiones disicerentur sibique liber exitus daretur. Non tantum indutiis factis sed prope iam [pace] constituta opera [cum] complanarent custodiaeque munitionum essent deductae... (63, 4-4),*

[45] *auxilia regis in id castellum Marcelli quod proximum erat regis castris [...] impetum fecerunt complurisque ibi milites oppresserunt. (63.5)* No se indica "*castra*" sino un fortín de la línea de circunvalación, "*castellum*".

VIII. FIN DE HOSTILIDADES. LLEGADA DEL NUEVO PROCÓNSUL DE LA ULTERIOR, G. TREBONIO

• *M. Marcelo [cuestor sublevado "ascendido" a pretor] une su campamento con el de Lépido [procónsul de la Ulterior] (64.1)46.*

• *Casio Longino sale de Ulia y marcha con sus tropas en dirección a Carmona (64.1).* Su caballería se le une. Distribuye las tropas en campamentos de invierno (64.2)[47].

• Mientras tanto el sublevado Marcelo y el procónsul de la *Citerior* Lépido marchan juntos hacia *Corduba* (64.1)[48].

• Entretanto llega el nuevo procónsul, G. Trebonio, para hacerse cargo de la *Ulterior*[49].

• Casio Longino abandona sus tropas y la provincia, embarca en Málaga para regresar a Italia y se ahoga al naufragar su barco en el Ebro, donde se había refugiado por la noche (64.2-3).

• Trebonio comienza a tener dificultades con los partidarios de Pompeyo en 437-46 (permaneció en la provincia). Sus hijos acabarán desembarcando en el sur de *Hispania*[50].

---

[46] Lépido por tanto no parece inclinado en absoluto a castigar su sublevación. Teniendo en cuenta el cuadro estratégico (los hijos de Pompeyo siguen vivos y la guerra civil principal no ha terminado), probablemente no desea tener que castigar o disolver estas tropas veteranas.

[47] La fuerte caballería de Casio no parece haber hecho gran cosa durante las semanas que este estuvo atrapado en *Ulia*. El término es *hiberna* a secas. Pueden ser campamentos o alojamientos en ciudades. *Cassius, legiones quas secum habuerat equitatumque in hiberna distribuit. (64.2).* Sobre el *hospitium militare*, ver Ñaco, 2001 y Cadiou, 2008, pp. 363-415.

[48] Ambos ejércitos sumarían dos legiones y media (*Vernacula*, II y seis cohortes de la V) de Lépido y dos legiones y media de Marcelo, junto con numerosas unidades de *auxilia*. Aunque las legiones estuvieran bajas de efectivos, sumarían no menos de 20 a 30.000 legionarios y un gran número de auxiliares. Por su parte, el pretor Casio Longino llevaría hacia Carmona otras dos legiones y media (XXI, XXX y cuatro cohortes de la V), *auxilia* y numerosa caballería, no menos de 10.000 a 20 hombres). No se nos dice qué ocurre con Bógudo, su legión y los mauritanos. Probablemente regresaran a Africa, puesto que habían venido en auxilio del pretor legal nombrado por César. De hecho, en el año 46 a.C. Bógudo está en Africa atacando la capital númida de *Cirta* junto con el cesariano P. Sitio (Apiano, *Bell.Civ.* II,96).

[49] Broughton, 1951-1986, vol. II, p. 289

[50] Dio. Cas. 43,29; *Bell. Hisp.* 12.2. Sobre el papel de Cneo Pompeyo en estos años, ver Amela, 2000 y Novillo, 2012, pp. 120 ss.

ANÁLISIS EN TÉRMINOS ARQUEOLÓGICOS, MILITARES E HISTÓRICOS

El análisis arqueológico del territorio uliense tiene interés *per se*, además de en relación con las fuentes textuales. Lo primero y básico es documentar si hay restos materiales que certifiquen operaciones militares a gran escala a mediados del s. I a.C. en base al registro material. Los miles de objetos de *militaria* hallados en nuestras prospecciones demuestran que es así, confirmando la ubicación de *Ulia* por una vía independiente, adicional a las analizadas más arriba, (ver además *infra* pp. 203 y ss.).

En segundo lugar, el estudio de esos materiales nos ayudará a mejorar nuestro conocimiento de la panoplia y modos de combate de las legiones romanas y tropas auxiliares de este periodo, comparando además con los estudios más avanzados para época cesariana de la Galia, como *Alesia* o muchos otros lugares. Podemos avanzar que la tipología de objetos es perfectamente compatible, y añade nuevos datos[51] (*infra* pp. 203 y ss.).

En tercer lugar, el cotejo de la dispersión de *militaria* y otros objetos sobre el terreno, así como el hallazgo y estudio de los posibles restos de estructuras, ayuda a confirmar o desmentir la precisión de los datos literarios, y a proponer hipótesis donde los textos son silentes (*infra* pp. 203 y ss.).

Todas estas aportaciones son comunes a este episodio bélico y al que analizaremos en el apartado siguiente –pp. 198 y ss– (año 45 a.C.). Pero el detalle de la campaña del 48 a.C.plantea una serie de cuestiones específicas de los distintos episodios.

1. Aunque el texto es vago, es claro, por el episodio de Bógudo, que debieron pasar varias o bastantes semanas de asedio ante *Ulia* hasta que este llegó, y lo mismo cabe decir de la llegada para imponer orden del procónsul de la *Citerior*.

2. En consecuencia, los trabajos de asedio y de defensa pudieron estar bastante avanzados y, sin ser muy masivos, al menos debieron incluir el concepto de *fossa* y *agger* y empalizadas.

---

[51] *E.g* sobre todo Alesia: Reddé y von Schurnbein, 2001; Reddé y von Schurnbein, 2007. Otros: Poux, 2008.

3. Debemos buscar trazas de una circunvalación y de una contravalación, mencionadas expresamente, al estilo de las de César en *Alesia*. Sin embargo, también sabemos que las obras fueron demolidas al final, probablemente fosos rellenados y terraplenes desmontados. Si a esto unimos el intenso cultivo en la campiña desde entonces, y en particular el uso de maquinaria moderna de arado en los cultivos circundantes a Montemayor, no es probable encontrar restos visibles, aunque algo debería restar.

4.El número de efectivos en torno a *Ulia* fue muy elevado, y creció con el tiempo. Inicialmente tenemos las dos legiones y casi media (XXI, XXX y 4 cohortes de la V) bajo Casio Longino acogidos a las murallas de *Ulia*. Aunque ordenó a la caballería (numerosa) que se alejara para hostigar a los enemigos, no se nos dice nada sobre cohortes auxiliares hispanas. Los sitiadores de Marcelo suman otras dos legiones y media (Vernácula, II y 6 cohortes de la V). En total pues se asentaron en y en torno a *Ulia* un máximo de 25.000 legionarios más tropas auxiliares. Aunque es posible que las legiones no estuvieran al completo[52]. La presencia de cohortes auxiliares que habríamos de añadir hace que este orden de magnitud sea una estimación aceptable. Además, recordemos que las legiones venían de una situación de paz y estaban preparándose para marchar en campaña a *Africa*, por lo que debían estar al completo, o casi al completo de sus efectivos teóricos.

Luego se añade el contingente de Bógudo (una legión y numerosas cohortes) y más tarde llega Lépido con otras tres legiones y media, caballería y auxiliares. De este modo un orden de magnitud razonable para el entorno de *Ulia* al final de la campaña puede ser perfectamente de unos 50.000-70.000 hombres, nueve legiones y media más *auxilia*.

5. Se nos dice específicamente que Casio Longino plantó su campamento casi pegado al pie de las murallas de *Ulia*, pero no en

---

[52] Problema constante en las guerras civiles, con legiones a menudo a mitad de efectivos teóricos. Ver *Bell. Civ.* con Cic.; 3,89. Estudio detallado del tamaño de la legión entre Mario y Octaviano en Brunt, 1971, pp. 686 ss; Apéndice 27: hubo en campaña legiones con 2000 hombres. E incluso menos en ocasiones, en lugar de las 5200-6200 teóricos.

qué posición relativa a ella. Topográficamente las mejores opciones son al norte o al sur (Figuras 1 y 2). Teniendo en cuenta tres legiones largas, y que parte de las tropas se ubicaran intramuros, el campamento debió ser de un tamaño en el entorno de las 20 Ha. o algo más, aunque esto es en parte especulativo debido a la dificultad de estas estimaciones[53]. Esta es particularmente cruda dado que no sabemos qué porción del ejército se refugió intramuros, cuantos auxiliares había y a qué nivel de efectivos estaban las legiones. En todo caso, un solo campamento habría sido tan grande como el propio *oppidum* de Montemayor a partir de la probabilidad topográfica (Figuras 1 y 2). En cuanto al campamento de Marcelo, también cercano a la ciudad, habría tenido un tamaño similar o algo menor dado que parte de sus tropas se distribuían en *castella* a lo largo de la contravalación. Si hubo campamentos auxiliares, un campamento de cohorte podría ocupar en el entorno de 2 Ha., mientas que los fortines y *castella* podrán tener muy diversos tamaños, menores de 1 Ha.

6. A estas alturas está claro que, aunque la planta en forma de "naipe" rectangular con esquinas redondeadas estaba bien establecida desde décadas antes (véase el campamento de Cáceres el Viejo por ejemplo), dicha forma regular no era única ni imprescindible, por lo que en este caso cabría esperar variantes adaptadas al terreno y otras formas rectangulares[54].

7. A los dos campamentos originales habría que añadir otro de quizá otras 20 Ha junto al supuesto de Casio Longino y otro de Bógudo, cerca de la contravalación. En total, cuatro grandes campamentos próximos o inmediatos al *oppidum* ibérico.

Como consecuencia de lo anterior, las prospecciones han de tener específicamente en cuenta los factores 3, 5, 6 y 7 en lo referente a la búsqueda de estructuras. Hasta ahora, aunque algunos resultados de

---

[53] Sobre la dificultad, Goldsworthy, 1996, p. 111. Tamaños según el tipo de unidad en el s. I d.C. en Reddé, 2006, p. 70. Dimensiones teóricas para un ejército consular republicano (el equivalente a cuatro legiones) en Polibio, de en torno a 36 Ha, también problemático (Dobson 2008, pp. 68 ss.). Ver además Gilliver, 1999, pp. 84-87; Richardson, 2004.

[54] Formas irregulares republicanas y augusteas como se señala en Dobson, 1996: *passim* y 68-121; Morillo, 2003, pp. 69 y 70; Morillo et al., 2017: 193 y 195 Reddé et al., 2006, p. 71 entre amplia bibliografía.

LIDAR muestran posibles estructuras campamentales en forma de naipe, no hemos localizado restos claros de circunvalación, contravalación o de grandes campamentos, quizá por lo indicado en (3).

8. Dado que estamos ante una guerra civil dentro de la guerra civil, no cabe esperar diferencias sustanciales en las armas y equipo de los dos bandos, incluso quizá tampoco con las cohortes auxiliares. El intercambio de tipos de armas característico del periodo en Iberia había alcanzado su madurez[55].

9. Salvo por el crepuscular asalto de las cohortes auxiliares de Bógudo a un *castellum* de Marcelo al final del episodio, no parece que hubiera grandes combates en campo abierto entre los dos ejércitos enfrentados, y menos con el Lépido el "pacificador" desde la *Citerior*. Así las cosas, solo cabe inferir operaciones de hostigamiento y escaramuzas en las líneas de circunvalación y contravalación, donde el uso de armas propulsadas (*scorpiones, ballistae,* arcos) y arrojadizas (*pila, veruta*) era predominante. Esto se refleja en efecto en los hallazgos realizados (ver más adelante, pp. 203 y ss.).

SEGUNDO EPISODIO BÉLICO (*BELL.HISP.* 3-6=14.3-6), INVIERNO 46-45 A.C.[56]

El segundo episodio bélico que afecta a *Ulia* en estos años fue a la vez menos complejo y más breve que el estudiado arriba, pero más relevante porque implicó directamente al propio César y a los hijos de Pompeyo, y debe considerarse como un prólogo de la batalla de *Munda*, que concluyó la campaña de manera decisiva. Sin embargo, muchas de las unidades implicadas, en el bando pompeyano y en el cesariano, debieron ser las mismas que habían maniobrado y combatido en *Ulia* dos años antes. En efecto, tras la huida y muerte de Casio Longino, el nuevo procónsul de la provincia Ulterior tomó el mando y permaneció en la zona con dificultades para contener las legiones (*supra*) hasta que la llegada de los hijos de Pompeyo le expulsó, como menciona Casio Dion

[55] QUESADA, 2006; QUESADA, 2007, *passim*.

[56] Tratado entre otros por CORTIJO, 1990, pp. 60 ss; CORTIJO, 1997, pp. 45-48; MELCHOR, 2005, p. 363; RODRÍGUEZ NEILA, 2005, pp. 341-349; NOVILLO, 2012, pp. 125-126.

sobre todo (43,29,1-2): "*todos los pueblos de la Bética se unieron a la revuelta contra César*"[57].

Procederemos de igual modo que en la campaña anterior. La diferencia es que nuestra fuente más detallada es el *De Bello Hispaniensi* y que los acontecimientos fueron mucho más violentos, pero la descripción es menos detallada y más confusa en algunos momentos.

ACONTECIMIENTOS Y COMENTARIO

I. CONTEXTO (*B.HISP.* 2):

- César, designado dictador en cuarto mandato, marcha a *Hispania* para acabar con los hijos de Pompeyo que se han hecho fuertes en el sur (2.1)[58].
- *Ulia es una recalcitrante ciudad cesariana que se niega a pasar al bando pompeyano* (*Bell.Hisp.* 3.3.; Dion Casio 43,31,4).

II. ACCIONES INICIALES

- Sexto Pompeyo (hijo menor) en *Corduba*, capital de la provincia (3.1).
- Mientras tanto Cneo Pompeyo el Joven (hijo mayor) asedia *Ulia* desde hace meses (3.1)[59].
- Aquí Dion Casio introduce un episodio del asedio no incluido en el corpus cesariano: "*no consiguió nada en Ulia, sino que, por el contrario, cuando se derrumbó una torre, no porque se la tiraran los suyos sino a causa de la multitud de hombres que la defendía, entraron algunos y fueron expulsados de mala manera*" (Dion Casio 43,32,4)[60].

---

[57] Ver sobre Cn. Pompeyo en estos tres años AMELA, 2000; NOVILLO, 2012, pp. 122 ss y 211-213; NOVILLO, 2018, pp. 116-118

[58] César habría llegado a *Obulco* hacia finales de Diciembre del 46 a.C. (FERREIRA, 1994, p. 437) o algo antes aunque hubo de reunir a su ejército allí.

[59] Indicio de la fuerte defensa de la ciudad.

[60] Traducción de J.M. Candau y M.L. Puertas para la BCG. El episodio completo de la llegada de César ante *Ulia* y *Corduba* es confuso en el orden de acontecimientos.

- Los asediados de *Ulia*, enterados de que César ha llegado, consiguen enviarle un mensajero pidiendo ayuda (3.2).
- 8 Enero[61]. *César envía un contingente de seis cohortes y el mismo número de jinetes que atraviesa líneas pompeyanas y refuerza Ulia (3.4-9)*[62].
- *El refuerzo consigue atravesar las líneas pompeyanas aprovechando una tormenta que impedía la visibilidad (tempestate adversa) y la capacidad de engañar a los centinelas pompeyanos fingiendo que iban a atacar la ciudad. Cada jinete subió un infante a su grupa (iubet binos equites conscendere) y así llegaron a una de las puertas de Ulia, que se abrió a una señal convenida (3,7)*[63].
- *Una vez a salvo los infantes, los jinetes hicieron una salida contra el campamento pompeyano, con éxito (3,8)*[64].

Seguimos lo descrito en el d*e Bello Hispaniensi.* La descripción del derrumbe de la torre defensiva por el peso de los defensores no tiene sentido si fuera una estructura pétrea de la muralla del *oppidum.* O bien la torre estaba dañada por labores de zapa en el asedio, o bien era una estructura de madera, o parcialmente de madera, realzando la muralla original o parte de un campamento extramuros como el que se describe para Casio Longino en la campaña del 49 a.C. ἔπειτα δὲ ὡς οὔτε τι πρὸς τῇ Οὐλίᾳ ἐπέραινεν, ἀλλὰ καὶ πύργου τινός, καὶ τούτου οὐχ ὑπὸ σφῶν κατασεισθέντος ἀ λλ᾽ ὑπὸ τοῦ πλήθους τῶν ἐπ᾽ αὐτοῦ ἀμυνομένων καταρραγέντος, ἐσῆλθον μέν τινες, οὐ μὴν καὶ καλῶς ἀπήλλαξαν

[61] Raaflaub, 2017b: 200, da el 8 Enero; Ferreiro, 1994, p. 437, el 7 de Enero.

[62] "*celeriter sex cohortis secunda vigilia iubet proficisci, pari equites numero*". (3,3). No se precisa el tipo de infantes, podrían ser *auxilia* locales, y dado que se puso al mando a un ciudadano provincial, L. Vibio Pacieco, y en el contexto de lo que sucede de inmediato, cabe suponer que enviaría *auxilia*, en torno a 2.500-3.000 y el mismo número de jinetes, estos sí auxiliares de etnia no precisada.

[63] Una tormenta de estas dimensiones es plausible si pensamos que nos encontramos probablemente en torno al 7 de enero de 45 a.C. según el calendario juliano (Ferreiro, 1994, p. 437).

[64] Todo el episodio es complejo tal cual se explica. Si los pompeyanos de Cneo llevaban meses asediando, lo normal es que hubiera al menos una contravalación completa, lo que obligaría a los refuerzos a cruzar una puerta fortificada. Es difícil, pero posible en las condiciones descritas: tormenta fuerte y oscuridad. Y una vez a salvo las seis cohortes de infantería ¿cómo pudieron unos dos mil quinientos jinetes atacar un campamento fortificado en medio de grandes alaridos? (*equites clamore facto eruptionem in adversariorum castra fecerunt,* cf. 2, 8). Lo lógico es que hubieran superado la empalizada manteniendo la treta previa que les franqueara el acceso. Ferreiro (1994, 437-438, n. 5) cree que los jinetes, una vez cumplida su misión de introducir seis cohortes en *Ulia*, rompieron el cerco en esta salida y marcharon a reunirse con César que venía desde *Obulco* hacia Córdoba. Lo mismo sostiene Raaflaub (2017a, 609, notas 14.3), quien cree que el episodio es correcto, más aún, que está narrado por un participante en la acción.

III. LLEGADA DE CÉSAR Y ABANDONO DEL ASEDIO DE *ULIA*:

- César marcha sobre Córdoba directamente para obligar a Cneo a levantar el asedio de *Ulia* para ayudar a su hermano Sexto en Córdoba (4,1)[65].
- César usa una táctica similar a la practicada en *Ulia*: la caballería de vanguardia va acompañada por un contingente de infantes pesados (*loricati*)[66] que se suben a la grupa de los jinetes. Cuando los pompeyanos de Córdoba ven la caballería, hacen una salida para derrotarla, momento en que los infantes pesados descienden, forman y causan gran mortandad entre la guarnición pompeyana cordobesa (4,2)[67].
- Ante la petición de socorro de su hermano así derrotado, *Gn. Pompeyo abandona el asedio de Ulia, casi tomada (prope capta)* (4,4-5) para socorrer a Sexto en Córdoba [68].
- A partir de aquí *Ulia* desaparece de la escena y el centro de gravedad de la campaña se traslada sucesivamente a *Corduba, Ategua, Ucubi* y finalmente *Munda*, donde se libró la gran y decisiva batalla del 17 de Marzo del 45[69].

---

[65] Sin duda la ciudad más importante de las dos.

[66] Termino inusual.

[67] Otro episodio que no tiene la habitual claridad de los textos de la pluma del propio César. ¿Son estos *loricati* legionarios? ¿por qué la guarnición no es capaz de distinguir que cada jinete lleva un hombre extra a la grupa? *loricatos viros fortis cum equitatu ante praemisit. Qui simul in conspectum oppidi se dederunt, cum equis recipiuntur. Hoc a Cordubensibus nequaquam poterat animadverti. Appropinquantibus ex oppido bene magna multitudo ad equitatum concidendum cum exissent, loricati, ut supra scripsimus, ex equis descenderunt et magnum proelium fecerunt, sic uti ex infinita hominum multitudine pauci in oppidum se reciperent.* (4,2).

[68] Quizá el 12 de Enero, cuatro días después del episodio de la llegada de refuerzos (Raaflaub, 2017b, p. 200).

[69] Siguiendo la cronología diseñada por Ferreiro, 1994, p. 436.La bibliografía sobre la ubicación de *Munda* es inmensa y no nos afecta aquí. Básicamente hay dos grandes posturas: quienes creen que *Munda* se libró en la zona de los llanos de Vanda, al este de *Ulia* y al norte de Montilla, muy cerca pues del entorno que hemos visto; y quienes creen que se libró muy al suroeste, entre Écija y Osuna, en los llanos del Águila, en la zona del Cerro de las Balas y el Alto de las Camorras. Ver, entre la española reciente que recoge la anterior, Núñez y Quesada, 2000; y sobre todo Melchor et al., 2005 con varios artículos sobre el problema, recogiendo la bibliografía previa; ver

ANÁLISIS EN TÉRMINOS ARQUEOLÓGICOS, MILITARES E HISTÓRICOS

A diferencia del episodio anterior, la descripción del asedio a *Ulia* en 45 a.C. nos presenta muchos menos datos, pese a tener un detalle preciso en Dion Casio que no aparece en el *De Bello Hispaniensi*. No conocemos efectivos y menos aún nombre de las unidades, ni detalles sobre las fortificaciones, y solo tenemos un brevísimo episodio (breves días) mientras que el prolongado asedio previo es una incógnita. Pero, con todo, sí se extraen algunos detalles relevantes:

1. Cneo Pompeyo llevaba meses asediando *Ulia* en invierno, sin demasiado éxito pese a haber penetrado en las defensas de la ciudad en al menos una ocasión. Luego debía existir una contravalación completa y varios campamentos. Cuando hubo de levantar el asedio la ciudad estaba "cerca de caer", no sabemos si por las obras de asedio o por hambre.

2. De localizarse arqueológicamente sus trazas, sería imposible distinguir estas obras de las realizadas por Casio Longino y Marcelo apenas tres años antes. Solo con una planta completa de ambas series de obras sería tal cosa posible, y podemos estar casi seguros de que no hay restos así conservados.

3.-Pudieron existir torres defensivas en madera, aunque es igualmente posible que se tratara de realzados sobre torres de piedra, o torres de piedra dañadas por labores de zapa. En este último caso eventualmente podrían hallarse trazas arqueológicas de dicha zapa, salvo por el detalle de que no tenemos apenas sino una leve idea de por dónde pudieron discurrir las murallas de *Ulia*, y esta torre podría estar en cualquier punto del perímetro. Más aún, podría ser una torre de un campamento anejo como el de Casio Longino en el otoño del 48 a.C.

---

también Novillo, 2012, pp. 215 ss; Novillo, 2018, pp. 120 ss. Un reciente congreso con "*Munda*" en su título presenta apenas dos trabajos relacionados con la batalla sin alterar lo sustancial del panorama (Pereira et al., 2021), pero sería injusto no citar expresamente los varios trabajos de Manuel Ferreiro que revitalizaron la cuestión a raíz de su Tesis Doctoral de 1988. En sus trabajos de 1994 y 2005 resume lo esencial de su postura. Una nueva aportación de interés, volviendo sobre la zona de los llanos de Vanda, es Moralejo et al. (e.p.).

4. Dado el brevísimo plazo transcurrido desde la campaña del 48 a.C., y el tipo de unidades presentes (algunas de las cuales, sobre todo en el bando pompeyano, habrían estado en *Ulia* entonces), no hay manera de distinguir las armas de los dos momentos. Esto dificulta, si no impide, trazar una serie de ejes o secuencias de ataque y combates en los dos momentos. Tenemos dos campos de batalla en la práctica indistinguibles entre sí.

5. Sabemos en el caso de *Alesia* que, aunque César (*Bell. Gall.* 7, 72-73) hace una extremadamente precisa y detallada descripción de los tipos de obras defensivas y trampas, distancias y número de líneas, hay una gran variedad de adaptaciones en distintos sectores de la contravalación y de la circunvalación[70]. Los legados legionarios adaptaron las órdenes emanadas del general en jefe a las circunstancias concretas del espacio asignado a cada unidad sitiadora (monte rocoso, llanura inundable, etc.). Este mismo panorama deberíamos esperar aquí: las obras no serían homogéneas en todo el perímetro.

AVANCE A LOS TRABAJOS ARQUEOLÓGICOS

Es en este contexto de estudio detallado de las fuentes literarias disponibles en el que el trabajo de campo alcanza su mayor eficacia y dimensión. No es este el lugar de detallar en demasía lo que son trabajos en curso de carácter muchas veces muy técnico y tipológico. Nuestro objetivo es presentar los resultados preliminares de un proyecto todavía en curso en el contexto de las oportunidades y dificultades que se han delineado en las páginas anteriores.

Estos trabajos abarcan un espacio prospectado intensiva y selectivamente de 357 Ha. En su centro aproximado se encuentran las casi 20 Ha de la elevación de la actual Montemayor, superficie a la que hemos aplicado tratamiento LIDAR para eliminar estructuras modernas (Figura 3). Ese espacio presenta una de las características comunes en un campo de batalla en comparación con un yacimiento normal: su enorme extensión, que impide su excavación o prospección

[70] Reddé, 1999, pp. 123-130.

con los métodos aplicados a un *oppidum* que en Iberia suele oscilar entre los 4 y las 20 Ha de superficie[71].

3. Área de trabajo en el entorno de Montemayor. © J. Moralejo, F. Matas, Grupo Polemos.

[71] Quesada, 2008, pp. 26-31.

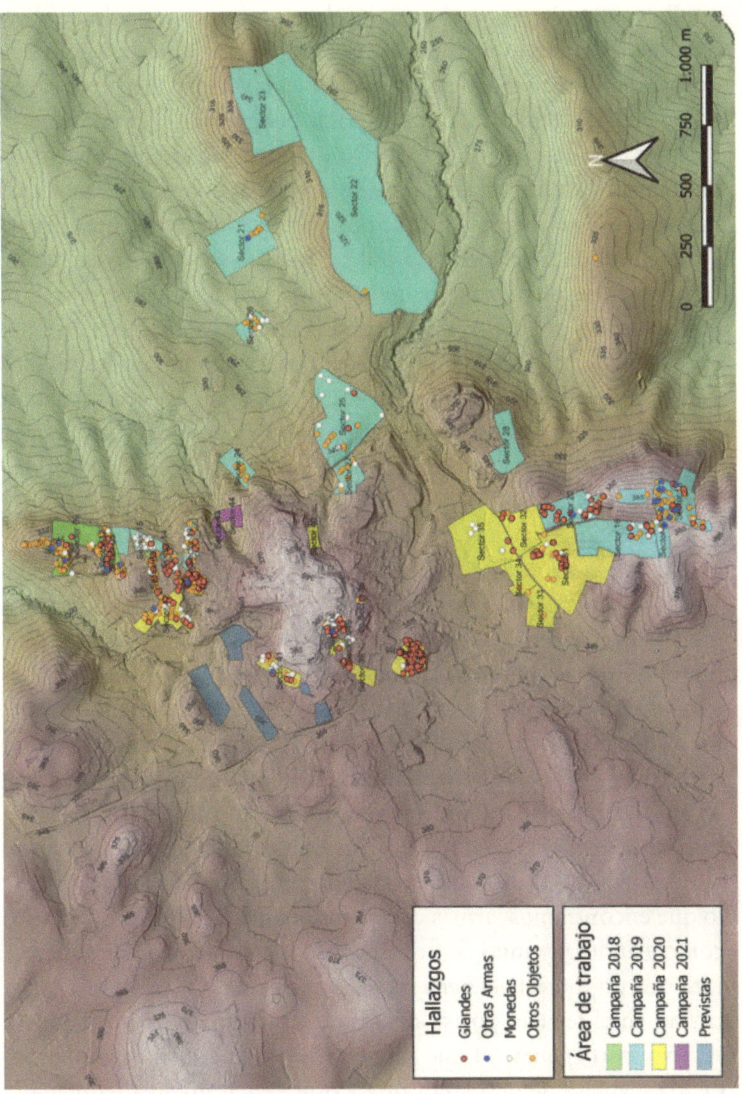

4. Sectores de prospección por campañas entre 2018 y 2021 y las previstas de modo inmediato. Superpuesta, concentración de hallazgos metálicos de todo tipo. En algunos sectores la concentración es tan grande que los puntos se superponen en varias capas.

Por tanto, en ese territorio se seleccionan una serie de *transects* cuando el terreno lo permite o aconseja por la existencia de olivares que proporcionan ejes de prospección ya trazados[72]. En otros casos, como en Montemayor, la existencia de polígonos de terreno abierto en cultivo de cereal o viñedo de distintas propiedades y que demandan autorizaciones específicas, exige trabajar sobre polígonos que muestrean el territorio y que se prospectan intensivamente (Figura 4). Incluso, dado lo indicado por las fuentes sobre la ubicación de campamentos próximos al *oppidum*, y los asaltos documentados, se han analizado polígonos en solares sin edificar de la zona de reciente expansión de Montemayor en la ladera baja y llanura. Los resultados han sido excepcionalmente relevantes, con algunas de las mayores densidades de hallazgos en la parte baja de los accesos naturales por el sur y por el norte al cerro donde se ubica la actual Montemayor (Figuras 2 y 5).

Quizá no sea ocioso recordar que, como en otros campos de batalla europeos o hispanos, no cabe esperar el hallazgo de restos espectaculares de panoplia como espadas, cascos o corazas; todos estos materiales eran recogidos después de un combate y reutilizados. Y los que quedaron abandonados fueron saqueados en las semanas, décadas y siglos siguientes por los habitantes locales primero, agricultores que los hallaban al labrar después, y por saqueadores furtivos armados de detectores y piquetas en la actualidad. El análisis postdeposicional ha sido ya detalladamente tratado y mostrado por nosotros en el caso de *Baecula* [73] e igualmente estudiado en detalle en casos como el de Kalkriese-Teutoburgo[74]. Lo que cabe esperar es exactamente lo que encontramos: armas con partes metálicas pequeñas y densos como glandes y puntas de flecha, dardos de artillería de tipo *scorpio*, etc., que no merecía la pena recoger una a una tras la batalla, y que entran en el terreno por su densidad. Con el paso de los siglos no se desplazan apenas, ya que si el terreno es arado, en movimientos de ida y vuelta, se desplazan una y otra vez en un área reducida, y no "trepan" ladera arriba, con lo que las densidades son un reflejo

[72] Caso de *Baecula*, por ejemplo, Bellón et al., 2015b, pp. 237 ss, Figs. 2,3,5.
[73] Quesada et al., 2015, pp. 311-313.
[74] Rost y Wilbers-Rost, 2010, pp. 123 ss.; Rost, 2008, pp. 222 ss.

5. Concentración de hallazgos en solares de la zona sur del caserío actual, que en la Antigüedad eran zonas de acceso al poblado. Geo-referenciación sobre Google Earth Pro. Prospección 2018, Sectores 01 Sur y 02 Sur. Cada punto representa un hallazgo metálico antiguo, sobre todo glandes de honda en plomo.

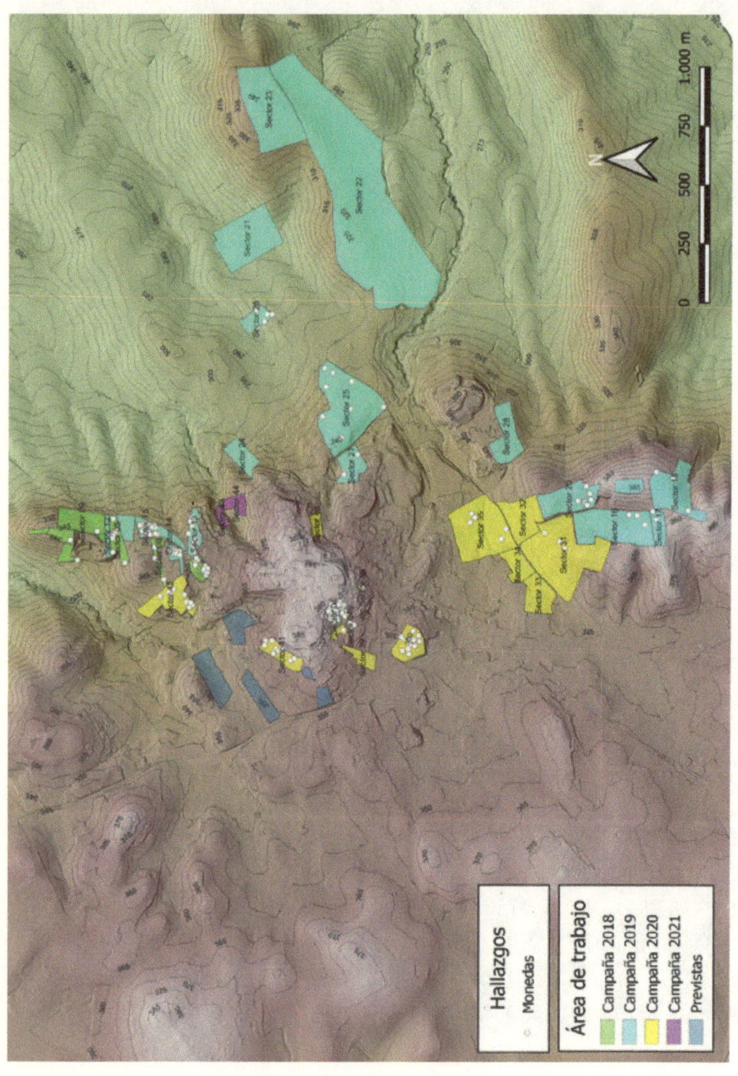

6. Localización de hallazgos numismáticos

del patrón deposicional antiguo en los amplios rangos de espacio en que nos movemos.

En este sentido, solo cabe decir que los hallazgos de Montemayor están siendo extraordinariamente productivos. Solo a título de ejemplo, hemos localizado bastante más de dos millares de objetos metálicos antiguos (incluyendo algunas monedas o broches posteriores al episodio cesariano, pero omitiendo objetos contemporáneos). El elenco incluye ya nada menos que 309 glandes de honda en plomo (frente a –por ejemplo– la escasa veintena localizados en *Baecula*, en un espacio prospectado mucho mayor). Esta es una cifra extraordinaria.

Los hallazgos se cartografían por categorías, grupos y por tipos. Así por ejemplo: armas ofensivas (categoría) arrojadizas propulsadas (grupo), y dentro de ellas los tipos genéricos (glandes, proyectiles de artillería, puntas de flecha); o bien monedas (categoría) y sus tipos. Así, la Figura 6 refleja los hallazgos numismáticos, ahora en curso de restauración y limpieza previa a su estudio.

A título de ejemplo, uno de los tipos que ha proporcionado mayores sorpresas es el de los glandes de honda en plomo (Figuras 7 y 8).

Tipológicamente, lo más llamativo es la ausencia de glandes epigráficos, que son comunes en época cesariana[75], y para lo que por ahora no tenemos una explicación satisfactoria. El peso medio de los glandes de Montemayor es de 74,3 gr. para los 276 ejemplares completos, lo que encaja perfectamente con el periodo cesariano en *Hispania*[76].

[75] Ver Novillo, 2012, p. 151 para este momento y región; Beltrán, 2016; Moralejo et al. e.p., etc. Cabe mencionar que hay dos ejemplares de glandes procedentes de Montemayor, actualmente en estudio, que podrían portar inscripción pero extremadamente deteriorada.

[76] Quesada et al., 2015, pp. 349 ss y Fig. 18.

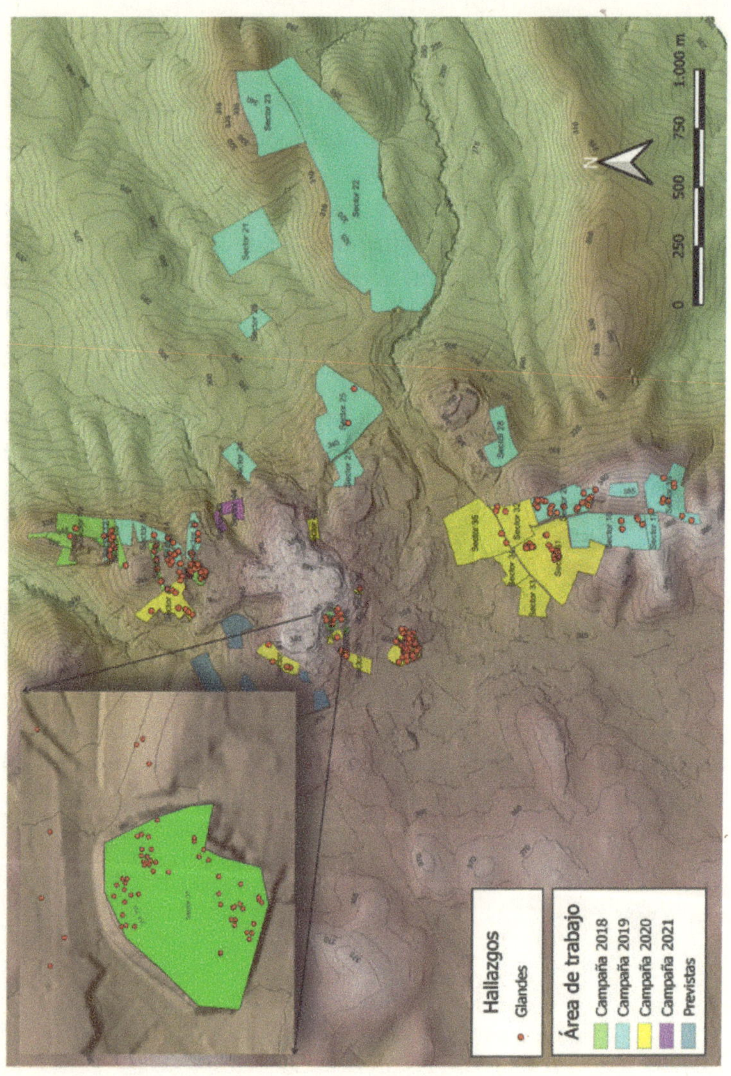

7. Hallazgos de glandes de honda. Se han localizado más de trescientos, que a esta escala no es posible representar individualmente. Se amplía a modo de ejemplo la concentración en el área norte, Sector 07 N (Cerro del Molino), una de las vías naturales de acceso al poblado antiguo desde la necrópolis ubicada en el Cerro de la Horca y el cementerio moderno.

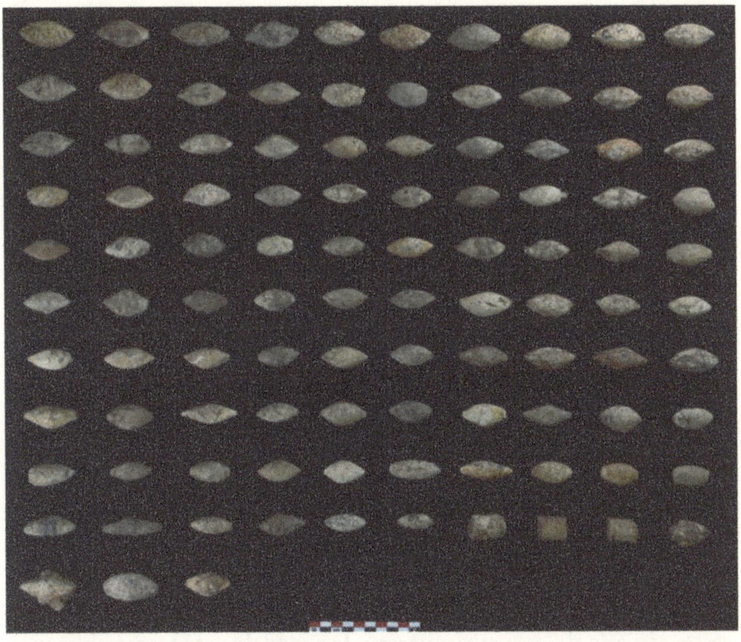

8. Ejemplo de *glandes plumbeae* de Montemayor. Toda esta serie de 101 ejemplares pertenece a un espacio muy concreto, el Sector 37 del Área meridional, asociado quizá a un intento de expugnación de la muralla sur del *oppidum*.

Su número es tal que no parece probable atribuir su empleo en condiciones de asedio exclusivamente a unidades auxiliares. En este sentido, y aunque las fuentes omiten en general su empleo por tropas legionarias de este momento, debemos recordar que arcos y sobre todo hondas eran parte, según Vegecio (*De re mil.* 1,16; 1,20), del entrenamiento estándar de los legionarios. Y aunque Vegecio escribe en las postrimerías del Imperio, sus fuentes y referencias son muy a menudo muy antiguas, a veces citadas expresamente[77]. Se trata de una cuestión de gran relevancia y que ha de ser abordada en profundidad.

---

[77] Menos explícito, y enfatizando su empleo por auxiliares, Griffiths, 1989, pp. 269-271. Admitiendo su uso legionario en el alto imperio, por ejemplo Greep, 1987, p. 90. Muchas glandes epigráficas con referencias legionarias atestiguan este empleo. Lo mismo ocurre con la *adlocutio* de Adriano a legionarios y auxiliares en *Africa* (ILS

La distribución de los glandes se concentra, significativamente, en las zonas de acceso norte y sur a la ciudad de Montemayor, y tampoco debe ser casualidad que en la zona norte (Figura 7), próxima a la ciudad, la proporción de glandes dañados y rotos por impacto alcance el 23% de las piezas, frente a solo el 8-10% en otros sectores al sur. Es como si en este punto se estuvieran arrojando proyectiles contra un parapeto o empalizada. En todo caso, y como se ha dicho, es difícil por ahora distinguir las armas de los dos episodios, aunque algunas diferencias de tamaño y peso entre los glandes de distintos sectores son significativas y podrían corresponder al menos a distintas unidades.

En cambio, los virotes de artillería, más escasos, se concentran en los extremos norte y sur del área prospectada, como si pertenecieran a otro tipo de contexto, quizá campamental. Su número es, sin embargo, escaso y no permite alcanzar conclusiones estadísticas (Figura 9).

De cualquier modo, predominan notablemente las armas arrojadizas, aunque no faltan armas de asta como moharras de lanza y restos de *pila* de espiga similares a los modelos tardorrepublicanos de la Almoina de Valencia (c. 75 a.C.) y otros lugares.

En conjunto, el repertorio de armas es, además de extraordinariamente numeroso y variado, perfectamente consistente con un contexto militar cesariano, con paralelos directos sobre todo en la Galia, como *Alesia, Vexillodunum* y otros muchos lugares[78].

Finalmente, las prospecciones LIDAR revelan anomalías sobre el terreno de forma rectangular con esquinas redondeadas y posibles trabajos lineales que no se reflejan en las fotografías aéreas ordinarias (Figura 10). Paradójicamente, las primeras prospecciones electromagnéticas revelan una notable escasez comparativa de restos muebles, por lo que hemos de ser extremadamente prudentes hasta que sea posible contrastar estas anomalías con sondeos arqueológicos en los puntos más prometedores.

2487). Es cierto sin embargo que cuando se mencionan honderos en época cesariana es en forma de cohortes específicas (*Bell. Civ.* 3,4,3), y los mismo ocurre con los arqueros.

[78] GIRAULT, 2013; POUX, 2008.

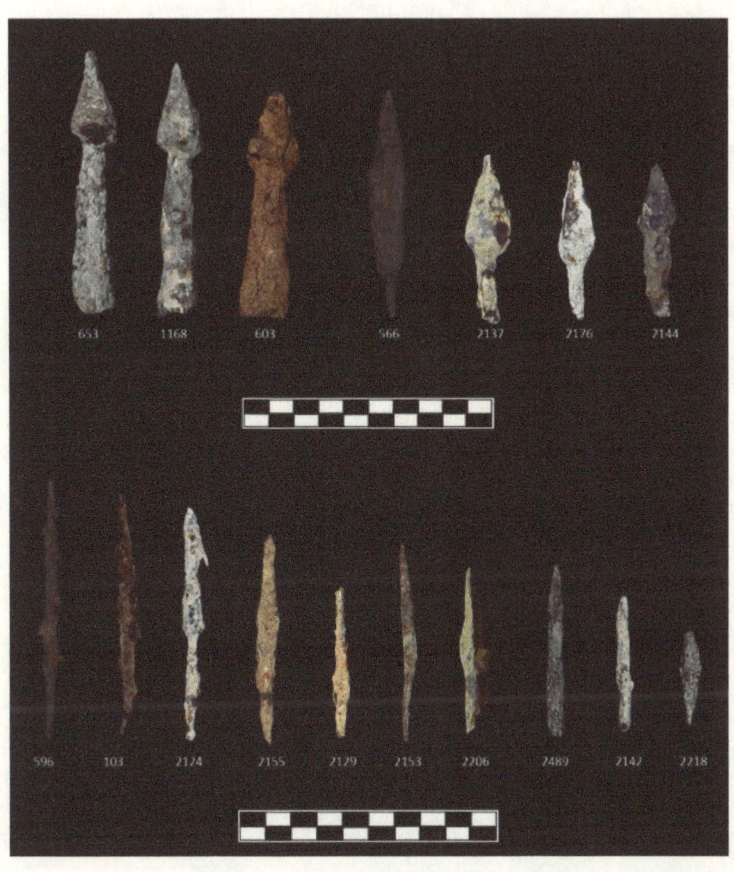

9. Algunos ejemplos de virotes de catapulta y puntas de flecha de las prospecciones en Montemayor.

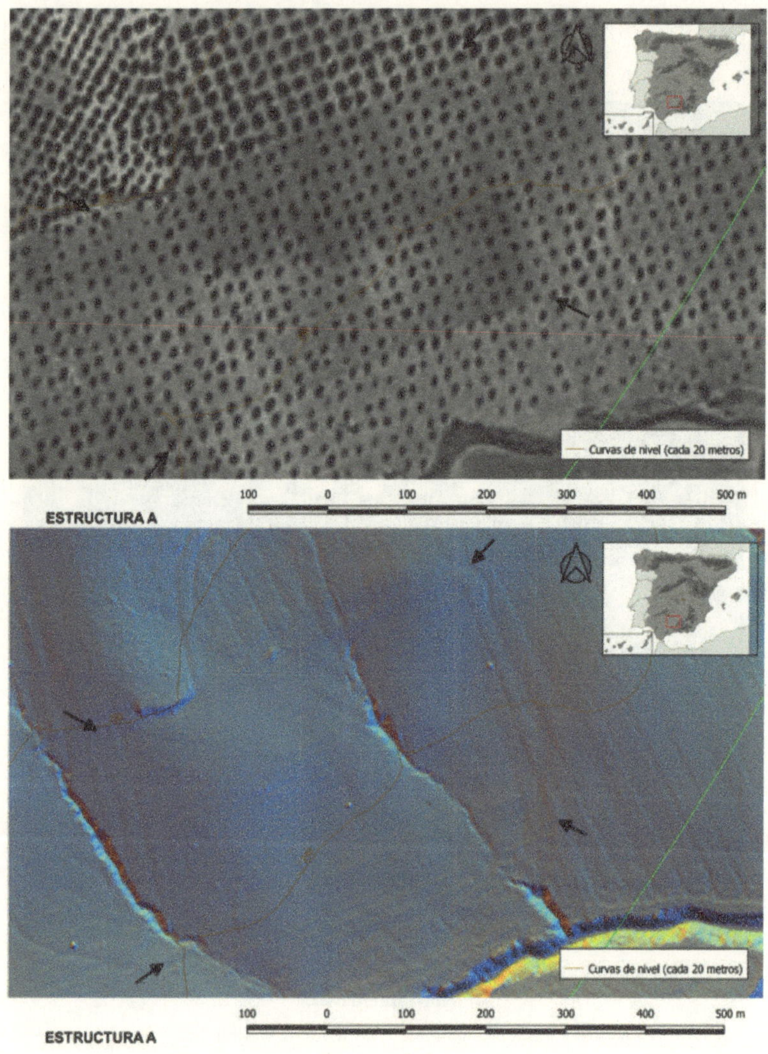

10. Anomalías sobre el terreno comparando la fotografía aérea ordinaria con la imagen tratada. Se omite por seguridad la localización exacta hasta que se puedan realizar sondeos arqueológicos (Tratamiento A. González M. Camacho, Grupo Polemos).

CONCLUSIÓN

En conjunto, y con la concisión que debe respetarse en una recapitulación de lo ya dicho, el rico repertorio material que venimos hallando:

1. Es completamente consistente con el periodo cesariano. De hecho, no podría ser muy anterior ni posterior.

2. Revela una acción bélica de gran escala compatible con los dos episodios citados en el corpus cesariano.

3. Añade pues una corroboración adicional a la identificación de *Ulia*.

4. Plantea algunas cuestiones sobre el empleo a muy gran escala de determinadas armas arrojadizas.

5. Permite proponer dos vías de asalto a la ciudad de *Ulia*, por el norte en el eje cerro de la Horca-cerro del Molino y en el sur por la zona de la calle Pompeyo, que no son incompatibles con los textos, y que por el contrario tienden a validar la afirmación sobre la cercanía de los trabajos a las murallas del oppidum ibero-romano.

Se trata de trabajos en curso, donde el análisis detallado aportará nueva información tanto en el plano tipológico como en el análisis espacial.

BIBLIOGRAFÍA

PRINCIPALES EDICIONES DE FUENTES CLÁSICAS EMPLEADAS EN EL TEXTO

C. IULIUS CAESAR. The Civil Wars. (trad. A.G. Peskett) Loeb Classical Library, London (1961, ed.or. 1914).

C. IULIUS CAESAR. Alexandrian, African and Spanish Wars. (trad. A.G. WAY)Loeb Classical Library, (1946, ed.or. 1955), London.

C. IULIUS CAESAR. Autores del corpus Cesariano. Guerra Civil. Guerra de Alejandría. Guerra de Africa. Guerra de Hispania. (traducción, edición y notas P.J. Quetglas), Biblioteca Clásica Gredos, 342, madrid.

C. IULIUS CAESAR. *Commentarii.* Vol. III *Bellum Alexandrinum; Bellum Africum; Bellum Hispaniense, Fragmenta,* ed. A. Klotz, B.G. Teubneri (1 ed), 1966.

codex parisinus, Bibliothecae imp. 4794. Siglo XIV. (Itinerario de Rávena libros IV y V).

DIÓN CASIO. *Historia de Roma*, libros XXXVI-XLV, 2004; XLVI-XLIX, 2011 y L-LX, 2011. (Introducción, traducción y notas por J.J. Torres Esbarranch y D. Plácido), Biblioteca Clásica Gredos, Madrid.

L. CLAUDIUS CASSIUS DIO. *Roman History*.(E. Carry. Ed.), London, The Loeb Classical Library, IX vols.,1994.

Incertorum Auctorum, de Bello Alexandrino, de Bello Africo, de Bello Hispaniensi. https://www.thelatinlibrary.com/caes.html

ESTRABÓN. *Geografía*. Libros III-IV, (Introducción, traducción y notas por M. ª J. Meana y F. Piñero.) Biblioteca Clásica Gredos, Madrid.

STRABON. *Géographie* (Texte ètabli et traduit par F. Lasserre), Paris, Belles Letres (12 Vols.), Tome XII, Livre IV, 1966.

PLINIO EL VIEJO. *Historia Natural* (Introducción, traducción y notas por A. Fontán, I. García Arribas, E. Del Barrio y M.L. Arribas), Libros III-VI, Biblioteca Clásica Gredos, Madrid 1998.

PARTHEY, G.; PINDER, M. (1848): *Itinerarium Antonini Augusti et Hierosolymitanum,* Berlín.

BIBLIOGRAFÍA MODERNA

AMELA VALVERDE, L.: "Cneo Pompeyo hijo en Hispania antes de la batalla de Munda", *Espacio, Tiempo y Forma, Serie II, Historia Antigua* 13 (2000), pp. 357-390.

BELLÓN, J. P.; RUIZ, A.; MOLINOS, M.; RUEDA, C.; GÓMEZ, F. (eds.): *La Segunda Guerra Púnica en la península ibérica. Baecula: arqueología de una batalla.* Universidad de Jaén, Noviembre de 2011, Jaén.

BELLÓN RUIZ, J. P.; GÓMEZ CABEZA, F.; RUIZ RODRÍGUEZ, A.; MOLINOS MOLINOS, M.; RUEDA GALÁN, C.; LECHUGA CHICA, M. A. y PÉREZ CANO, M.: "Una metodología arqueológica para el estudio de campos de batalla", en J. P. Bellón, A. Ruiz, M. Molinos, C. Rueda, F. Gómes (eds.), *La Segunda Guerra Púnica en la península ibérica. Baecula: arqueología de una batalla.* Universidad de Jaén, Jaén 2015b, pp. 233-260.

BELTRÁN LLORIS, M.: "Una *glans inscripta* del Museo de Zaragoza (Munda, Cerro de las Balas)", en: *Homenaje a la Profesora Concepción Blasco Bosqued. Anejos de CuPAUAM* 2 (2016), pp. 275-280.

BENARIO, H. W.: "Legionary speed of march before the battle with Boudicca", *Britannia* 17 (2016), pp. 358-362.

BLÁZQUEZ, A.: "Nuevo estudio sobre el "Itinerario" de Antonino", en: *Boletín de la Real Academia de la Historia*, tomo 21, 1892, "Biblioteca Virtual Miguel de Cervantes".

BROUGHTON, T. R. S.: *The Magistrates of the Roman Republic,* I-III, American Phil. Association. New York, 1951-1986.

BRUNT, P. A.: *Italian Manpower, 225 BC-AD 14*. Oxford, Clarendon Press, 1971.

CADIOU, F.: *Hibera in terra miles. Les armées romaines et la conquête de l'Hispanie sous la République (218-45 av. J._C.).* Casa de Velázquez, Madrid, 2008.

—; NAVARRO, M. (eds.): *La guerre et ses traces. Conflits et societés en Hispanie á l'époquie de la conquête romaine (IIIe-Ier s. a.C.).* Ausonius Mémories, 37, Ausonius, Bordeaux, 2014.

CIL II (1869): *Corpus Inscriptionum Latinarum Editio, vol. II. Inscriptiones Hispaniae Latinae*, ed. de E. Hübner (impr. iter. 1957 et 1975).

CIL II^2, 5 (1998): *Corpus Inscriptionum Latinarum editio Conventus Astigitanus*, ed. de A. U. Stylow et al. De Gruyter, Berlín.

CORTIJO CEREZO, M. L.: *El Municipio romano de Ulia,* Colección de estudios cordobeses, 47, Diputación Provincial, Córdoba, 1990.

—: "El territorio Uliense en época romana. Ulia Montemayor", en: P. Saéz, S. Ordóñez (eds.), *Homenaje al profesor Presedo*. Serie Filosofía y Letras, 178, Universidad de Sevilla, Sevilla 1994, pp. 341-363.

—: "Fuentes escritas y arqueológicas relativas a Ulia", en: *Actas de las Primeras Jornadas de Historia de Montemayor*. Excmo. Ayuntamiento de Montemayor, Montemayor, 1997, pp. 35-81

—: "Ulia Fidentia, el nombre, su significado y su pervivencia histórica", en: F.J. Espino (ed), *Aportaciones a la Historia de la Villa de Montemayor.* Diputación de Córdoba, Córdoba, 2009, pp. 19-39.

—: "Las relaciones sociales en la Ulia romana", en: F.M. Espino (Ed.*), Actas de las III Jornadas sobre Historia de Montemayor.* Excmo. Ayuntamiento de Montemayor, Montemayor, 2010, pp. 85-119.

DOBSON, M.: *The Army of the Roman Republic. The second century BC, Polybius and the Camps at Numantia, Spain.* Oxbow, Oxford, 2008.

ESPINO JIMÉNEZ, F. M. (ed.): *Aportaciones a la Historia de la Villa de Montemayor.* Córdoba, Diputación de Córdoba, 2009.

FEAR, A. T.: "The vernacular legion of Hispania Ulterior", *Latomus* 50.4 (1991), pp. 809-821.

FERNÁNDEZ GOTZ, M.; ROYMANS, N. (eds.): *Conflict Archaeology. Materialities of Collective Violence from Prehistory to Late Antiquity.* Themes in Contemporary Archaeology, 5, Routledge, London, 2017.

FERREIRO LÓPEZ, M. A.: "Munda y el Campus Mundensis", en: *Anales de la Universidad de Cádiz* 3-4 (1986-1987), pp. 123-135.

—: "Cronología de la campaña de Munda", en: P. Saéz, S. Ordóñez (eds.), *Homenaje al Prof. Presedo.* Universidad de Sevilla, Sevilla, 1994, pp. 435-450.

—: "Munda", en: E. Melchor, J. Mellado, J.F. Rodríguez Neila (eds.), *Julio César y Corduba. Tiempo y espacio en la campaña de Munda (49-45 a.C.). Actas del Simposio. Córdoba 21-25 Abril de 2003,* Universidad de Córdoba, Córdoba 2005, pp. 381-396.

FOX, R. A.: *Archaeology, History and Custer's last battle. The Little Big Horn reexamined.* Norman University of Oklahoma Press, Oklahoma, 1993.

FURSE, G. A.: *The art of marching.* Clowes, London, 1901.

GARCÍA-BELLIDO, M. de la P.; BLÁZQUEZ, C.: *Diccionario de cecas y pueblos hispánicos.* Vols. I-II. Textos Universitarios, 36, CSIC, Madrid, 2001.

GILLIVER, K.: *The Roman art of War.* Tempus Publishing, Stroud, 1999.

GIRAULT, J. P.: *La Fontaine de Loulié au Puy d'Issolud: Le dossier archéologique du siège d'Uxellodunum (Bibracte).* Centre Archéologique Européen, Bibracte, Bibracte, 2013.

GOLDSWORTHY, A.: *The Roman Army at War, 100 BC-AD 200.* Clarendon press, Oxford, 1996.

GREEP, S. J.: "Lead Sling-Shot from Windridge Farm, St. Albans and the Use of the Sling by the Roman Army in Britain", *Britannia* 18 (1987), pp. 183-200.

GRIFFITHS, W. B.: "The sling and its place in the Roman Imperial Army", en: C. van Driel Murray (ed.) *Roman military Equipment: the Sources of Evidence. Prof. 5th Roman Military Equipment Conference (= B.A.R. Intern. Series,* 476). BAR Publishing, Oxford, 1989, pp. 255-279.

LANDA, C. G.; HERNÁNDEZ DE LARA, O. (eds.): *Arqueología en campos de batalla: América Latina en perspectiva.* Aspha Eds, Buenos Aires, 2020.

MELCHOR GIL, E.: "Entre Corduba y Munda: la campaña militar del 45 a.C. y su desarrollo en la campiña de Córdoba", en: E. Melchor, J. Mellado, J.F. Rodríguez Neila (eds.), *Julio César y Corduba. Tiempo y espacio en la campaña de Munda (49-45 a.C.). Actas del Simposio. Córdoba 21-25 Abril de 2003*, Universidad de Córdoba, Córdoba 2005, pp. 361-379.

—; MELLADO, J.; RODRÍGUEZ-NEILA, J. F. (eds.): *Julio César y Corduba. Tiempo y espacio en la campaña de Munda (49-45 a.C.). Actas del Simposio. Córdoba 21-25 Abril de 2003*. Universidad de Córdoba, Córdoba, 2005.

MORALEJO ORDAX, J.: *Prospección arqueológica superficial terrestre en los municipios de Montemayor y Fernán Núñez (Córdoba). Campos de batalla de la conquista romana. Documento de Solicitud de Actividad Arqueológica Puntual Preventiva*. Delegación Territorial de Cultura, Turismo y Deporte, Consejería de Cultura, Junta de Andalucía, Córdoba, 2018. (Original inédito).

— y SAAVEDRA, J. M.: "¿César contra Pompeyo? Nuevos hallazgos para el estudio de la inscripción SCAE en las glandes de honda de Hispania", *Onoba* 4 (2016), pp. 119-144

—; MORENA, J. A.; MORENO ROSA, A.; ROBLES MORENO, J.: "Glans plúmbea con inscripción cesariana procedente de Montilla (Córdoba). Reflexiones sobre la topografía del *Bellum Hispalense*", ep.

MORILLO CERDÁN, A.: "Los establecimientos militares temporales: Conquista y defensa del territorio en la Hispania Republicana", en: A. Morillo, F. Cadiou y D. Hourcade (eds.) *Defensa y territorio en Hispania de los Escipiones a Augusto*, León-Madrid, 2003, pp. 41-80.

—; ADROHER AUROUX, A. M.; DOBSON, M. y MARTÍN HERNÁNDEZ, E.: "Constructing the archaeology of the Roman conquest of Hispania: new evidence, perspectives and challenges", *Journal of Roman Archaeology* 33 (2020), pp. 36-53.

—; AURRECOECHEA, J.(eds.): *The Roman Army in Hispania. An archaeological Guide*. Universidad de León, León, 2006.

—; MORALES HERNÁNDEZ, F.; RUIZ CABELLO, R.: "Schulten y los campamentos romanos republicanos en Hispania: una mirada desde el siglo XXI", en: E. Baquedano, M. Arlegui (eds.) *Schulten y el descubrimiento de Numancia*. Comunidad de Madrid, Madrid, 2017, pp. 175-200.

MOYANO LLAMAS, P.: *Montemayor. Retazos de Historia*. Diputación de Córdoba, Córdoba, 1994.

—: "Arqueología en Montemayor", en: *Actas de las Primeras Jornadas de Historia de Montemayor*. Excmo. Ayuntamiento de Montemayor, Montemayor, 1997, pp. 13-34.

—: *Museo de Ulia*. Ayuntamiento de Montermayor, Montemayor, 1999.

Noguera Guillén, J.; Ble Gimeno, E.; Valdés Matias, P.: *La Segona Guerra Púnica al nord-est d'Ibèria: una revisió necessària.* Soc. Cat .d'Arqueologia, Barcelona, 2013.

Novillo López, M. A.: *César y Pompeyo en Hispania.* Sílex, Madrid, 2012.

—: *Julio César en Hispania.* La Esfera de los Libros, Madrid, 2018.

Nuñez Pariente De León, E. y Quesada Sanz, F.: "Una sepultura con armas de Baja Epoca Ibérica (o época romana republicana) en la necrópolis del 'Cerro de las Balas' (Écija, Sevilla)", *Gladius* 20 (2000), pp. 191-220.

Ñaco Del Hoyo, T.: "*Milites in oppidis hibernabant.* El *hospitium militare* invernal en ciudades peregrinas y los abusos de la hospitalidad sub tectis durante la República", *Dialogues d'histoire ancienne* 27.2 (2012), pp. 63-90.

Peralta Labrador, E.; Camino Mayor, J.; Torres-Martínez, J. F.: "Recent research on the Cantabrian Wars: the archaeological reconstruction of a mountain war", *Journal of Roman Archaeology* 32 (2019), pp. 421-438.

Pereira, C.; Alburquerque, P.; Morillo, A.; Fabiao, C.; Chaves, F. (eds.): *De Ilipa a Munda. Guerra e conflicto no sul da Hispânia.* Estudos & Memórias centro de arqueologia da Universidade de Lisboa, 15, Universidade de Lisboa, Lisboa, 2021.

Poux, M. (ed.): *Sur les traces de César. Militaria tardo-républicains en contexte gaulois. Actes Table Ronde 17 Octobre 2002.* Bibracte 14, Bibracte CAE, Glux-en-Glenne, 2008.

Quesada Sanz, F.: "Armamento indígena y romano republicano en Iberia (siglos iii-i a.C.): compatibilidad y abastecimiento de las legiones republicanas en campaña", en: A. Morillo (ed.), *Arqueología militar romana en Hispania. Producción y abastecimiento en el ámbito militar.* Universidad de León, León, 2006, pp. 75-96.

—: "Hispania y el ejército romano republicano. Interacción y adopción de tipos metálicos", en: C. Fernández (ed.), *Metalistería en la Hispania Romana. Sautuola* XIII, 2007, pp. 379-401.

—: "La 'Arqueología de los campos de batalla'. Notas para un estado de la cuestión y una guía de investigación", en F. Cadiou, M. A. Magallón, M. Navarro (eds.), *La guerre et ses traces. Salduie 8,* Universidad de Zaragoza, Zaragoza-Burdeos, 2008, pp. 21-35.

—: "Baecula. ¿Batalla campal importante o acción de retaguardia reñida?", *Desperta Ferro Antigua y medieval* 17 (2013), pp. 22-26.

—: "La Batalla de Baecula en el contexto de los ejércitos, la táctica y la estrategia de mediados de la Segunda Guerra Púnica: una acción de retaguardia reñida", en: J. P. Bellón, A. Ruiz, M. Molinos, C. Rueda, F. Gómez (eds.), *La Segunda Guerra Púnica en la península ibérica. Baecula: arqueología de una batalla.* Universidad de Jaén, Jaén 2015, 601-620.

—: "Recensión de M. Fernández Götz, N. Roymans (Eds.): *Conflict Archaeology.* London, 2018", *Trabajos de* Prehistoria 75.2, 2018, 383-384.

— y Moralejo Ordax, J.: "Tras las huellas de Julio César: los campos de batalla cesarianos de Ulia/Montemayor y el hallazgo de un carro de época ibérica", en A. Carretero, C. Papi (eds.), *Actualidad de la Investigación arqueológica en España II (2019-2020).* Ministerio de Cultura y MAN, Madrid, 2020, pp. 229-252.

—; Gómez Cabeza, F.; Molinos Molinos, M. y Bellón Ruiz, J. P.: "El armamento hallado en el campo de batalla de Las Albahacas-Baecula", en: J. P. Bellón, A. Ruiz, M. Molinos, C. Rueda, F. Gómes (eds.), *La Segunda Guerra Púnica en la península ibérica. Baecula: arqueología de una batalla.* Universidad de Jaén, Jaén, 2015, pp. 311-396.

Quetglás, P. J.: "Introducción y notas" a la *Guerra Civil de J. Cesar y el corpus cesariano.* Biblioteca Clásica de Gredos 342, Gredos, Madrid, 2005a, pp. 7-55.

—: "César y el Corpvs Caesarianvum", en E. Melchor, J. Mellado, J. F. Rodríguez Neila (eds.), *Julio César y Corduba. Tiempo y espacio en la campaña de Munda (49-45 a.C.). Actas del Simposio. Córdoba 21-25 Abril de 2003*, Universidad de Córdoba, Córdoba, 2005, pp. 139-164.

Raaflaub, K. A. (ed.): *The Landmark Caesar. Web essays.* Pantheon Books, New York, 2017a.

—: "The Chronology of Caesar's campaigns", en K. Raaflaub (ed.): *The Landmark Caesar. Web essays.* Pantheon Books, New York, 2017b, pp. 131-202.

Rambaud, M.: "Les marches des Cesariens vers l'Espagne au début de la Guerre Civile", en: *L'Italie preromaine et la Rome républicaine. Mélanges offerts a J. Heurgon*, II. École Française, Roma, 1976, pp. 845-861.

Reddé, M.: "César ante Alesia", en: *Las Guerras Cántabras.* Fundación Botín, Santander, 2005, pp. 119-144

— y Schnurbein, S. V.: *Alésia. Fouilles et recherches franco-allemandes su les travaux militaires romaines autour du Mont-Auxois (1991-1997).* T. 2: Le matériel. Mémoires de l'Académie des Inscriptions et Belles Lettres, De Boccard, Paris, 2001.

— y Schnurbein, S. V.: *Alésia. Fouilles et recherches franco-allemandes su les travaux militaires romaines autour du Mont-Auxois (1991-1997).* T. 3: Planches Hors Texte. Mémoires de l'Académie des Inscriptions et Belles Lettres, De Boccard, Paris, 2001.

— y Schnurbein, S. V. (eds.): *Alésia et la bataille de Teutoburg. Un parallèle critique des sources . Actes du colloque franco-allemand organisé par l'École pratique des hautes études, la Römisch-Germaniche Kommission de l'Institut archéologique allemand et l'Institut historique allemand Beihefte der Francia.* Band 66, Jan Thorbecke Verlag, Ostfildern, 2007.

—; Brulet, R.; Fellmann, R.; Haalebos, J.; Schnurbein, S. V.: *L'architecture de la Gaule romaine. Les fortifications militaires.* DAF 100, Ausonius. Bordeaux, 2006.

Richardson, A.: *Theoretical aspects of Roman Camp and Fort Design.* BAR IS, 1321, Bar Publishing, Oxford, 2004.

Rodríguez Neila, J. F.: "*Corduba* entre cesarianos y pompeyanos durante la guerra civil", en: E. Melchor Gil, J. Mellado Rodríguez, J. F. Rodríguez-Neila (eds.), *Julio César y Corduba. Tiempo y espacio en la campaña de Munda (49-45 a.C.).* Universidad de Córdoba, Córdoba, 2005, pp. 311-360.

Roldán Hervás, J. M.: "*Legio Vernacula* ¿Iusta Legio?", *Zephyrus* 25 (1974), pp. 457-471.

Rost, A.: "Conditions for the preservation of Roman military equipment on battlefields- the example of Kalkriese", en: Kocsis, L. (ed.): *The Enemies of Rome. Proceedings of the 15th International Roman Military Equipment Conference.* Journal of Roman Military Equipment Studies, 16, Londres, 2008, pp. 219-224.

— y Wilbers-Rost, S.: "Weapons at the battlefield of Kalkriese", en: F. Quesada, M. Navarro, F. Cadiou (eds.), *De armas, de hombres y de dioses. Gladius*, XXX. CSIC, Madrid, 2010, pp. 117-136.

— y Wilbers-Rost, S.: "The "conflict landscape" of Kalkriese (Varus Battle AD 9) – archaeological finds and ancient written sources", *Journal of Roman Military Equipment Studies* 18 (2017), pp. 75-82.

Stoffel, E.: *Histoire de Jules Cesar. Guerre Civile* I-II. Imprimerie Nationale, Paris 1887.

Sutherland, T. y Holst, M.: *Battlefield archaeology. A guide to the archaeology of conflict. British Archaeological Jobs Resource.* BAJR Practical Guide Series, British Archaeological Jobs and Resources, London, 2005.

TALBERT, R. J. A. (ed.): *Barrington Atlas of the Greek and Roman World.* Oxford/ Princeton, Princeton UP, 2000.

TIR=ALVAREZ MARTÍNEZ, J. M. y CEPAS, A. (eds.): *Tabula Imperii Romani.* Hoja J-30: Valencia. CSIC, Madrid, 2002.

VILLARONGA, L.: *Corpus Nvmmvm Hispaniae ante Augusti aetatem.* J.A. Herrero, Barcelona, 1994.

VV.AA.: *Campos de batalla, espacios de guerra.* Iber, didáctica de las Ciencias Sociales, Geografía e Historia, 51, Graó, Barcelona, 2007.

WILBERS-ROST, S.; UERPMANN, H. P.; UERPMANN, M.; GROSSKOPF, B.; TOLKSDORF-LIENEMANN, E.: *Kalkriese 3. Interdisziplinäre Untersuchungen auf dem Oberesch in Kalkriese Archäologische Befunde und naturwissenschaftliche Begleituntersuchungen.* Römisch-Germanischen Forschungen 65, Philipp von Zabern Verlag, Mainz, 2007.

7.

RES PUBLICA OPPRESSA: LA DICTADURA CESARIANA Y LA CONSTITUCIÓN DE UN NUEVO RÉGIMEN

Miguel Ángel Novillo López[1]
UNED

Tradicionalmente se ha concebido la prolongada dictadura cesariana como uno de los factores decisivos que provocaron el estallido final de la crisis republicana y el cesaricidio. No obstante, la dictadura cesariana no resultó ser sino una magistratura paralela al funcionamiento del Estado justificada por la necesidad de resolver una situación crítica y convulsa[2].

La dictadura[3], magistratura extraordinaria durante la República romana, fue establecida tan solo unos años después de la expulsión del último rey de Roma, Tarquinio el Soberbio, y de la disolución del régimen monárquico. Durante casi tres siglos, y hasta su caída en desuso en 202 a.C., fueron nombrados en Roma ochenta y cinco dictadores[4]. Contando con los más extensos poderes y facultades, su único propósito consistió en acabar con el problema que hubiera propiciado su nombramiento, tras lo cual debían renunciar al título después de haber establecido el orden.

---

[1] Grupo de Investigación de la UNED *Res Publica et Sacra (GI19)*.

[2] Gabba (2000, p. 143) no es partidario de que César deseara cambiar por completo el aspecto institucional del estado, ya que, como expuso Sordi (2000, p. 307), la dictadura silana era producto de una situación de emergencia, mientras que la dictadura cesariana presuponía una situación organizada y estabilizada. *Vid.* Novillo, 2008, pp. 53-67.

[3] *Vid.* Ridley, 1979; Wilson, 2021.

[4] Doménech, 2018-2019, p. 305. Tan solo sería rescatada por Lucio Cornelio Sila en 82 a.C. y pocos años más tarde por Cayo Julio César, quienes recurrieron al prestigio de la magistratura como medio de legitimar su poder. La dictadura quedaría completamente erradicada en 44 a.C. a instancias del cónsul Marco Antonio (*lex Antonia Cornelia de dictatura in perpetuum tollenda*). Cic., *Phil.*, 1, 3; App., *BC.*, III, 25; Casio Dion, 44, 51, 2-3.

Pese a haber acudido a esta magistratura extraordinaria con regularidad, las fuentes clásicas relativas a la dictadura resultan contradictorias. Por una parte, contamos con ciertas descripciones sumarias sobre las facultades, competencias y usos de la dictadura, que la contemplan desde una perspectiva puramente militar, interpretándola como un oficio fundado para hacer frente a las amenazas bélicas que pudieran poner en entredicho la seguridad de la comunidad. Por otra parte, resulta evidente que las narraciones relativas a las actuaciones desempeñadas por los dictadores muestran una dictadura mucho más compleja y, asimismo, más flexible que fue instaurada para resolver cualquier circunstancia que amenazase el orden tradicional vigente[5].

En el análisis de la dictadura cesariana y de sus consecuencias inmediatas, conviene formular y dar respuesta a los siguientes interrogantes[6]: ¿Contaba realmente Cayo Julio César con un proyecto político?[7] ¿Podemos considerarlo un maestro en diplomacia o un simple demagogo? ¿Tenía grandes dotes políticas o una ambición desmesurada? ¿Llevó a cabo un programa político deliberado, o por el contrario, y tal y como afirma Syme[8], no contaba con una ideología política concreta, sino que, en realidad, actuó en todo momento adaptándose a las necesidades y a las circunstancias?[9]

Tras analizar los sucesos acaecidos desde la década de los 60 a.C., cabe plantearse si César abrazó desde un primer momento la causa popular por convencimiento o por conveniencia política[10]. En este sentido, César, según Plutarco[11], se había apoyado en la causa popular obligado por la injuriosa hostilidad del Senado. En consecuencia, Canfora[12] concluye que fue la necesidad política, más que

---

5 Doménech, 2018-2019, p. 306. Para Hartfield (1982, pp. 270-271) fue la costumbre (*mos*) y no la ley (*lex*) lo que realmente articuló los poderes y deberes de la dictadura, haciendo de la institución un oficio capaz de poner solución a distintas crisis.

6 Járrega, 2007, p. 37.

7 En realidad, fue la necesidad política, más que un convencimiento personal o sus relaciones familiares, lo que le empujó a posicionarse a favor de la causa popular.

8 Syme, 1938, pp. 1-31. Creemos que es equivocada la tesis de Syme según la cual César no perseguía el poder, sino que llegó a él empujado por las circunstancias.

9 En realidad, la aplicación de un programa político se limitó a los pocos meses que distan entre la batalla de Munda y los idus de marzo de 44 a.C.

10 Járrega, 2007, p. 38.

11 Plut., *Caes.*, 14.

12 Canfora, 2000, p. 61.

un convencimiento personal íntimo a sus relaciones familiares con Mario, lo que condujo al de la Subura a optar por la causa popular.

A diferencia de Carcopino[13], que creía que César supo prever las circunstancias de la crisis republicana, Syme[14] defendió que los acontecimientos de los últimos años de la República fueron incontrolables, lo que, en consecuencia, impidió completamente la realización de un plan premeditado, especialmente en lo relativo a la introducción de la monarquía. Según Syme, fue básicamente un político realista y oportunista, guiado por la mera ambición de la aristocracia. Por lo tanto, César buscó solo aumentar su *dignitas* y asegurarse el poder en Roma.

El comportamiento de César, tuviera o no desde un primer momento un proyecto político claramente definido, evidencia que persiguió la asunción del poder personal. Probablemente nunca deseó una guerra civil[15], pero sí la consecución del poder. En este sentido, las acusaciones de sus enemigos son ciertas, lo que no tiene *per se* que merecer necesariamente una valoración positiva ni negativa.

Desde la década de los 60 a.C. se hizo más que evidente que la realidad política consistió en una lucha constante entre individuos que ansiaban alcanzar el honor y el poder mediante el control total de la ciudad y sus recursos[16]. Tras vencer a Pompeyo[17] y poner fin a la guerra civil en Roma, César fue honrado como salvador de la patria recibiendo todos los poderes en calidad de dictador. La victoria sobre Pompeyo no le reportó sino toda clase de honores y el pueblo lo concibió como el responsable de haber traído a Roma la paz y el orden.

Pero César no se conformaba con simples distinciones honoríficas, pues lo que ansiaba desde el principio era la asunción de un poder absoluto. Roma era una república organizada en una serie de

[13] Carcopino, 1974, p. 625.

[14] Syme, 1989, pp. 73-90.

[15] Conviene plantearse si la guerra civil fue o no la continuación militar de un conflicto entre ideologías o programas políticos, o bien solo una lucha por el poder y la preeminencia entre individuos.

[16] Watts, 2019, p. 207.

[17] Watts, 2019, p. 204. Pompeyo no gobernó como un dictador, si bien el sistema republicano necesitaba un hombre fuerte para impedir que cayera en crisis; él era, en realidad, el pilar en el que se apoyaba la República.

magistraturas electas, desde los dos cónsules que ejercían el poder ejecutivo en mandatos anuales, hasta el Senado, representación de la aristocracia, o los tribunos de la plebe, que defendían los intereses del pueblo. Uno de los signos de la preeminencia de César después de vencer a Pompeyo fue que en el Senado se le permitiera sentarse entre los dos cónsules, y en el teatro junto a los tribunos de la plebe. Asimismo, fue nombrado varias veces cónsul. Pero César tenía a su alcance un medio más directo y efectivo para ejercer el poder: la dictadura.

En Roma la dictadura se concibió como una institución particular a la que se recurrió en numerosas ocasiones desde los orígenes de la República. En circunstancias de extremo peligro los dos cónsules en el poder podían elegir, a petición del Senado, a un dictador para que asumiera todo el poder durante el periodo que durara la emergencia, que no podía superar los seis meses. Durante un tiempo la institución perdió relevancia, pero renació con Sila, nombrado dictador en 82 a.C. Fue esta una dictadura muy diferente a la tradicional, puesto que no estaba pensada para hacer frente a una guerra exterior, sino para pacificar el estado, deteriorado por el conflicto civil que enfrentaba al partido de los *optimates*, liderado por Sila, con el de los *populares*. Además, su gobierno no se limitó a seis meses, sino que, aunque finalmente se prolongó a lo largo de tres años, era ilimitado.

En el segundo libro de los *Comentarii* sobre la guerra civil, César relata la noticia de su propia designación como dictador por un periodo de once días para celebrar las elecciones consulares. De regreso de Hispania en agosto/septiembre de 49 a.C., pasó por *Tarraco* (Tarragona), después por *Narbo* (Narbona), y por último por *Massalia* (Marsella), donde fue informado de que había sido presentada una nueva ley sobre la dictadura, y que precisamente él había sido designado emperador por iniciativa de Marco Lépido[18]. El dictador debía ser designado, según las normas vigentes, por un cónsul, pero en 49 a.C. ambos cónsules, Cayo Claudio Marcelo y Cornelio Léntulo Crure, habían huido de Italia con Pompeyo. En este sentido, se hizo más que evidente la necesidad de una nueva

[18] Caes., *BC.*, II, 21, 5.

ley que permitiera al magistrado de más alto grado después de los cónsules, es decir, al pretor, proceder con el nombramiento de un dictador. Lépido, que había sido elegido regularmente como pretor, desbloqueó una situación crítica dando a César un carácter legal –si Sila logró que el dictador fuese proclamado por un *interrex*, ¿por qué no podría César obtener una medida análoga?[19]

Como nuevo dictador, y en sustitución de los cónsules, reuniría en su persona todos los poderes y, además, sus órdenes tendrían el valor de edicto.

La dictadura *rei gerendae causa* fue asumida por César con el propósito de aportar un cariz constitucional más sólido a su poder[20]. Recién asumida la dictadura, convocó comicios y se hizo elegir cónsul para el año 48 a.C., junto al pretor del año 54 a.C., Publio Servilio Isáurico, un ex partidario de Catón que había decidido apoyar la causa cesariana. De esta manera, a comienzos del nuevo año César se encontró con una realidad en la que ejercía la doble función de dictador y de cónsul.

En los años sucesivos César alternó el cargo de dictador con el de cónsul. Cuando regresó a Roma tras la batalla de Tapso en abril de 46 a.C.[21], fue nombrado por el Senado cónsul único, si bien renunció más tarde a esta magistratura a favor de dos candidatos ordinarios. Entretanto, el Senado le había concedido la dictadura por un término de diez años, renovable anualmente. Era la primera vez que se elegía a un dictador para un periodo tan prolongado[22].

En estos años en que actuó como hombre fuerte de Roma, César promulgó un gran número de reformas con el propósito de que Roma escapara de la crisis que sufría desde hacía décadas. En consecuencia, fundó colonias para asentar a los soldados licenciados, extendió la ciudadanía romana a nuevos grupos sociales, reformó la

[19] Plutarco (*Caes.*, 37, 2) informa de que César fue nombrado dictador por el Senado, mientras que Apiano (*BC.*, II, 48, 196) recoge que fue el pueblo quien lo eligió dictador.

[20] La segunda y tercera dictaduras, al igual que la de Sila, tuvieron por objeto poder regular la República, *rei publicae constituendae*, si bien no se conocen los parámetros de la dictadura perpetua.

[21] App., *BC.*, II, 14, 100.

[22] El gobierno constitucional republicano, tal y como lo entendía Cicerón, ya no existía.

administración municipal, dictó normas estrictas de moral pública, modificó el calendario o cambió la composición del Senado[23]. En realidad, eran medidas reclamadas desde hacía tiempo y que justificaban el establecimiento de la dictadura[24]. Pero al mismo tiempo, existía la creencia de que la dictadura sería temporal y que, una vez pacificado y reformado el estado, César abandonaría el poder y permitiría que se volviera al régimen republicano tradicional.

Entre 46-44 a.C., César amplió el sistema de apuntalar las actividades públicas de la República con sus propios recursos[25]. Después de su triunfo en la guerra de África, celebró un inmenso desfile cuádruple, con repartos de oro y plata[26]. El triunfo comprendió también actuaciones musicales, peleas de gladiadores, representaciones de batallas terrestres y navales, e incluso un espectáculo en el que dos equipos de veinte elefantes cada uno luchaban entre sí. Además, comenzó la construcción de un nuevo foro[27] en torno a un templo dedicado a *Venus Genetrix*, la divinidad de la que decía descender la *gens Iulia* –los fondos para sufragarlo procedieron de una combinación de recursos públicos y privados, todos controlados por el dictador.

Muy probablemente el foro de César no fue otra cosa, en un inicio, que su propio contrapeso propagandístico a lo que el complejo arquitectónico del teatro de Pompeyo había sido para este último[28]. Precisamente, la erección del templo de *Venus Genetrix* ya fue iniciada durante su proconsulado en las Galias, y puede interpretarse como el intento de crear un templo dinástico, o quizás dar respuesta al

---

[23] A diferencia de Sila, que tuvo la destreza de identificar sus intereses con los del Senado, o de Pompeyo, que nunca rompió con la principal institución de la República, César inició un camino difícil de independencia personal que no podía menos que desagradar a la mayor parte del Senado.

[24] César había encontrado el modo de garantizar que Roma solo fuera estable si él continuaba al frente. *Vid.* WATTS, 2019, p. 220.

[25] Suet., *Iul.*, 76, 1-3.

[26] Suet., *Iul.*, 37; App., *BC.*, II, 101-102. SANTANGELO, 2014.

[27] El foro de César estaba presidido por la estatua ecuestre del dictador, lo que permite establecer un nuevo paralelo entre César y Sila, quien había ordenado disponer su estatua ecuestre en el foro romano. El *Forum Iulium* realzó los logros de César de la forma más monumental posible, situándose por encima de las construcciones anteriores de otros generales que también buscaban perpetuar sus victorias en la memoria de Roma. Según Westal (1996, pp. 88-89), por medio de su foro César estableció un diálogo competitivo contra todos sus rivales. *Vid.* NOVILLO, 2021, pp. 113-127.

[28] PANDO BUENO, 2021, p. 88.

templo de *Venus Victrix* que había ordenado edificar Pompeyo en su teatro para conmemorar las victorias en Oriente[29]. César, una vez dueño del poder absoluto, adoptó una actitud claramente monárquica, pretendiendo incluso fundar una genealogía de origen divino. Todo ello, por más que pueda entroncarse en la tradición de la vieja monarquía romana, tiene un carácter helenístico muy marcado.

Junto al nuevo foro y los edificios levantados en el antiguo, emprendió la construcción de otros proyectos urbanísticos. El más relevante y significativo de ellos fue la construcción de los *saepta Iulia*, un amplio recinto dedicado a la celebración de los comicios por tribus[30].

Su consulado anual se convirtió en un instrumento que utilizó para recompensar a determinados partidarios a los que traspasaba ese honor. El hecho que mejor evidencia su dominio sobre el consulado fue la situación existente en 45 a.C. cuando César dimitió como cónsul cediendo el cargo a Quinto Fabio. Sin embargo, este falleció el último día de su mandato. Entonces, César nombró a Cayo Caninio Rébilo para las pocas horas que quedaban, un mandato del que Cicerón[31] se burló diciendo que Rébilo había mostrado tal valor y tal prudencia que no había dormido ni un solo momento durante el ejercicio del cargo.

El consulado había sido en otro tiempo uno de los honores más prestigiosos que la República podía conceder. Seguía siéndolo, pero en realidad se había convertido en una especie de favor privado que César concedía a su antojo.

---

[29] Westall, 1996, p. 89.

[30] Cic., *Ad Att.*, IV, 16, 4. La *Saepta Iulia* comprendía un gran espacio destinado al desarrollo de los *comitia tributa*, lo que demuestra el interés de César por dotar al pueblo de un espacio digno para la celebración de estas reuniones, lo que podría entenderse como una medida popular. Estos pórticos representaron uno de los primeros proyectos urbanísticos cesarianos, tanto o más que el propio foro, pues en realidad se comenzaron a levantar en 54 a.C., recurriendo para ello al botín de guerra de las Galias. Su construcción se demoró durante muchos años, lo que no supone sino una evidencia de la magnitud de las obras, aunque también de la más que probable interrupción de estas durante la guerra civil. Tan solo pudo inaugurarse dieciocho años después de la muerte de César, en el año 28 a.C., siendo, en consecuencia, una de las herencias que Octavio recibió de su predecesor en el poder.

[31] Cic., *Ad Att.*, XII, 37, 4; 44, 4; *Ad Familiares*, VII, 30.

En 44 a.C. el control de César sobre los cargos con los que la República recompensaba los servicios y confería honores era casi total. No solo nombraba a los cónsules, sino que, asimismo, decidía los candidatos para los cargos inferiores, puesto que se reservaba el derecho a aceptar o rechazar los resultados de las elecciones[32].

En realidad, a César le costó definir el poder que tenía y articular la autoridad de la que disfrutaba sin ofender sensibilidades. Muchos comprendían el reto al que se enfrentaba. Si hacía lo correcto y cedía voluntariamente el poder, sería juzgado o ejecutado. Sin embargo, si se aferraba al poder, no tenía más remedio que acabar siendo como los reyes a los que había sustituido la República más de cuatro siglos antes.

Entre los años 48-44 a.C., César dejó entrever en varias ocasiones la posibilidad de que quizás acabaría haciendo lo necesario para proclamarse abiertamente rey. Las sospechas de que estaba avanzando en esa dirección empezaron a circular en 45 a.C., unos temores que, a comienzos del año siguiente, impulsaron a algunos en Roma a recibirle como tal –César culpó a sus adversarios en el Senado de conspirar para ofrecer la apariencia de un tirano[33].

En muchos sentidos, el título que poseyera César no cambiaría nada en su forma de actuar. La monarquía había dejado de existir en Roma casi quinientos años antes, y cualquier intento de restaurarla obligaría a preconcebir el cargo y sus poderes en función del contexto absolutamente diferente de la República del siglo I a.C. Ahora bien, en la práctica César ya ejercía todos los poderes que habría asumido si públicamente se hubiera proclamado rey. Era *pontifex maximus* desde el año 63 a.C., un cargo que le convertía en suprema figura religiosa de Roma. Su autoridad legal sobre la República emanaba sobre todo del hecho de ser dictador, título que adoptó de manera vitalicia en 44 a.C., tras haber sido nombrado como tal tres veces antes, en 48 a.C., en 47 a.C. y en 46 a.C. Además de los poderes oficiales de dictador, en 44 a.C. César controlaba también el tesoro y poseía autoridad absoluta sobre todos los ejércitos romanos, permiso para vivir en una residencia de propiedad pública, la capacidad

[32] Watts, 2019, p. 221.

[33] César estuvo sondeando el ánimo popular para dar con el instante en el que asumir oficialmente el título. *Vid.* Watts, 2019, p. 301 (nota 29).

de designar o aprobar magistrados y la libertad para conformar el Senado mediante la elección de los magistrados habilitados para poder pertenecer a él. Era, a todos los efectos, un monarca absoluto, independientemente del título que poseyera.

Aunque la práctica totalidad de Roma detestaba profundamente la idea de un rey, la monarquía era para César una posible forma de distinguirse de aquellos con los que alguna vez había sido igual o de los que había estado subordinado[34].

Donde más claramente se observa la evolución de los esfuerzos de César para subrayar sus diferencias es probablemente en las monedas emitidas entre 49-44 a.C. La primera emisión significativa, un denario acuñado mientras el ejército cesariano atravesaba Italia en 49 a.C., muestra un elefante que aplasta un dragón sobre la leyenda "CAESAR" en el anverso y varios elementos pontificales en el reverso, una composición que alude a la posición de César como *pontifex maximus* y al inicio de la guerra civil.

Crawford, 443/1.

En 47 a.C., la iconografía cambió para aludir con más claridad a su supuesto parentesco con la diosa Venus y con Eneas. En ese año, una ceca itinerante que viajaba con su ejército por África acuñó una moneda con Venus en el anverso y una imagen de Eneas en el reverso sobre la leyenda "CAESAR".

---

[34] Cic., *De Re Publica*, II, 30. El odio romano a la monarquía aparece expresado a menudo en los autores republicanos.

Crawford, 458/1.

Las emisiones de 44 a.C., en cambio, reflejan una fase posterior de la lucha para definir de manera aceptable la superioridad de César sobre todos los demás romanos. A diferencia de las emisiones militares de 49 a.C. y de 47 a.C., las monedas de 44 a.C. estuvieron a cargo de acuñadores, unos magistrados que incluyeron sus nombres en las monedas emitidas. Aunque eran hombres que ocupaban una magistratura republicana, infringieron un tabú importante, el de no representar a personas vivas en las monedas, porque pusieron el rostro del propio César. Las monedas fueron cambiando sus leyendas a medida que cambiaron los títulos de César en los primeros meses del año 44 a.C. Empezaron por mostrar su rostro y las palabras "CAESAR DICT QUART", en referencia a su cuarto mandato como dictador. Luego, cuando el Senado aprobó concederle el título honorífico de *imperator*[35], en el anverso de las moneda aparecieron "CAESAR IMP" o "CAESAR IM" junto a su retrato. Por último, cuando la dictadura de César se hizo permanente, las leyendas volvieron a cambiar para convertirse en "CAESAR DICT PERPETUO" o "CAESAR DICT IN PERPETUO"[36].

[35] Se le nombró también "Padre de la Patria". En este sentido, Suetonio señala que algunos de estos eran "honores demasiado grandes para la condición de mortal" (Suet., *Iul.*, 76, 78,). Cicerón, por su parte, en una carta a Ático (*Att.*, XIII, 44, 1) informa de que la estatua de César era llevada junto a la de la Victoria en la procesión previa a los juegos en el circo en honor a sus victorias.

[36] Watts, 2019, nota 35 cap. 10.

Crawford, 480/6.

Crawford, 480/3.

Crawford, 480/10.

A principios del año 44 a.C., era más que evidente que los experimentos de autocracia de César inquietaban a diversos sectores. De este modo, empezaron a aparecer en las estatuas de Bruto, el hombre al que los romanos atribuían haber expulsado a los reyes y haber fundado la República, letreros que lamentaban que no estuviera vivo. Algunos incluso exigieron a sus descendientes que se mostraran dignos de su nombre. Pensaban concretamente en uno: Marco Junio Bruto. Ningún romano, salvo quizás Catón, había vinculado su perfil público de forma más estrecha a la defensa moral de la República y de la libertad. Cuando era magistrado de las acuñaciones en 54 a.C., había incluido su nombre en dos tipos de denarios. Estas dos monedas correspondían a lo que los romanos les gustaba creer sobre los primeros tiempos de la República. De acuerdo con este relato, la República nació porque Roma no podía soportar estar bajo la autoridad de un solo hombre. La libertad significaba vivir en un marco constitucional y legal que garantizase la participación de los ciudadanos y los protegiera de su supremacía.

Aunque César, en la práctica, dominaba Roma, las bases de la República seguían funcionando en sentido legal –se celebraban elecciones a las magistraturas, las transacciones comerciales y personales se regían aún por las leyes romanas, los jurados continuaban decidiendo los juicios y existía el derecho de apelación–. Incluso con todos los rumores de que quería convertirse en rey, en realidad, César ejercía el poder como dictador.

Syme[37] afirma que César estableció la dictadura como un Sila con clemencia y un Graco sin programa –sus gestos públicos de clemencia hacían imposible asegurar que César era un nuevo Sila–. Los generales romanos solían castigar a las tropas amotinadas con ejecuciones al azar, pero César, como Sila, comprendió que, en una guerra civil que podía tener cerca el final, la compasión ayudaba más que el miedo a reconstruir la moral[38]. Las muestras de clemencia[39] de César hacia quienes se habían opuesto a él en la guerra civil resolvieron en parte el problema, peno no calmaron del todo a la ciudad. Aunque Roma confió en que César no iba a repetir las acciones de Sila, la guerra no había terminado, y nadie podía predecir qué harían los enemigos de

[37] Syme, 1938, pp. 1-31.
[38] App., *BC.*, II, 63; Caes., *BC.*, III, 73-74.
[39] Novillo, 2013a, pp. 739-748.

César si este acababa siendo derrotado, ni qué propiedades podrían terminar destruidas si se reanudaban los combates en Italia.

Llegados a este punto se hace necesario plantearse qué quedaba del viejo programa popular que había abanderado durante su primer consulado[40]. Los mayores beneficiarios de su política durante la dictadura no fueron las clases populares, sino, realmente, las oligarquías.

La confianza en César se fue desvaneciendo cuando el dictador, en vez de restaurar las instituciones tradicionales las empleó para imponer su propia voluntad. César quiso domesticar el Senado, no dudó en ningún momento en utilizar a su voluntad las asambleas populares y arrebató a las magistraturas la facultad de obrar con independencia –por la *lex Antonia de candidatis*, César se reservaba el derecho de recomendar en los comicios a la mitad de los candidatos para las magistraturas, medida claramente destinada a controlar a los magistrados–[41]. Por ello, el resentimiento contra el dictador se extendió entre la antigua clase dirigente, representada en el Senado, que había acatado la autoridad cesariana. Todos llegaron a la convicción de que César no perseguía únicamente reformar la sociedad y el Estado, sino también instaurar un nuevo régimen basado en su autoridad personal –independientemente del nombre que se le diese.

¿Iba a cambiar el Estado romano de naturaleza y convertirse en una monarquía bajo el amparo de uno de sus ciudadanos? En febrero de 44 a.C. César fue designado dictador perpetuo y para convertirse en rey ya solo le faltaba el nombre.

El propio César dio motivos de sospecha por su afición por lucir ciertos símbolos que tenían claras connotaciones monárquicas. Así, en ocasiones señaladas César adquirió la costumbre de cubrirse con un manto púrpura y la toga de general triunfante, elementos que solo

[40] Járrega, 2007, pp. 51.

[41] César adoptó una serie de medidas destinadas a reformar las magistraturas como continuación de las iniciativas abiertas con la *lex Iulia de repetundis* de su primer consulado, si bien con un sentido de cambios más estructurales y, asimismo, puntuales. Se incrementó el número de magistrados, pues en Roma los pretores pasaron de ser ocho a dieciséis, los ediles de cuatro a seis y los cuestores de veinte a cuarenta. Por otro lado, nombró para la administración de la ciudad de Roma a ocho *praefecti urbis* que en 45 a.C. sustituyeron temporalmente a los pretores y cuestores, lo que prefigura claramente una institución de época imperial.

estaban autorizados durante el día del triunfo[42], y, además, se calzaba también unas botas de media caña de cuero rojo, que llevaban, según la tradición, los reyes de Alba Longa[43].

A principios de 44 a.C. tuvieron lugar dos episodios que pusieron de manifiesto la inquietud que había en Roma por los planes de César. En enero se celebró el comúnmente conocido como festival latino en los montes Albanos, en las proximidades de Roma. A su término, César volvió a Roma en una gran procesión en su honor, en el curso de la cual se escuchó una voz entre el pueblo que lo proclamó *rex*, es decir, rey. César se apresuró a responder: "Me llamo César, no Rex", aludiendo así al sobrenombre de la familia de Marco Rex, de la que descendía por línea materna[44].

Poco después, el 15 de febrero, se celebró en Roma otra festividad, las Lupercales. César contemplaba la fiesta desde la tribuna de los oradores del foro, sentado en su silla dorada de dictador. Uno de los participantes en la correría era Marco Antonio, quien en un momento dado avanzó hacia César y le presentó una diadema entretejida con una corona de laurel, invitándole a que se la pusiera sobre su cabeza. Según Plutarco[45], se oyeron entonces algunos aplausos, pero, no obstante, escasos y preparados de antemano. Cuando César rechazó la diadema, el pueblo prorrumpió en una gran ovación. Antonio repitió el gesto, pero César volvió a rechazarlo y el pueblo lo aclamó nuevamente[46].

---

[42] Los triunfos celebrados por César no habían sido los anteriores. No solo porque nadie antes se había atrevido a celebrar cuatro triunfos al mismo tiempo, sino porque lo que se festejaba no era tanto el éxito frente a un enemigo exterior como el fin de un conflicto en el que ciudadanos romanos habían muerto a manos de otros ciudadanos romanos. En efecto, las intervenciones de César en el Ponto en Egipto no fueron sino una prolongación de la guerra civil que lo enfrentó con Pompeyo. El 26 de septiembre de 46 a.C., César dedicó el templo de *Venus Genetrix* e inauguró su foro, acto al que seguirían once días de juegos. La fecha resulta significativa porque tres días después, el 29 de septiembre, se celebraría el tercer y más ilustre triunfo de Pompeyo, celebrado en 61 a.C., tras sus victorias sobre los piratas del Mediterráneo y, principalmente, sobre Mitrídates VI del Ponto. *Vid.* Westall, 1996, pp. 88-89, 91-92.

[43] La familia de César se consideraba descendiente de los reyes de esta ciudad.

[44] App., *BC.*, II, 108; Suet., *Iul.*, 79; Plut., *Caes.*, 60.

[45] Plut., *Caes.*, 61.

[46] El ofrecimiento de Antonio difícilmente podría haber sido espontáneo.

¿Rechazó César la corona por temor a la reacción popular? ¿O bien orquestó él mismo toda la escena para demostrar ante el pueblo que no le interesaba la monarquía? Que César hubiera aceptado el título real habría sido imprudente, pero la creencia de que tenía la intención de aceptarlo fue, casi con total seguridad, un factor decisivo para su asesinato[47].

Antes del 15 de febrero de 44 a.C., cuando fue nombrado dictador perpetuo, en realidad César seguía dentro de las normas republicanas. No queda del todo claro si se convirtió en dios o no para el 15 de marzo de 44 a.C. Si bien la deificación formal o apoteosis llegó después de su muerte, en 45-44 a.C. se aproximaba al estatuto divino aunque todavía no se le rindiera culto. Sila, Pompeyo y César reivindicaban una relación especial con Venus, pero solo César, con su énfasis en Venus Genetrix reclamaba una ascendencia divina. Sila y Pompeyo habían disfrutado de alguna forma de veneración en Oriente; solo César la introdujo en la propia Roma.

Por lo que respecta al cesaricidio[48], después de que César fuera nombrado dictador perpetuo en febrero de 44 a.C., exigió un juramento de lealtad a todos los senadores, como un monarca heleno, y a todos los principales magistrados de Roma durante los tres años siguientes: para lo que quedaba de 44 a.C. Dolabellea debía sustituirle como cónsul, como colega de Antonio. Los cónsules designados para 43 a.C. fueron los ex legados de César, Hircio y Pansa; para 42 a.C.

[47] En esos meses César había preparado una gran expedición militar contra los partos en Oriente, y decidió esperar a su regreso para definir su modelo de gobierno. Sus rivales temían que una victoria en Oriente acabara de darle todo el poder y decidieron conjurarse.

[48] Según Koortbojian (2013, pp. 26, 241, notas 34 y 36), hay tres versiones que apuntan a diferentes imágenes de César mostradas por Marco Antonio en su discurso fúnebre: Apiano (*BC.*, II, 146) y Suetonio (*Iul.*, LXXXIV, 1) sostienen que la toga ensangrentada que llevaba César se mostró en el momento en que fue apuñalad; Casio Dion (44, 35, 4) recoge la exhibición del propio cuerpo del difunto que ya estaba en los Rostra; y Apiano (*BC.*, II, 147) también menciona una imagen de cera del cuerpo de César mostrada al público por un dispositivo mecánico que mostraba las marcas de heridas de arma blanca. En cuanto a la cremación, Apiano (*BC.*, II, 148) y Casio Dion (44, 50, 2) afirman que el cuerpo de César fue llevado en un féretro al Capitolio para ser enterrado con los dioses. Los partidarios del dictador lo llevarían de vuelta al foro donde sería incinerado en una pira improvisada, mientras que Suetonio (*Iul.*, LXXXIV, 6) afirma que, incluso antes de decidir qué hacer con el cuerpo, llegaron dos figuras con espadas en la cintura. *Vid.* Novillo, 2013b, pp. 127-140.

Décimo Junio Bruto Albino y Munacio Planco; y para 41 a.C. Bruto y Casio. A pesar de la famosa clemencia cesariana[49], algunos de los que había indultado tras la guerra civil no se reconciliaron con su modo de gobernar, y con la aceptación de la dictadura vitalicia demostró que no tenía intención de restaurar la República tradicional. En realidad, se trataba de un gobierno unipersonal. Los numerosos y a menudo exagerados honores que se le otorgaron, y que él aceptó en su mayoría, pueden haber tenido como objetivo comprobar hasta dónde estaba dispuesto a llegar en su camino hacia la realeza y la divinización, y poner de manifiesto lo que se consideraba su arrogancia y desprecio por las normas consultivas senatoriales.

No había precedentes en Roma de que un hombre fuera hecho dios. En este sentido, Koortbojian[50] afirma que los casos mitológicos de Hércules, Eneas y Rómulo no se comparan con la deificación que sufrió César a finales del siglo I a.C.

En opinión de Mommsen[51], la crisis de la tardía República romana requería de un monarca del estilo de César, considerándolo como el salvador de un régimen republicano sumido en la corrupción, la demagogia, la manipulación y la facción. La tesis de Mommsen fue rebatida en 1932 por Adcock[52], quien, desmintiendo también a Meier[53], defendió que el objetivo de alcanzar una monarquía de tipo helenístico no fue en realidad lo que condujo al asesinato de César, sino sus ambiciones personales. Es decir, César fue asesinado por lo que fue y no por lo que podría llegar a ser o por lo que podría llegar a suceder. Bengtson[54], quien equiparó a César con Alejandro Magno, se planteó si César buscaba un nuevo régimen político a modo de imperio universal o el ejercicio de una dictadura vitalicia. Por su parte, Balsdon[55] muestra a César como un militar notablemente codicioso, afirmando que lo que realmente buscaba era la institución

---

[49] Entendida esta como un acto reflexivo en el que se combinaban tanto la praxis militar como la política, y la munificencia.
[50] Koortbojian, 2013, p. 26.
[51] Mommsen, 1856.
[52] Adcock, 1932, pp. 691-740.
[53] Meier, 1990, pp. 54-70.
[54] Bengtson, 1974, p. 422.
[55] Balsdon, 1958, pp. 80-94.

de un régimen marianista. Por otro lado, fue Momigliano[56] quien sostuvo que en el cesaricidio tuvieron un papel de primer orden personalidades de credo epicúreo, y que tal credo fue la base de la rebelión anticesariana.

Cualquiera que revise las fuentes clásicas sobre el cesaricidio podrá cerciorarse de que autores como Suetonio, Plutarco, Nicolás Damasceno, Apiano, Casio Dion, Veleyo Patérculo, Floro, Cicerón, Valerio Máximo, Eutropio, Orosio o Zonaras coinciden casi unánimemente al explicar las razones que motivaron la conjura, generalmente motivos de carácter personal y de resentimiento hacia César –los conjurados que acabaron con la vida de César no dudaron en afirmar que lo habían hecho porque pensaba proclamarse rey reemplazando un poder aristocrático por un gobierno personal de carácter monárquico.

En realidad, fueron las pretensiones autocráticas de César y las continuas transformaciones de los fundamentos republicanos lo que provocó la conspiración que tuvo como principal objetivo la restauración del tradicional orden republicano.

No resulta posible confirmar con absoluta seguridad si César aspiraba o no a la monarquía, si bien el espacio entre la monarquía oficial y su forma de poder era mínimo[57] –es necesario poner de manifiesto que Cicerón aceptó que la monarquía en particulares ocasiones representó la mejor forma de gobierno–[58]. En consecuencia, el tema de la aspiración cesariana a la monarquía desempeñó un papel decisivo en la propaganda que sus contrarios pusieron en práctica para justificar su asesinato.

Es necesario plantearse por qué César llegó a admitir títulos que lo aproximaban al régimen monárquico. En realidad, eran sus contrarios quienes tenían interés en ofrecer la imagen de que el dictador ansiaba la monarquía y hacerle asumir los símbolos de esta de modo que mostrase la imagen de un tirano frente al pueblo. Por este motivo César habría rechazado la corona de laurel durante la ceremonia de

---

[56] Momigliano, 1960. Canfora (2000, p. 323) evidencia lo desconcertante y falso que resultaba el epicureísmo del que Casio alardeaba. *Vid.* Castner, 1988, p. 31.

[57] Ehremberg, 1964, p. 149.

[58] Cic., *Att.*, XIV, 10, 14.

las Lupercales[59]. Las fuentes relativas al respecto sugieren que César buscaba ser rey fuera de Italia[60]. Su aspiración a la monarquía no era sino una justificación ficticia del cesaricidio, un elemento de la propaganda anticesariana.

Existen pruebas de que Cicerón no estaba, como pretende la tradición historiográfica, al margen de la conspiración, pues contaba con sobradas noticias de ella[61]. En realidad, existen indicios de que podría haber sido él mismo quien ideó el tiranicidio. Es decir, a él le recayó la responsabilidad del acto por el que Roma vio caer al jefe reconocido del Estado. César y Bruto quedaron, en consecuencia, en segunda fila, pues no fueron más que los meros ejecutores materiales del plan[62].

La interpretación más arraigada y que indudablemente debe haber jugado un peso relativamente importante, es que los participantes en el complot pretendían restablecer el funcionamiento normal de las instituciones republicanas, terminando con la situación legal irregular de César, vista por ellos como la de un tirano. Desde esta perspectiva, fueron elementos ideológicos y morales los que permitieron la puesta en marcha del plan[63]: los conjurados creyeron estar defendiendo a ultranza la libertad de la República frente a la arbitrariedad del hombre que la había usurpado[64].

Ahora bien, ¿qué hicieron los conjurados que deba ser explicado con la intervención de Cicerón? En líneas generales, Carcopino[65] atribuye a Cicerón y no a Casio la idea de convencer a Bruto para que participase en la conjura. De hecho, en la producción retórica del tusculano se reconocen elementos de cómo este convenció a Bruto para que participase en la conjura, y no hay que olvidar que la mayor parte de los elogios se localizan en obras publicadas en 46 a.C., es decir, en el periodo inmediatamente sucesivo al retorno de

---

[59] North, 2008, pp. 145-146.

[60] Cic., *De divin.*, 2, 110.

[61] Por otro lado, cabe plantearse si en realidad César era conocedor de su propia muerte y si se suicidó o no por el pueblo de Roma.

[62] Rossi, 1953, p. 28.

[63] Saiz, 2015, p. 44.

[64] Sedley, 1997, pp. 41-53; Dando-Collins, 2010.

[65] Carcopino, 1974.

Bruto a Roma y al perdón de Cicerón, cuando este se encontraba todavía al margen de la vida pública y aquel estaba por ser legado de César en la Cisalpina. Por otro lado, hay que tener en consideración que solo el hecho de que su nombre haya sido pronunciado por los asesinos del dictador no prueba fehacientemente que Cicerón haya sido copartícipe. Al contrario, es posible admitir que los conjurados, para aclarar sus intenciones, no habían encontrado ninguna solución mejor que pronunciar el nombre del hombre de leyes más representativo del orden senatorial, un nombre que hasta aquel momento había sido símbolo de respeto a las leyes y a la tradición.

Con lo expuesto hasta ahora cabe señalar que, en la práctica, la distancia entre la monarquía propiamente dicha y su forma autocrática de gobierno era muy pequeña. La supuesta inspiración de César sirvió de pretexto a sus rivales para justificar la conspiración en su contra. En esos meses César había preparado una gran expedición militar contra los partos en Oriente, y decidió esperar a su regreso para definir su modelo de gobierno. Sus enemigos temían que una victoria en Oriente acabara de darle todo el poder y decidieron conjurarse para darle muerte. El 15 de marzo de 44 a.C., pocos días antes de partir, recibió en el Senado veintitrés puñaladas, que acabaron con su vida y con sus planes para el futuro de Roma y su imperio[66].

Su crimen no significo sino un último tentativo por mantener la libertad de las instituciones republicanas ante el avance de la tiranía. En realidad, condujeron a la ya debilitada República a una guerra civil fratricida que acabaría conduciendo al cambio político-institucional del Imperio. Con todo, ¿era inevitable? César parece haberlo considerado de esta manera al decir que “era más importante

---

[66] Saiz, 2015, p. 43. La mayor amenaza para la clase senatorial tradicional consistía en que César pretendiese alcanzar el *regnum*, el título de monarca, que en todo momento estuvo asociado a la noción de tiranía en el vocabulario político romano (Plut., *Caes.*, 60-61; Suet., *Iul.*, 76-79). En realidad, el dictador ya contaba con un poder equivalente, pero era en la representación y en las formas donde se definían los límites de la sensibilidad pública de la aristocracia. Es en esta dimensión simbólica que se pueden manifestar algunas de las principales trasgresiones que decidirían el futuro de Roma, empujando a un amplio grupo de senadores a emprender una conjura contra el que veían como un tirano y enemigo del orden tradicional vigente.

para la República que para él mismo que él sobreviviese", si tomamos por verídicas las palabras recogidas por Suetonio[67].

Si César erró[68], se debió a que no supo consolidar la legitimidad, es decir, dotar con las tradicionales instituciones republicanas su particular posición de poder, tal y como logró llevarlo a cabo su sucesor, Octavio, con gran maestría. El fallo fue del individuo, pero, también fue de la sociedad romana. Si bien no podemos calificar tal realidad de "fracaso estructural", es posible afirmar que, bajo esta otra perspectiva, no se trató de un caso exclusivamente de falta de habilidad por parte del hombre, sino que las propias condiciones sociales y culturales que le permitieron alcanzar esa situación política aun requerían un paso más, el total agotamiento de la reserva moral republicana antes de llegar al colapso. En último término, es probable que ambas dimensiones hayan ejercido cada una su peso en el desenlace de la historiografía sobre César[69].

Si bien no podemos calificar tal realidad como un "fracaso estructural", al menos podemos afirmar que, bajo este otro punto de vista, no se trató de un caso exclusivamente de falta de habilidad por parte del hombre, sino que las propias condiciones sociales y culturales que le permitieron alcanzar esa situación política todavía requerían un paso más, el agotamiento total de la reserva moral republicana antes de llegar al colapso. En última instancia, es probable que ambas dimensiones hayan ejercido cada una su peso en el desenlace de la historiografía sobre César.

En realidad, los planes de César incluían, pues, no solo cambios políticos, sino una evolución radical de la relación entre Roma y el resto de Italia, y de ambas con las provincias. Desde este punto de vista, sus numerosas reformas en un amplio repertorio de asuntos distintos no eran reflejo de un programa coherente, sino de la ausencia total de un plan general.

Llegados a este punto se hace necesario plantearse si fue o no inevitable el final de la República. En realidad, una república solo perdura mientras la desean sus ciudadanos. Cuando una república no

---

[67] Saiz, 2015, p. 44. Suet., *Iul.*, LXXXVI.
[68] Billows, 2009, p. 254.
[69] Saiz, 2015, p. 45.

cumple las expectativas, sus ciudadanos pueden escoger la estabilidad de un gobierno autocrático por encima del caos de una república rota. Cuando la libertad lleva al desorden y la autocracia promete un gobierno funcional y receptivo, hasta los ciudadanos de una república asentada pueden estar dispuestos a olvidarse de las viejas objeciones éticas a que el poder esté en manos de un único hombre y aceptar sus ventajas prácticas.

La vieja República estaba agotada desde hacía ya varios años. El sistema de contrapesos y controles admirado, entre otros, por Polibio había desaparecido hacía tiempo, y la corrupta y egoísta oligarquía que controlaba el poder no tenía ningún interés en recomponerlo.

En síntesis, podemos afirmar que la guerra civil no acabó con la República. Más bien la guerra civil entre pompeyanos y cesarianos estalló precisamente porque la República ya estaba herida de muerte. La guerra fue la consecuencia del fracaso de la República, no su causa.

Como los problemas fundamentales del Estado romano fueron eliminados más que resueltos en los años que siguieron a la victoria de César, la misma situación disfuncional que había llevado a este al poder produjo un rebrote de guerra civil que concluyó con la proclamación de Octavio como emperador. La Roma imperial y la institución por Augusto del principado fue al menos una reforma, y por imperfecta que fuese trajo la paz durante tres generaciones.

En suma, el cesaricidio no resolvió la crisis de la tardía República romana, sino que, por el contrario, la agudizó. Con la muerte de César se abrió uno de los periodos más trágicos y confusos de la historia de Roma, en el que las guerras civiles, cinco al menos, constituyeron la solución final a la ruptura de acuerdos y alianzas coyunturales, normalmente sellados mediante una adecuada política matrimonial.

BIBLIOGRAFÍA

ADCOCK, F. E.: "Caesar's dictatorship", *Cambridge Ancient History*, 9, Cambridge, 1932.

BALSDON, J. P. V. D.: "The Ides of March", *Historia* 7 (1958), pp. 80-94.

Bengtson, H.: *Caesar, sein Leben und seine Herrschaft*. Munich, Kleine Schriften zur alten Geschichte, 1974.

BILLOWS, R. A.: *Julius Caesar. The Colossus of Rome*. Oxford, Routledge, 2009.

CANFORA, L.: *Julio César: un dictador democrático*. Madrid, Ariel, 2000.

CARCOPINO, J.: *Julio César: el proceso clásico de concentración del poder*. Madrid, Rialp, 1974.

CASTNER, C.: *Prosopography of Roman Epicureans*. Francfort, P. Lang, 1988.

DANDO-COLLINS, S.: *The Ides. Caesar's Murder and the War for Rome*. New Jersey, Wiley, 2010.

DOMÉNECH, F.: "El carácter religioso de la dictadura romana", *SALDVIE* 18-19 (2018-2019), pp. 305-309.

EHREMBERG, V.: "Caesar's Final Aims", *HSCPh* 68 (1964), pp. 149-161.

GABBA, E.: "Le riforme di Cesare", en G. Urso (ed.), *L'ultimo Cesare*, Roma, L'Erma di Bretschneider, 2000, pp. 143-149.

HARTFIELD, M.E.: *The Roman Dictatorship: Its Character and Its Evolution*. California-Berkeley, University of California-Berkeley, 1982.

JÁRREGA, R.: "La actuación política de Julio César: ¿Proyecto o adaptación?¿Modelo helenístico o tradición romana?", *Polis* 19 (2007), pp. 35-76.

KOORTBOJIAN, M.: *The Divinization of Caesar and August. Precedents, Consequences, Implications*. Cambridge, Cambridge University Press, 2013.

MEIER, Chr.: "C. Caesar Divi filius and the Formation of the Alternative in Rome", en K. A. Raaflaub & M. Toher (eds.), *Between Republic and Empire: Interpretations of Augustus and his Principate*, Berkeley, University of California-Berkeley, 1990, pp. 54-70.

MOMIGLIANO, A.: *Secondo contributo alla storia degli studi classici*. Roma, Storia e Letteratura, 1960.

MOMMSEN, Th.: *Historia de Roma*. Madrid, Turner, 2006 (reed.).

NORTH, J. A.: "Caesar at the Lupecalia", *JRS* 98 (2008), pp. 144-160.

NOVILLO, M. A.: "Conspiración, corrupción política y abuso del poder en el *Bellum Civile*", en G. Bravo & R. González Salinero (eds.), *La corrupción en el mundo romano*. Salamanca, Signifer, 2008, pp. 53-67.

—: "La *clementia Caesaris*: virtud propia del buen gobernante", en R.M. Cid & E. García Fernández (eds.), *Debita verba: Estudios en homenaje al profesor Julio Mangas Manjarrés*. Oviedo-Madrid, 2013a, pp. 739-748.

—: "Problemática y deformación histórica en torno a la muerte de Cayo Julio César", en G. Bravo & R. González Salinero (eds.), *Formas de morir y formas de matar en la Antigüedad romana*. Salamanca, 2013b, pp. 127-140.

—: "Consideraciones sobre la munificencia cívica de Cayo Julio César", *Studi sull'Oriente Cristiano* 25 (2021), pp. 113-127.

Pando, G.: "Da ditatura à apoteose: César e a memoria nos *fora* de Roma durante o final da República", *Codex* 9.2 (2021), pp. 87-104.

Ridley, R. T.: "The origin of the Roman dictatorship an overlooked opinion", *Rheinisches Museum für Philologie* 122, 3/4 (1979), pp. 303-309.

Rossi, R. F.: "Bruto, Cicerone e la congiura contro Cesare", *La Parola del Passato. Rivista di Studi Classici* 8 (1953), pp. 26-47.

Saiz, M. J.: "Julio César. Entre la voluntad individual y la estructura histórica", *Ab Initio* 11 (2015), pp. 25-49.

Santangelo, F.: "The Triumph of Caesarism. An unfinished Book by Ronal Syme", *Quaderni di Storia* 79 (2014), pp. 5-31.

Sedley, D.: "The Ethics of Brutus and Cassius", *JRS*. 87 (1997), pp. 41-53.

Sordi, M.: "I poteri dell'ultimo Cesare", en G. Urso (coord.), *L'ultimo Cesare. Scrritti e riforme progetti poteri congiure*. Roma, L'Erma di Bretschneider, 2000, pp. 305-313.

Syme, R.: "Caesar, the Senate and Italy", *PBSR* 14 (1938), pp. 1-31.

—: *La revolución romana*. Madrid, Crítica, 1989.

Watts, E. J.: *República mortal: Cómo cayó Roma en la tiranía*. Barcelona, Galaxia Gutenberg, 2019.

Westall, R.: "The Forum Iulium as Reppresentation of Imperator Caesar", *Mitteilungen des Deutschen Archälogischen Instituts. Römische Abteilung* 103 (1996), pp. 83-118.

Wilson, M. B.: *Dictator the evolution of the Roman dictatorship*. Michigan, Michigan University Press, 2021.

8.

LA IMAGEN DE JULIO CÉSAR EN LAS FUENTES TARDORROMANAS

Francisco Javier Guzmán Armario
Universidad de Cádiz

"La premisa es clara: César es visto como uno de aquellos hombres cuya obra deja 'vasta huella', de cuyas acciones se han derivado transformaciones históricas. En el caso de César, la romanización de la Europa céltica y el nacimiento de la monarquía universal destinada a una larga fortuna. Hombres de esta clase son vistos como 'instrumentos' de la historia. Y justamente, por haber dado lugar a transformaciones *necesarias,* a mutaciones que *debían* producirse por una especie de "madurez de los tiempos", los resultados de sus acciones y sus éxitos acaban siendo considerados como inscritos en una inmanente 'lógica' de la historia"[1].

INTRODUCCIÓN

Aunque el historiador de la Antigüedad (o de cualquier otra época) no ha de considerar a los individuos como protagonistas de la Historia, sino más bien como notables cabezas visibles de grupos de interés y poder, no se puede negar que han existido personajes que desafían a tal principio. En la cultura occidental, Ramsés II, Ciro II el Grande, Alejandro Magno, Pericles, Aníbal, Julio César, Augusto, Trajano, Diocleciano, Teodosio o Atila pueden ser considerados, entre otros, como algunos ejemplos de ello. En este trabajo nos ocupa Julio César, quien entre todos los nombres citados más arriba fue, quizás, el estadista más completo en cuanto a inteligencia política, talento militar[2] y formación intelectual[3], amén de por los peculiares rasgos

[1] Canfora, 2000, p. 8.
[2] Para una síntesis de lo militar en Julio César, acúdase a Fields, 2010.
[3] Por supuesto, esto es una opinión personal y subjetiva. Por estadista entiendo lo que el Diccionario de la Real Academia de la Lengua expresa: "Persona con gran saber

de su personalidad[4]. De hecho, de todos los grandes nombres del mundo antiguo, independientemente de la formación histórica que se posea, el de César es de los más conocidos entre el gran público. En los tiempos modernos, la adaptación al cine de la célebre obra teatral de W. Shakespeare ha tenido gran responsabilidad en ello[5]. Películas[6], series de televisión, novelas e incluso videojuegos[7] han difundido por doquier la imagen del conquistador de las Galias, hasta convertirle en uno de los individuos más reconocidos de la Historia.

Julio César no solo ha sido una fuente de inspiración para el arte, la literatura y el cine. Su figura se ha convertido en un poderoso referente para la filosofía política y los hombres de Estado, y sus capacidades militares han motivado incluso a la dirección y organización de los

---

y experiencia en los asuntos del Estado". Con lo que, al afirmar que Julio César fue el estadista más completo de la Antigüedad, lo que hago es atenerme a la definición del DRAE de la forma más aséptica posible. Al personaje lo define certera y sintéticamente Cabrero Piquero, 2011, p. 228: "Julio César, el militar victorioso y político implacable, con un gran carisma personal, que supo atraerse a las masas populares con las acciones o gestos que cada momento precisaba». Navarro Santana, 2005, p. 70: "La historiografía contemporánea ha sido unánime a la hora de destacar dos marcados elementos de su carácter: el reflejar como ningún otro los perfiles más nítidos del aristócrata romano y, en segundo lugar, su capacidad de asumir riesgos, de apostar a todo o nada. César se paseó en muchos momentos por el límite de sus posibilidades y, consecuentemente, estuvo muchas veces a punto de naufragar, pero, según sus biógrafos, el motivo de ello se hallaba en que él nunca llegó a considerar el fracaso como algo real". Goldsworthy, 2007, p. 2: "His great knack was to recover from setbacks, admit, at least to himself, that he had been wrong, and then adapt to the new situation and somehow win in the long run"; Holland, 2017, p. 48: "Julio César combinaba encanto con crueldad, osadía con determinación, y el efecto era muy potente".

[4] Resumidos por Zaharia *et al.*, 2014, p. 216, del siguiente modo: tendencia a la vanagloria, inteligencia social (habilidad a la hora de persuadir a los demás, destreza para trazar alianzas), inteligencia estratégica, extraversión, conciencia (de sus ambiciones, de sus capacidades, su autodisciplina y esfuerzo por el logro, de su perseverancia), aperturismo, creatividad, imaginación y carisma manifiesto en las relaciones con los demás.

[5] En general, sobre la obra de Shakespeare ver Cazorla, 2019; Novillo López, 2020, p. 38: "La obra de W. Shakespeare, Julio César, quien, no obstante, se inspiró decisivamente en la biografía realizada siglos antes por Plutarco, ha sido la versión que ha servido de guión y base a un gran volumen de producciones hollywoodienses, de manera que es esta la imagen que más fácilmente ha quedado grabada en el gran público, independientemente de la veracidad o no que guarda con los hechos"; Marín Vera, 2015.

[6] Para una relación de las principales desde el cine mudo al siglo xxi, Novillo López, 2020, 42ss.; Marín Vera, 2019; Montserrat, 2016.

[7] Bondioli *et al.*, 2019.

ejércitos modernos[8]. Y su huella llega hasta el presente, dentro de una vigorosa tradición que Canfora, en su magnífico libro, define como una construcción bien transmitida desde la pluma del mismo Julio César[9].

Resulta difícil estudiar la figura de César desde una perspectiva de conjunto, de tan poliédrica que es[10]. Su personalidad, su proceso en busca del poder supremo, la religión en su vida, sus éxitos militares, su estilo literario[11]... La lista de ítems sería considerable. Sin embargo, su vertiente más reseñable, a mi juicio, es que fue uno de esos "hombres providenciales" (junto con Mario, Sila, Pompeyo el Grande, Octaviano) que, en el siglo I a.C., contribuyeron a cambiar la Historia de Roma. Sin duda alguna, fue el que operó una vuelta decisiva de tuerca a la hora de generar un régimen de gobierno unipersonal que acabó definitivamente con el agonizante mando, aristocrático y colegiado, del Senado romano[12], ya dividido en fac-

---

[8] Este es un aspecto sobre el que no nos podemos detener aquí. Remito, en general, a Wyke, 2006, y en particular a Hinojo Andrés, 2010; Járrega Domínguez, 2007, pp. 41ss.; Valenzuela Matus, 2014; Burgueño, J. / Guerrero Lladós, 2021; Salas Álvarez / J. / Durán Cabello, 2016; Muñoz García de Iturrospe, 2014; Novillo López, 2007; 2010, pp. 252ss.; 2020, pp. 17ss. y Járrega Domínguez, 2007, pp. 35ss.; Navarro Santanoda, 2005, pp. 67ss., para la historiografía moderna.

[9] Canfora, 2000, pp. 8ss.; Batstone, 2018; Pelling, 2011, p. 157.

[10] Estoy de acuerdo con Novillo López, 2007, p. 42: "No sería apropiado hablar de varios Césares. Ante tal diversidad de interpretaciones [sobre su figura], se impone la necesidad de estudiarlo desde esa gran variedad de perspectivas si pretendemos realmente adquirir una imagen de C. Julio César lo más clara y objetiva posible». También con la precaución que aconseja Saiz, 2015, p. 25: "Un riesgo acecha constantemente: la fascinación por el personaje lleva a redimensionarlo, convirtiéndolo en una figura sobrehumana y ficticia. Muchas veces lleva implícito el presupuesto de que tanto sus pensamientos y acciones como las consecuencias de estas dependen en última instancia de su propia voluntad, y de que es al menos consciente de los factores externos que lo limitan. Así, el gran hombre decide y su decisión cambia la Historia. Su excepcionalidad reside, en parte, en esa capacidad de dominar las circunstancias, de reencauzarlas según sus deseos o necesidades".

[11] Sobre este último aspecto, Krebs, 2018.

[12] Roldán Hervás, 2008, pp. 84-85: "Julio César convirtió al Senado en un órgano vacío de poder, en un simple instrumento de aclamación... Los honores otorgados a César lo elevaban por encima de la tradicional igualdad oligárquica en la que se fundamentaba la *res publica* optimate". Kamm, 2006, p. 3: "Julius Caesar did not destroy the Roman republic, so much as play a starringrole in its obsequies. He was an idealist, a workaholic, and a political enabler and manipulator, who would bend the system to his own ends if the wheels of change did not whirl fast enough for him". Sobre la etapa de César como dictador, Cabrero Piquero, 2004, pp. 249ss;

ciones enfrentadas desde mucho tiempo antes. Su sucesor, el futuro Octavio Augusto, aquilataría esa nueva dimensión política durante un mandato de casi medio siglo[13]. Y en adelante la monarquía militar, en principio enmascarada bajo formas republicanas durante los dos primeros siglos de la Era y manifestada a las claras a partir del fin de la dinastía de los Severos (235), ya se convertiría en la única forma de gobierno que conocería el Imperio romano hasta su desaparición.

Por todo lo anterior, no deja de resultar una paradoja el hecho de que, un personaje de tal calibre no reciba la atención que merece prácticamente desde poco después de su muerte. De principio, contemplemos por anticipado tres conclusiones para el presente estudio: la primera, que las fuentes de fines de la República, del siglo I y de la primera mitad del siglo II suelen marcar una distancia respecto de la figura del dictador, adaptándola a los intereses del momento hasta el punto de mostrar extremos opuestos: valores nobles como la clemencia junto con los vicios de la tiranía[14]; en segundo término, que las obras tardorromanas prestan menos espacio a Julio César que lo que podía esperarse, no trascendiendo los límites del relato anecdótico, circunstancial; en tercer lugar, y tal vez por lo anterior, que la historiografía moderna ha dedicado poco interés a lo que narran tales fuentes bajoimperiales de un personaje histórico tan famoso. Pongamos por ejemplo el célebre libro de Goldsworthy, *Caesar, Life of a Colossus* (2006)[15], una biografía al uso que nada

---

KAMM, 2006, pp. 101ss.; BILLOWS, 2009, pp. 236ss.; GOLDSWORTHY, 2006, pp. 468ss.; JÁRREGA DOMÍNGUEZ, 2007, pp. 48ss.; CANFORA, 2000, pp. 311ss.

[13] FERNÁNDEZ URIEL, 2011, pp. 246ss.; BARNES, 2009, p. 279: de Tácito a Casio Dion, inclusive, la figura de Augusto se contempla como la del creador de un sistema político firme de gobierno monárquico

[14] POTTER, 2017, pp. 36-37, apunta que César utilizaba en ocasiones la clemencia como maniobra propagandística para atraer seguidores. Sobre las visiones apuntadas, remito a FERNÁNDEZ CORTE, 2010; LORENZO LORENZO, 2010; PELLING, 2011, para Julio César en Veleyo Patérculo; JOSEPH, 2018, para César en Virgilio y Lucano; KRAUS, 2018, para César en Tito Livio y Tácito. FRAZÃO JOSÉ, 2013, para César en Veleyo Patérculo, Suetonio y Plutarco; 276: "Apesar das críticas, podemos notar que as vidas de César descritas pelos autores ainda apresentam um profundo tom elogioso, pois as atitudes e as ações do personagem são direcionadas pelas necessidades de seu próprio tempo".

[15] Cuya traducción al castellano (La Esfera de los Libros, Madrid 2007) presenta el ambicioso título de *César. La biografía definitiva.*

nuevo aporta al conocimiento de César o de su época[16], y en la que las noticias de las fuentes del Bajo Imperio no reciben la más mínima atención en casi 600 páginas[17]. Veinte años antes, y con más páginas, la biografía de Meier, *Caesar*, DTV, München 1986, ya caía en lo mismo. Ni siquiera el clásico de Carcopino [1935] se libró de esto que estoy señalando[18].

Acerquémonos, entonces, a dichas fuentes de la Antigüedad Tardía, con el propósito de resolver estas cuestiones, en el intento de aportar algo de luz a tan paradójicos indicios.

LAS GRANDES OBRAS HISTÓRICAS TARDORROMANAS (SIGLOS III-V D.C.)

> "Caesar was far from being a familiar figure or historical example in Late Antiquity"[19].

En este epígrafe analizaré grandes obras históricas de los siglos III a V: en concreto, los autores de tales obras son Herodiano, Amiano Marcelino (y en relación con este, el *Symposion* del emperador Juliano), los *Scriptores Historiae Augustae*, Orosio, y Zósimo. Observaremos que en todas estas obras la información que obtenemos sobre César no deja de resultar anecdótica o circunstancial, cuando no ínfima tanto en su cantidad como en su calidad.

---

[16] Esa es la conclusión (que comparto) a la que llega J. LEVITHAN en su reseña en Brynmawr: https://bmcr.brynmawr.edu/2007/2007.05.35.

[17] En el aparato crítico (pues no presenta un apéndice de fuentes) aparecen las obras más cercanas en el tiempo al personaje (las del propio Julio César, Cicerón, Catulo, Salustio, Estrabón), las del siglo I (Veleyo Patérculo, Lucano) o, como muy posteriores, aquellas del siglo II (Tácito, Suetonio, Plutarco, Apiano). La honrosa excepción sería el recuso a Dión Casio, quien en los libros 36 a 44 de su Historia Romana aborda los tiempos finales de la República. En este trabajo no me ocuparé de Casio Dion, pues he establecido la fecha de corte, para determinar la época tardorromana, el fin de la dinastía de los Severos. BARNES, 2009, p. 279, nos recuerda que son escasas las referencias de relevancia a César en Dión Casio, y que si acaso aluden a sus conquistas o a su clemencia. Ver también FREEMAN, 2009, pp. 373ss.; NOVILLO LÓPEZ, 2011, pp. 15-16.

[18] CARCOPINO [1935], 2007.

[19] BARNES, 2009, p. 283.

Las referencias literarias de fines de la República y del Principado solían utilizar la figura de Julio César para legitimar a su sucesor, Octavio Augusto, y el nuevo régimen político que este forjaría a lo largo de su prolongado mandato[20]. Así, salvo dos paréntesis, los del reinado de Claudio I (por la cuestión britana) y el reinado de Trajano (98-117), en el que César es recuperado por este gobernante como referente militar[21], el nombre de César solo se utilizará como *exemplum* anecdótico y, ya plenamente en tiempos tardorromanos, para designar al viceemperador que bajo la autoridad de un *Augustus* estaría destinado a suceder a este. Además, los autores del Bajo Imperio suelen distinguir a Julio César, como dictador, de los subsiguientes emperadores romanos, con alguna excepción como el *Symposion* de Juliano[22].

Es el ejemplo de Herodiano, autor de una Historia del Imperio Romano entre la muerte de Marco Aurelio y la de Maximino el Tracio (180-238), de cierto calibre, compuesta y/o publicada entre 240-250[23]. En su obra (al igual que ocurre con Dión Casio) la guerra actúa como la línea argumental protagonista[24]. Sin embargo, solo existe una alusión a Julio César en esta obra histórica: III, 7, 8, y ni siquiera se trata de una referencia directa y exclusiva al personaje, sino que en ella César es un ejemplo más de los generales del siglo I a.C. que protagonizaron guerras civiles. El comentario viene al hilo de que Septimio Severo los superó a todos al derrotar a tres emperadores reinantes en una sola contienda[25]. No deja de ser cierto que el siglo I a.C. queda lejos del interés erudito de Herodiano, como no podía ser menos en un admirador declarado de Marco Aurelio (emperador moderado y respetuoso con la aristocracia senatorial y las tradiciones, o sea, lejano a la autocracia de corte helenístico a la que

---

[20] FRAZÃO JOSÉ, 2013, p. 284; LEVICK, 2009, pp. 210ss

[21] VOJVODA, 2008.

[22] LONG, 2006, p. 66.

[23] Sobre el debate historiográfico al respecto de este asunto, remito a la introducción de J. J. TORRES ESBARRANCH, en su traducción para la colección Gredos, Madrid, 1985, 11ss.; 49: "La *Historia* de Herodiano es una fuente primordial para el estudio del siglo III, a la altura de Dión Casio y superior a los *Scriptores Historiae Augustae*".

[24] GASCÓ, 1986/1987, p. 171.

[25] Sobre los errores cometidos por Herodiano en la exposición de los hechos, TORRES ESBARRANCH, 1985, pp. 35ss.

aspiró César)[26]. Y también hay que tener en cuenta que Herodiano tal vez sea el primer historiador que contempla la amenaza que el peligro externo supone para la estabilidad del Imperio romano, que ahora ha de luchar constantemente, con emperadores enérgicos al frente, por su supervivencia[27]: es decir, unas circunstancias históricas muy distintas de la etapa imperialismo expansivo que protagonizó Julio César. Pero no por ello deja de sorprender el dato.

Tal vez si conociéramos mejor la vida de Herodiano (y, por ende, el propósito de su obra)[28] ello aumentaría nuestra comprensión sobre su desinterés por César. Tampoco podemos olvidar que, si damos por cierta la fecha de publicación de su obra en algún momento de mediados del siglo III, la figura de Julio César ya hacía tiempo que no respondía a lo que de ella transmitió su sucesor Octavio Augusto[29]. Ya Dión Casio establecía una neta diferencia entre la desmesurada ambición de poder personal de Julio César y el carácter desinteresado de Augusto a la hora de imponer un régimen monárquico para lograr la estabilidad y la paz en el Imperio[30]. Y este será un elemento recurrente en la visión tardorromana sobre el célebre estadista.

Entre Herodiano y Amiano Marcelino no encontramos ninguna gran obra de Historia. Las *Res gestae* del historiador sirio pretende ser una continuación de la de Tácito, su modelo, abarcando un período histórico comprendido entre los años 98-378. Sin embargo, los trece primeros libros se han perdido, con lo que solo conservamos el abordaje de los años 353 a 378.

La Historia de Amiano es una obra bastante compleja en cuanto a la diversidad temática que ofrece (guerras externas, conflictos sociales

---

[26] RODRÍGUEZ HORRILLO, 2009, p. 121: "La figura prototípica de Marco Aurelio se presenta como un espejo en el que se han de mirar los diferentes emperadores en busca de la σωφροσύνη". Sobre la idealización de Marco Aurelio en Herodiano, pp. 121ss.

[27] ALFÖLDI, 1974, p. 95.

[28] Remito a TORRES ESBARRANCH, 1985, pp. 20ss. Sobre los propósitos de su obra, no creo en lo que se expresa en 32ss., lo que convertiría a Herodiano en una excepción dentro del género historiográfico grecorromano.

[29] Personaje este último que aparece en cinco ocasiones en la *Historia* de Herodiano (I, 1, 4; II, 11, 5; III, 7, 8; 13, 3 y VI, 2, 4), y sobre el cual se informa de su poder unipersonal, su política fronteriza, sus victorias en el exterior o incluso de su carácter.

[30] MAJBOM MADSEN, 2019; LEVICK, 2009, p. 215 y BARNES, 2009, p. 279: para Dión Casio, la figura de Augusto es el definitivo punto de inflexión entre la República y el Principado.

internos, despotismo de los emperadores cristianos frente al recto gobierno de Juliano –protagonista absoluto del relato, incluso cuando no se habla directamente de él–, degradación de la plebe, excursos varios, etc.), en una época de inflexión en el devenir del Imperio romano: no se conoce la fecha exacta de publicación de las *Res gestae*, pero hubo de acontecer en algún momento entre los principios de la década de los noventa del siglo IV. y los años iniciales del siglo V. O sea, el período que contempla acontecimientos críticos como la derrota de Adrianópolis y la determinante inclusión de los godos en el solar romano, la proclamación legal del cristianismo como religión de Estado, excluyente de todas las demás, o la definitiva separación de los ámbitos occidental y oriental del Imperio, en 395, a la muerte de Teodosio I.

A pesar de la pérdida de los trece primeros libros, las *Res gestae* constituyen un texto abultado en el que abundan las alusiones a la Roma preimperial[31]. Dentro de estas, las referencias amianeas a Julio César son las siguientes:

- 15, 11, 6: en el contexto de su excursus descriptivo de las Galias, se menciona que el territorio fue conquistado "por el dictador Julio" y se especifica cuál es su división administrativa[32]. César no recibe, en consecuencia, el tratamiento de emperador, sino de *dictator*.
- 15,12, 6: repite el dato anterior, pero esta vez no alude a César como dictador.
- 16, 10, 3: aunque aquí no se menciona directamente el nombre, se alude a un episodio de la vida de Julio César (Plut., *Vit. Caes.*, 38); César intenta cruzar el Adriático en una pequeña embarcación, desde Apolonia hasta Brundisio, para reclutar tropas en el momento previo a la batalla de Dirraquio (48 a.C.) contra Pompeyo. La noticia conecta el arrojo de César con el

[31] STERTZ, 1980, pp. 494-495, ha contado hasta 125 referencias: 3 relativas a la etapa monárquica y 122 a la etapa republicana, e interpreta que tal abundancia de referencias responde a la añoranza del viejo orden republicano y sus valores, que Amiano reivindica, en su obra, como propios de la aristocracia senatorial pagana de su tiempo.

[32] División administrativa, por cierto, que corresponde a la efectuada por Diocleciano, no a la de época de Julio César.

de Claudio II el Gótico y el de Galerio, en una clara crítica a la pusilanimidad de Constancio II[33].

- 21, 16, 13: el capítulo 21,16 pasa lista a las virtudes y los vicios del emperador Constancio II (gobernante único del Imperio entre 351-361). Entre estos últimos figuraba su crueldad, fruto de una desconfianza paranoica que le hacía ver conspiraciones en todas partes. Amiano recurre a una comparación con la crueldad de César que se menciona en una carta de Cicerón a Nepote que no nos ha llegado.
- 22, 16, 13: en su *excursus* sobre Egipto, Amiano recuerda que en Alejandría existieron dos bibliotecas que contuvieron más de setenta mil volúmenes, pero que ardieron durante la guerra alejandrina del dictador César.
- 25, 2, 3: en plena invasión de Persia, con el enemigo hostigándoles continuamente y con problemas de avituallamiento, el emperador Juliano dedica poco tiempo al sueño y emplea las horas tempranas del día para escribir, tal y como hacía César[34].
- 28, 4, 18: en el capítulo 28, 4 se detallan los vicios de la alta sociedad de la ciudad de Roma, que, a ojos del historiador antioqueno, vive de forma decadente, extravagante y licenciosa. La referencia a Julio César es la siguiente: "si [los nobles romanos] realizan un largo viaje para ver sus posesiones o para cazar gracias al esfuerzo de otros, piensan que su desplazamiento es semejante al de Alejandro Magno o al de Julio César"[35].
- 29, 2,18: en los durísimos procesos por supuestas prácticas de magia emprendidos por Valente en las provincias de Oriente, Amiano censura la crueldad y el ejercicio inmoderado del poder

---

[33] Discrepo de BARNES, 2009, p. 280 cuando afirma que Amiano contempla a César como el primero de los emperadores, al alinearle con Claudio II y Galerio. Para el antioqueno, César es *dictator*, como señala en tres ocasiones, y esta referencia simplemente es una comparación de actitudes loables en militares reputados, sin otra intención. El pasaje *R.G.*, 21, 14, 5 es un claro indicio de que Amiano considera a Octaviano (Augusto) como el primer emperador.

[34] Plutarco, en su *Vida de César*, 17, nos recuerda algo parecido sobre este: dormía poco y cuando podía, era frugal en sus costumbres y siempre tenía un amanuense cerca para escribir sobre la marcha.

[35] Traducción de M.L. HARTO TRUJILLO, *Amiano Marcelino. Historia*. Madrid, Akal, 2002, p. 738.

de este emperador recurriendo a un dicho del dictador Julio César: el recuerdo de la crueldad es un pobre legado para la vejez. Tal dicho no figura en la obra que hoy conservamos de César.

Puede observarse el carácter de anecdótico de estas ocho referencias, a modo de *exempla*, y en tres de ellas se nos recuerda la dictadura de César[36]. Pompeyo, por ejemplo, aparece citado en más ocasiones en las *Res gestae*, no muchas, aunque no solo menciono el hecho por la cantidad de referencias, sino también por su calidad. Hay una gran distancia temporal entre Julio César y Amiano. El historiador sirio concede, por lo demás, gran importancia a la campaña persa de Juliano, por lo que alguien como César, que al contrario que Pompeyo no interactuó en Oriente, y cuyo proyecto de guerra contra los partos se truncó a causa de los idus de marzo[37], quedaría solo como punto de referencia para ciertos comportamientos o sucesos concretos. Desde luego, Pompeyo no solo es más referenciado, sino que se percibe claramente que el tratamiento que recibe es distinto: es el conquistador del Oriente romano, el hábil estratega, el Grande, como le conocería la posteridad, el que, en 17, 11, 4, es calificado como "el más valiente y prudente que hubo en la patria"[38]. En ningún momento recibe César, en las *Res gestae*, un elogio de ese calibre[39]. De hecho, como estableció Smith, la campaña persa de Juliano es presentada por Amiano como una empresa épica en la que este emperador emula a los grandes generales que, antaño, domeñaron al enemigo oriental: Pompeyo, Trajano y Septimio Severo[40]. Y sin

---

[36] Barnes, 2009, p. 278: "For the most striking fact about the memory of Caesar in Late Antiquity is his almost complete absence as a historical exemplar, model, or ideal".

[37] Según Navarro Santana, 2005, pp. 85-86, Julio César, ante las circunstancias histórico-sociales, no es capaz de restaurar la República ni de salvarla mediante una autocracia, por lo que para salir del estancamiento proyectó la guerra contra los partos.

[38] Traduccón de Harto Trujillo, 2002, p. 281. Sobre Pompeyo en la historiografía moderna, acúdase a Novillo López, 2010, pp. 249ss.

[39] Hasta su teatro es mencionado como una de las maravillas arquitectónicas de la Roma que Constancio II pudo admirar cuando visitó la *Urbs* en 357 para celebrar su *triumphus* (16, 10, 14). No me detendré a considerar el hecho de que a la entrada de dicho teatro se hallaba la *Curia Pompeii*, lugar donde circunstancialmente se reunió el Senado, en el año 44 a.C., y donde fue asesinado Julio César.

[40] Smith, 1999, pp. 91-92.

embargo, nos consta que Amiano leyó los *Comentarii* gálicos de César, y se inspiró en ellos para su relato de la rotunda victoria de Juliano en la batalla de Estrasburgo (357)[41].

En relación con lo anterior, el gran protagonista de las *Res gestae* de Amiano Marcelino es el emperador Juliano (361-363). Antes de llegar a la púrpura, Juliano fue enviado como César (gobernante auxiliar)[42] por su primo el Augusto Constancio II, a principios de noviembre del año 355, para imponer el orden en la siempre complicada frontera del norte de las Galias. En ese mismo mes los francos tomaron Colonia y la devastaron (Amm.Marc., 15, 8, 19). En los cinco años que transcurrieron entre este nombramiento y la aclamación como Augusto que le profesaron sus soldados a principios de la primavera del 360, Juliano recuperó Colonia, mantuvo a raya a francos y alamanes con operaciones de castigo y saqueo, venció a los alamanes en la batalla de Estrasburgo (357)[43], desplegó una serie de campañas con el fin de reforzar la defensa entre el Rin y el Danubio, restauró fortificaciones fronterizas y, tras imponer la paz a varios reyes germanos, recuperó a los prisioneros tomados por los bárbaros. Además, intentó aliviar la carga tributaria de los galos, combatió el bandolerismo interno e hizo respetar la ley romana en el territorio bajo su mando[44]. Constancio II no aceptó la proclamación de Juliano por sus tropas como Augusto, pero moriría poco después, en otoño de 361, y ello evitó la guerra civil entre ambos.

Una vez entronizado, Juliano concibió su gobierno imperial como más cercano al que practicaron los emperadores del Principado antes que lo que hicieron los gobernantes tardorromanos[45]. Es tal vez por ello que en su obra puede advertirse muy claramente la

---

[41] DELBRÜCK, 1980, p. 265.

[42] LEVICK, 2009, pp. 221-222 localiza el inicio de utilizar el término "César" en ese sentido a partir de Marco Aurelio y sus hijos, y alcanzaría su máxima expresión con la *Historia Augusta*.

[43] Batalla narrada por Libanio (XVIII, 53 ss.) y Amiano Marcelino (16, 12). Sobre el efectismo del relato del choque en este último, en el que se busca la exaltación de Juliano como líder militar, acúdase a BLOCKLEY, 1977.

[44] El relato detallado de la estancia gala de Juliano puede encontrarse en Amm.Marc., 15, 8; 16, 2-5; 11-12; 17, 1-3; 8-10; 18, 1-2 y 20, 4. Remito también a SELEM, 1971.

[45] ALONSO-NÚÑEZ, 1974. Sobre el gobernante ideal en Juliano, remito a CANDAU MORÓN, 1988.

displicencia hacia la figura de Julio César, personaje que encarna la más viva autocracia. Así, el dictador aparece en el *Symposion* o *Kronia*, también conocido como "Los Césares", obra probablemente publicada en 362[46]. El opúsculo, que sigue la temática del banquete clásico, consiste en una revisión de los emperadores romanos entre Augusto y Constantino[47], con la inclusión extraordinaria de dos grandes personajes (César[48] y Alejandro Magno), en un concurso en el que los dioses han de decidir, en función de las argumentaciones presentadas, quién fue el mejor gobernante[49]. César es definido, en este opúsculo, por su gran ambición y competitividad[50], su capacidad para el éxito en la guerra[51] y su arrogancia[52]. Además, en la réplica de Alejandro Magno, este echa en cara a César que mientras que él llevo la guerra contra los persas para vengar las afrentas a los griegos, César combatió con galos y germanos para después enfrentarse a sus compatriotas, lo cual le convierte en impío (*Caes.*,25, 324a). Desde su exacerbado apego al Helenismo, Juliano se documenta únicamente en Plutarco para dibujar al dictador[53]. Y resulta curioso que

[46] J. García Blanco, *Juliano. Discursos VI-XII*. Gredos, Madrid, 1982, p. 147.

[47] Constantino es el objeto de las mayores críticas de Juliano: 19, 318a; 30; 36; 38.

[48] Long, 2006, p. 66: "Julian introduces Julius Caesar into his succession of emperors and classes them under the name "Caesar" because Julius Caesar introduces a distinctive character into the series. His first appearance signalizes reckless love for honor and power as two facets of a will to compete –and competition will take over the banquet. Julian's Julius Caesar goes on to lead out the contest in all the fields of imperial character Julian's Symposion considers".

[49] Long, 2006, p. 64: "Symposion, or, Kronia, however, mediates between the qualities the Caesars showed in their lives, which transcendently continue to be identified with them after death, and the historical particularities of their reigns».

[50] *Caes.*, 4, 308: cuando el banquete está preparado, el primero que entra es Julio César, que pretende disputarle la monarquía a Zeus; *Caes.*, 32, 31c-d, para su ambición.

[51] *Caes.*, 17, 317b: los dioses determinan que César, Octaviano y Trajano participen en el banquete como los más importantes hombres de guerra.

[52] *Caes.*, 20, 319; *Caes.*, 20, 320b-d-22: César proclama que con sus hazañas ha superado tanto a sus contemporáneos como a sus antepasados, y hasta al mismo Alejandro Magno, no solo en logros bélicos sino también en el modo en que se comportó con amigos y enemigos. *Caes.*, 23: Alejandro se queja a los dioses de que tiene que aguantar la arrogancia y la desvergüenza de César.

[53] García Blanco, 1982, p. 149: "Resulta sorprendente que no haya una sola cita de un autor latino y que un César, por ejemplo, sea tratado a través de lo que dice de él un griego, Plutarco, sin ninguna referencia a sus propias obras". Y, sin embargo, parece ser que Juliano leyó la *Guerra de las Galias*, como expresa en el panegírico a la emperatriz Eusebia (15, 124b) y también parece ratificar la epístola 26 (J. García Blanco, *Juliano. Discursos, I-IV*, Gredos, Madrid, 1979, p. 195, n. 47.)

el retrato de Pompeyo (*Caes.*, 24) es el diametralmente opuesto al que hemos visto en Amiano Marcelino: Pompeyo fue un donnadie que no merecía el prestigio militar que tuvo, y que incluso celebró el triunfo armenio que en realidad le correspondía a Lúculo. Otros generales del pasado (Mario, los dos Escipiones, Furio) le superaron con creces. Pompeyo fue llamado "el Grande" por sus aduladores, y más que un león era un zorro. César se impuso a Pompeyo porque a este le abandonó la Fortuna. Además, por su imprudencia, o por su estupidez, o por su incapacidad para el mando, no supo sacar partido a la victoria (en referencia a la batalla de Dirraquio, 48 a.C.) y por lo tanto la victoria final de César hay que explicarla más por los errores de Pompeyo que por los méritos de aquel[54]. El contraste con su sucesor, Octavio Augusto, es evidente (*Caes.*, 27; 31), más humilde, con un buen curriculum militar y siempre con la aspiración al recto gobierno. En otra obra, la *Carta de Juliano a los alejandrinos*, se resalta también su clemencia y benevolencia[55]. Definitivamente, este Julio César ensoberbecido con sus éxitos, es rebajado al nivel de la humanidad cuando no sabe elegir a un dios que le guíe en el simposio (*Caes.*, 37, 336). En *Caes.*, 34, 332d, se critica a Octavio Augusto que divinizara a Julio César.

Es por aquella estancia de un lustro batallando en las Galias que Juliano se identifica con la figura de Julio César, al mismo tiempo que marca una distancia crítica respecto de él[56]. Estoy de acuerdo en la recapitulación de Long al respecto cuando afirma que[57]:

---

[54] Solo hay un breve apunte positivo sobre Pompeyo en *Caes.*, 33, 332d: Augusto pidió para su nieto la audacia de César, la habilidad de Pompeyo y su propia fortuna. Aparte de esto, no hay, en toda la obra de Juliano, otras referencias a Pompeyo, salvo una referencia indirecta en *Misopogon*, 218B, en que se menciona a un rico liberto suyo llamado Demetrio.

[55] García Blanco, 1980, p. 172: III. Cuando Augusto expulsa de Egipto a los Ptolomeos, el *imperator* perdona a los alejandrinos "por respeto al gran dios Serapis, por el propio pueblo y la grandeza de la ciudad; la tercera causa de mi benevolencia hacia vosotros es mi amigo Ario. Era este Ario, conciudadano vuestro y favorito de César Augusto, un filósofo".

[56] Long, 2006, pp. 62-63; 73: "Julius Caesar emblematically raises into view virtues essential to Roman monarchy"; 77: "Julian's Julius Caesar epitomizes the qualities that enabled the Roman Caesars to sustain themselves as a line".

[57] Long, 2006, p. 77.

> Julian's Symposion, or, Kronia appears ultimately as a personal fable. Elements of Julian's self-image stand behind each of the competitors. Constantine represents his own family, from whose religion Julian broke. Marcus Aurelius embodies his highest aspirations.57 Trajan and Octavian Augustus comprise a slogan of late antique imperial good wishes, "more fortunate than Augustus, better than Trajan" (*felicior Augusto, melior Traiano*, Eutrop. *Brev.* 8.5). Alexander the Great is the quintessential Hellenic hero-general, whose Persian conquests Julian hoped to renew while avoiding his personal failings. *Julius Caesar's military career loosely paralleled Julian's rise, from a term of military success in Gaul against Germanic foreigners, to a contested claim to predominate in the Roman state. Above all, Julius Caesar for Julian embodies a personal connection with Rome, the city that encapsulated the state, with which Julian identified himself.*

Y no dejo de compartir la afirmación de Wylie sobre que Juliano, instruido en las lecciones militares de Julio César, se convirtió en un general austero y enérgico que sabía transmitir confianza a sus soldados[58]. De hecho, en *Contra Galileos*, 218B, se afirma que entre los hebreos no ha existido un general comparable a César o a Alejandro Magno. Alejandro es, para Juliano, el gran referente como héroe militar: que César figure al mismo nivel nos da una valoración objetiva de lo que, en realidad, Juliano pensaba sobre él.

Llegados a este punto, sería útil recurrir a las noticias cesáreas contenidas en la *Historia Augusta*[59]. De entrada, lo que nos llama la atención es que las alusiones a Julio César no van más allá del reinado de Maximino el Tracio (235-238), es decir, el momento histórico en que, según la historiografía tradicional, comenzaba el turbulento

---

[58] Wylie, 1992, pp. 10ss.; Levick, 2009, p. 216: durante su estancia gálica, los *Comentarii* de César fueron el libro de cabecera de Juliano.

[59] Huelga decir que la *Historia Augusta* no es una obra histórica, sino una colección de biografías imperiales, redactada en algún momento de finales del siglo IV o principios del V Sobre el debate académico en torno a su datación, remito a V. Picón / A. Cascón. *Historia Augusta*. Madrid, Akal, 1989, pp. 8ss. Dada la escasez de fuentes literarias para el conocimiento del siglo III, se trata de un texto fundamental para el historiador.

período de la Anarquía Militar, que nos llevaría a los cambios de Diocleciano y al Bajo Imperio. Y, aunque como en los casos anteriores, la información sobre César es igualmente anecdótica, en tales datos se percibe cierta "simpatía" (cuando no admiración) por la figura del dictador. Está muy claro que, en la Historia Augusta, César no es considerado el primero de los emperadores, lo que puede comprobarse en el pasaje de Elio Vero, 7, 5[60]. He de señalar que, como novedad respecto de las obras que he analizado anteriormente, en las que no se mencionaba la muerte de César, hito histórico en los anales romanos[61], en la *Historia Augusta* hay cuatro referencias, aunque se hagan de pasada, sobre la cuestión[62]. Por lo demás, no faltan los ítems tradicionales: su clemencia (*Av.Cas.*, 11, 6), su conquista del ámbito celta (*Cl.Alb.*, 13, 7) o su comparación con los grandes generales del pasado (Alejandro Magno, Pompeyo[63]; *A.Sev.*, 62, 3). También se esboza su carácter[64] o se señala el hecho que, como otros

[60] *El.Ver.*, 7, 5: "Estas son las noticias sobre Vero, que se han reseñado por escrito. Y la razón por la que yo no le he silenciado es porque me he propuesto exponer las biografías de todos los que después del dictador César, esto es, después del divino Julio, recibieron el nombre de Césares, Augustos o emperadores, y las de los que han obtenido la adopción o han sido consagrados con el título de Césares por ser hijos o parientes de los emperadores" (Picón / Cascón, 1989, pp. 90-91). Al respecto, el pasaje de *Pesc.Nig.*, 12, 1, también resulta determinante: "Entre los emperadores, estimo a Augusto, a Vespasiano, a Tito, a Trajano, a Pio y a Marco" (Picón / Cascón, 1989, p. 267). También *Heliog.*, 1, 2.; *Al.Sev.*, 10, 4; *Aur.*, 21, 10-11 y, sobre todo, 42, 3; *Car.*, 3, 1. Elio Vero, cuyo nombre era Ceyonio Cómodo, cónsul ordinario en 136 y 137, fue adoptado como sucesor por Adriano en 136, pero falleció poco antes que este, en 138 En *El.Ver.*, 2, 2, se dice que fue el primero que recibió el título de César, a la manera de la Tetrarquía.

[61] Sobre la muerte de César, acúdase a Strauss, 2016; Novillo López, 2013; Barja de Quiroga / Cordeiro Macenlle, 2020, pp. 305ss.

[62] *Avid.Cas.* 1,4; *A.Sev.*, 62, 3; *Max.Tr.*, 18, 2 y *Gord.*, 33, 4.

[63] Ya que he recurrido a Pompeyo en el análisis de las obras de Amiano Marcelino y Juliano, apunto que la información sobre este personaje en la Historia Augusta es aún más anecdótica y trivial. Por lo tanto no me detengo sobre el particular y remito a las referencias textuales: *Hadr.*, 11, 4; *A.Sev.*, 11, 4; 62, 3; *Gord.*, 2, 3; 3, 6; 6, 5, 17, 2, 21, 5; *Max.*, 7, 3 y *Firm.*, 6, 4.

[64] *Max.*, 7, 7 (Picón / Cascón, 1989, pp. 504-505): "Algunos pensaron que ellos debían ser comparados del mismo modo que Salustio [*Cat.*, LIX] compara a Catón y César, señalando que uno era severo y el otro afable, que aquel era virtuoso y este firme, que uno no era prodigo en sus dadivas y el otro abundaba en todo tipo de riquezas".

grandes hombres de Estado, César no dejó hijos biológicos que le sucedieran (*Sep.Sev.*, 21, 2).

Sin intención de profundizar en el intensísimo debate historiográfico sobre la *Historia Augusta*, creo que Beranguer acertaba al sostener que la obra defiende los intereses de la aristocracia senatorial pagana y aboga por un estereotipo de emperador ideal que los mantenga y fortalezca[65]. En esa línea, esa "simpatía" por César, que señalaba antes, ha de relacionarse con su extracción senatorial, que puede advertirse con claridad en *Cl.Alb.*, 13, 7. Aparte de esto, no hay nada más reseñable sobre Julio César en esta colección de biografías imperiales.

Muy cercana en el tiempo a Amiano Marcelino y a la *Historia Augusta* se encuentra la *Historia adversus paganos* de Orosio, el único autor hispano que escribe una gran obra histórica en la Antigüedad Tardía. Tal vez por ello prestó especial atención a Julio César, pues también César concedió el merecido protagonismo a Hispania en el devenir histórico de Roma, como ya señaló en su día S. Mariner[66]. También Orosio fue el único historiador latino que aborda una Historia de Roma desde un punto de vista cristiano y el primer autor romano que crea una Historia Universal. Desde esta visión universalista, con un sentido teleológico y providencialista, el autor eclesiástico, que vive en la época de las invasiones de principios del siglo v y del saco de Roma por Alarico (410), pone una Roma pagana y plagada de catástrofes y errores con una renovada Roma cristiana: en ese sentido, los bárbaros invasores son el justo castigo divino a la Roma pagana, imperialista y opresora, y al mismo tiempo, en cuanto que tales invasores son cristianos, el elemento que permite la renovación del Imperio a través de la religión verdadera y que al mismo tiempo lo protege con las armas y lo llevan a su cénit (Oros., I, 16, 2-4; VII, 37, 12; 39, 10; 41, 14; VII, 41, 8; VII, 43, 6). Defensor de la integración del bárbaro cristiano (VII, 39, 9; 22, 9; 41, 2), Orosio nos

[65] BERANGUER, 1974. STERTZ, 1977, analizó, asimismo, la hostilidad contra el cristianismo que encontramos en la obra.

[66] MARINER, 1969, p. 106: "Como todos los genios de la propaganda, zahorí de la penetración psicológica colectiva, César había visto, con mirada de coloso que ahora algunos gustarían de llamar profética, que en Hispania crecía Roma misma, y que Roma creía en Hispania".

presenta, pues, a un nuevo hombre, *Romanus et Christianus* (V, 2, 2) que se encuentra en óptimas condiciones para llegar a la Salvación[67].

Según Barnes, Orosio repitió y mejoró los postulados históricos de Eusebio de Cesarea, pero a diferencia de este, que contempló la encarnación de Cristo durante el reinado de Augusto, el primero de los emperadores, para Orosio el primero de los monarcas imperiales fue Julio César (VII, 2, 14)[68]. Las referencias cesarianas en la *Historia adversus paganos* son abundantes en el libro VI (que abarca desde la guerra de Mitrídates hasta la *Pax Romana* de Augusto) y se limitan a dos en el resto de la obra[69]. En el libro VI, sin embargo, se narran con detalle:

- La Guerra de las Galias (VI, 7, 1 a 12, 1): desde su consulado (59 a.C.), cuando se le otorga el gobierno de las provincias de Galia Transalpina, Galia Cisalpina e Ilírico (a las que se añadirá, más tarde, la *Gallia comata*) hasta la absoluta derrota de los galos y su regreso a Italia.
- La Guerra Civil contra Pompeyo: VI, 15, 5 a 15, 28.
- La Guerra Alejandrina: VI, 15, 29-16, 2.
- La Guerra contra los pompeyanos, hasta su victoria en Munda VI, 16, 4-17, 5.

El resto del libro VI se dedica al asesinato de César, el devastador enfrentamiento que conllevó y el proceso por el cual su sucesor, Octaviano, eliminó a todos sus rivales políticos hasta alzarse con el mando único (Principado), hecho que coincide con el nacimiento de Cristo.

---

[67] Para todas estas cuestiones, Teillet, 1984, pp. 113ss.

[68] Barnes, 2009, p. 281: "In the Christian chronographical tradition, on the other hand, it was Julius Caesar who led off the sequence of Roman emperors stretching down to a writer's own day". Barnes recuerda también (282) que Eusebio de Cesarea también define a César como el primer emperador en sus escritos no apologéticos (*Chronica*). Resulta discutible la afirmación de Barnes, pues en la traducción de ese pasaje se dice explicitarmente que Octavio Augusto fue el primero de los emperadores, mientras que Julio César fue el ensayador de ese régimen político.

[69] I, 16, 2: los godos que antaño atemorizaron a grandes generales como Alejandro, Pirro o César, ahora suplican un pacto a Roma; VII, 2, 14: es bajo Augusto, el primero de los emperadores, cuando nace Cristo. El libro VII abarca el largo período entre el nacimiento de Cristo y los tiempos de Orosio.

Después de una atenta lectura de dicho libro VI, no puedo sino calificar como de "neutro" el tratamiento que Orosio hace de Julio César. Es decir, es una imagen que bascula entre lo positivo y lo negativo, sin llegar nunca a inclinarse hacia alguno de esos extremos. En su texto observamos a un César guerrero, incansable, tenaz (VI, 9, 4: tenacidad a la hora de invadir Britania, a pesar de un fracaso anterior), astuto a la hora de concebir añagazas con las que derrotar al rival (VI, 10, 7-8; 11, 27), que sabe aprovechar las debilidades del enemigo para derrotarle (VI, 10, 14), que sabe calibrar rápidamente las situaciones y qué medidas hay que tomar para alcanzar el éxito (VI, 11, 23-26), que sabe reponerse de las adversidades e incluso de las derrotas, y que hasta concibe suicidarse para evitar la vergüenza de ser vencido en Munda (VI, 16, 7). Pero también vemos a un César brutal y vengativo, que proyecta toda su crueldad ejemplificadora contra galos y germanos (VI, 8, 17; VI, 11, 15), capaz de ejecutar a los nietos y a la hija de Pompeyo, amén de algunos de sus partidarios (VI, 16, 5)[70]. Ejemplo de esta violencia es lo que se narra en VI, 11, 20-29: los galos toman la fortaleza de Uxeloduno (hoy Capdenac, en Aquitania) y se hacen fuertes en ella. César decide cortarles el abastecimiento de agua, pero aun así los romanos sufren muchas penalidades y bajas para debelar la plaza. Como represalia por ello, César ordena que a todos los que tomaron las armas le sean cortadas las manos, a modo de aviso para futuros rebeldes. Entonces Orosio (VI, 11, 30), concluye con frialdad:

> Tiene gran eficacia, en efecto, a la hora de corregir una osadía, el tipo de castigo que se da, por cuanto una forma de vida que conserve siempre presente la desgracia del castigo, mueve al recuerdo a los que conocen los antecedentes y obliga a informarse a los que los desconocen[71].

[70] No obstante, Orosio también hace alusión a la proverbial clemencia de César (VI, 15, 7).

[71] Traducción de E. Sánchez Salor, *Orosio. Historias*. Madrid, Gredos, 1982, p. 123. En otros pasajes de su obra, Orosio defiende que no hay que condenar las invasiones bárbaras, puesto que Roma creó su Imperio recurriendo a los mismos métodos (III, 20, 12; V, 1, 13; VII, 41, 2). Ladner, 1976, pp. 23-24: Orosio alaba el imperialismo romano en cuanto que ha posibilitado la cristianización (y por tanto la asimilación) de los bárbaros.

Esta consideración no puede interpretarse como una alabanza del *modus operandi* de César, pero está claro que Orosio considera que la medida fue oportuna. En cuanto a las guerras posteriores a la conquista de las Galias, el tratamiento es igualmente neutro. El enfrentamiento con Pompeyo y la Guerra Alejandrina son presididos por la intensidad, por el recurso a cualquier medio que aporte la victoria, ya sea la guerra abierta o el engaño. Ambos rivales son presentados en los mismos términos, porque lo que Orosio juzga no son tanto las vertientes personales como el gran error que suponen las guerras civiles[72], por los estragos que causa en la patria. Al fin y al cabo, tantos esfuerzos bélicos de César no tuvieron otro resultado que su asesinato (VI, 17, 5) y el desencadenamiento de más sangrientas contiendas. ¿Y qué es, lo que para Orosio, provoca la funesta guerra civil? La soberbia, ejemplificada en la resistencia de aquellos que no aceptan el mando único de una persona capaz, de un individuo providencial que aporte el régimen estable necesario para el advenimiento de Cristo (VI, 17, 9-10)[73]:

> Y, por otra parte, el motivo de todas estas desgracias es la soberbia: en ella está el origen violento de las guerras civiles; por ella volvieron a brotar después. No es, pues, injusta la muerte violenta de aquellos que la persiguen sin razón, con tal de que el deseo de imitar la ambición de estos termine y sea castigado por ellos y en ellos, y eso hasta que, quienes antes odiaban el poder colegiado, aprendan a soportar el poder de uno solo y hasta que, reunido el mando de todo el imperio en una sola persona, todos los hombres lleven un tipo de vida muy distinto en el que se afanen por agradar humildemente y no por ofender insolentemente. Pero para

[72] VI, 14, 4: "se entabla aquella atroz guerra civil entre Pompeyo y César, y, en medio de ello, la propia Roma, arrebatada por un inesperado incendio, es reducidava cenizas" (SÁNCHEZ SALOR, 1982, p. 127); VI, 15, 25: "Ver aquello y llorar era todo uno; que se enfrentaran, concentradas en campos de Farsalia [9 de agosto del 48 a.C.], para matarse mutuamente, unas tropas romanas, tropas a las que, si se hubieran dejado regir por la concordia, no hubieran podido resistir ningún pueblo ni ningún rey" (SÁNCHEZ SALOR, 1982, p. 127).

[73] SÁNCHEZ SALOR, 1982, pp. 139-140; 151 (VI, 20, 4): "el Imperio de César había sido preparado en honor de la futura venida de Cristo".

> alcanzar esta doctrina tan saludable de la humildad hace falta un maestro. Y por ello, restablecida convenientemente la situación por César Augusto, nació Nuestro Señor Cristo, el cual, a pesar de estar en la conformación de Dios, tomó humildemente la forma de siervo para institucionalizar por fin la virtud de la humildad en un momento en que ya por todo el mundo el castigo a la soberbia servía de ejemplo a todos.

Este párrafo nos ofrece la única valoración de César que no es neutra, sino más bien positiva, aunque de forma indirecta, en cuanto que el dictador puso las bases de ese régimen providencial (VII, 2, 14). En cualquier caso, y aunque las Historias de Orosio es, con diferencia, la fuente tardorromana que más espacio dedica a Julio César, no obtenemos un juicio de valor determinante sobre su figura. Aunque el libro VI sí tiene valor para contrastar algunos datos que encontramos en los *Comentarii* de César, en los que claramente se documentó nuestro autor hispano[74].

Operando un giro de orientación historiográfica, volveríamos a la literatura pagana tardorromana de la mano de Zósimo y su *Nova Historia*, publicada entre los años finales del siglo v y algún momento de las tres primeras décadas del siglo v[75] y cuyas fuentes principales fueron Dexipo, Eunapio de Sardes y Olimpiodoro de Tebas[76]. Alto funcionario de la corte de Constantinopla, Zósimo escribió una Historia del Imperio romano entre Augusto y el 410, poco antes de que Alarico tomara Roma en agosto de ese año. Autor abiertamente anticristiano y antibarbárico, en un mundo en que el cristianismo ya se había afianzado como religión oficial (y única) del Estado y el ejército se hallaba bastante barbarizado, Zósimo es un claro *laudator temporis acti*, nostálgico de un orden aristocrático y pagano, lejano de la autocracia de los emperadores romanos y glorioso: es decir, todo lo contrario de la época que le tocó vivir. Es por ello que plantea un

[74] Obsérvese, si no, la descripción de un líder godo y su correspondencia del jefe celta que hallamos en el *De Bello Gallico*: el vergobretos, cuyo máximo exponente sería Vercingetorix (Caes., *B.G.*, I, 16, 5-6; Oros., VII, 37-39).

[75] Según J. M. CANDAU MORÓN, *Zósimo. Nueva Historia*, Madrid, Gredos, 1992, p. 9, es muy probable que tal publicación se diera entre 498-518/527

[76] Para las fuentes de Zósimo, remito a CANDAU MORÓN, 1992, pp. 20ss.

análisis del proceso de declive Imperio romano como resultado de la rapacidad fiscal del Estado, la relajación de la disciplina militar y la exclusión de los paganos del ejército, la incompetencia de los emperadores cristianos (Constantino, Joviano, Teodosio, Honorio y Arcadio), el abandono de la religión tradicional ante la consolidación del cristianismo, las agresiones bárbaras y la barbarización de las instituciones romanas[77].

Por todo lo anterior, Zósimo pasa de puntillas por el período republicano y dedica poca atención al Principado, centrando su interés lo que ocurre a partir del siglo III. Lo que explica que solo encontremos (como ocurría en Herodiano) una sola referencia a Julio César en su obra (Zos., *N.H.*, I, 5, 2):

> Y mientras prevalecieron los usos de la aristocracia, el Imperio siguió creciendo cada año, al rivalizar los cónsules entre sí por alcanzar la palma de la virtud. Pero cuando el régimen político que les era propio quedó arruinado por las guerras civiles de Sila y Mario primero, y más adelante de Julio César y Pompeyo el Grande, dieron la espalda a la aristocracia y eligieron monarca a Octaviano. Al dejar en sus manos el conjunto de las tareas del Estado, no se percataron de que apostaban a un golpe de dados las esperanzas de toda la humanidad, ni de que fiaban el riesgo que comporta tan gran imperio al empuje y la capacidad de un solo hombre[78].

La crítica al gobierno unipersonal al que se llegó tras las guerras civiles del siglo I a.C. no deja muy bien parado a los hombres providenciales de esa centuria, precisamente los que se citan en el párrafo. Candau Morón lo sintetiza muy bien: "este mismo espíritu innovador [de la obra de Zósimo] estaría detrás de la crítica a la institución imperial contenida en I, 5, pasaje que no encuentra paralelo en toda la historiografía grecorromana: si para los historiadores eclesiásticos la figura del Emperador, garante del imperio cristiano, compendia la forma de gobierno cumplida y perfecta, la crítica a la monarquía que lleva

[77] Zos., *N.H.*, IV, 59, 3: el Imperio se ha convertido en la morada de los bárbaros.
[78] CANDAU MORÓN, 1992, p. 93.

a cabo Zósimo intenta invalidar esta creencia mostrando cómo el sistema monárquico que posibilitó el triunfo del cristianismo constituye un régimen político altamente falible"[79]. Después de todo, la tradición historiográfica griega, ya desde Polibio, había sido crítica, en mayor o menor medida, con lo que había supuesto la conquista romana para el desarrollo histórico de la cultura griega. Zósimo es, probablemente, el momento álgido de dicha tradición. No hay más que leer lo que escribe sobre Teodosio I, el gobernante que sancionó la victoria del cristianismo: emperador sometido a la pereza (IV, 13), con períodos de frenética actividad entre largas temporadas de entrega a la molicie (IV, 55).

OTRAS OBRAS: DISCURSOS, BREVIARIOS Y EPÍTOMES

Si no hemos encontrado más que información anecdótica en los grandes textos históricos tardorromanos (con la honrosa excepción de Orosio), no vamos a hallar más en obras de menor calibre o cuya finalidad no es la de historiar con detalle una época. Y como, por necesidad de espacio, no podemos repasar todas las fuentes bajoimperiales, propongo la selección de las siguientes obras:

3.1. Panegíricos tardorromanos: Oraciones eulógicas destinadas a cantar las glorias de ciertos emperadores. Por ejemplo, los panegíricos latinos del Códice Moguntíaco[80]. En estos discursos la figura de César aparece con menos frecuencia de lo que pudiera esperarse, lo que ha sido analizado por Barnes[81]. La información que transmiten

---

[79] CANDAU MORÓN, 1992, pp. 31-32.

[80] Para su comprensión, acúdase al excelente estudio de RODRÍGUEZ GERVÁS, 1991.

[81] BARNES, 2009, p. 283: En los ocho discursos declamados entre 289-313 tenemos las siguientes (y escasas) referencias: Pan.Lat. 5[8].3.3, el rétor de Autum que alaba a Constantino en 311 por aliviar la carga impositiva de su ciudad, recuerda que fue un líder eduo (un antiguo paisano) quien invitó a César a cruzar el Ródano y expulsar de la Galia a los germanos; Pan.Lat. 6[7].19.3, del año 310: el asedio de Marsella (en manos de Maximiano) por Constantino es comparado con el que llevara a cabo César en la guerra contra Pompeyo; Pan.Lat. 12[9].5.4–6.2, del año 313: la toma por Constantino de Segusio es comparada a la captura de Gomfoi, en Tesalia, por César, con la diferencia de que esta no tenía quien la defendiera frente al ardor guerrero de los habitantes de la alpina ciudad; asimismo, Constantino mostró clemencia con los derrotados, cosa que no hizo César. En los discursos del período 321-362 no hay una

es puramente anecdótica. En cuanto al gran panegirista del siglo IV, Temistio, solo encontramos dos referencias a César en su amplia colección de discursos políticos: *Orat*. VII, 96b (César como paradigma de clemencia, como Pompeyo, Augusto o Marco Aurelio)[82] y Orat. XV, 198a (se compara la victoria de Teodosio sobre los sármatas, antes de su elección como emperador de la parte oriental del Imperio, con las de Lúculo sobre Tigranes, Pompeyo sobre Mitrídates o César sobre los galos. Más parco se muestra, al respecto, otro gran orador de la época, Libanio, quien en sus discursos no menciona ni una sola vez a César. Tampoco lo hará en sus epístolas. Como ha señalado Barnes, tanto Temistio como Libanio prefieren recurrir a Alejandro Magno cuando se trata de mostrar un buen *exemplum* de gran estadista o militar[83].

3.2. Breviarios y epítomes: Entre este tipo de obras hemos de destacar el Epítome de Eutropio, el de Festo y el *Liber de caesaribus* de Aurelio Víctor. El primero (*Breviarium ab Urbe condita*) está dedicado al emperador Valente (un emperador que no era muy letrado, y que requería este tipo de resúmenes históricos para desempeñar mejor sus obligaciones de Estado), bajo cuyo gobierno Eutropio llegó a desempeñar el proconsulado de Asia en 371 En su Breviario, Eutropio sugirió a Valente varios modelos de grandes hombres del pasado romano para que este los imitara (Augusto, Trajano, Juliano), pero Julio César no se encontraba entre ellos[84]. En I, 12, al hablar de la magistratura republicana de la dictadura, apunta que "no puede

sola referencia al dictador. El que cierra la colección, el de Pacato a Teodosio del año 389 hay dos referencias a César, ambas fruto de comparaciones entre el emperador hispano y ciertos personajes de los últimos tiempos de la República: Teodosio poseía una excelente memoria, superior a la de personajes como Hortensio, Lúculo y César; tras su triunfo contra el usurpador Magno Máximo, Teodosio recibe la bienvenida sin miedo de los habitantes de Roma, una ciudad que había padecido la furia de Cinna, Mario, Sila y César (Pan. Lat. 2[12].18.3, 46.1). Pacato, por lo tanto, se salta el lugar común de la proverbial clemencia de César para resaltar la de su imperial patrón.

[82] SAYAS, 1972, pp. 51-52: valores como la *aequitas* y la *clementia* son básicos en la definición temistiana del buen gobernante, pues ambos se funden en una actitud de Estado fundamental de este: la *Philantropía*, necesaria para la asimilación de los bárbaros al servicio del Imperio. Para una visión general de Temistio, remito también a STERTZ, 1976.

[83] BARNES, 2009, p. 283.

[84] Acúdase a BIRD, 1987, pp. 140ss.

considerarse nada más semejante a este poder imperial, que ahora ostenta Vuestra Serenidad, que la antigua dictadura, especialmente desde que Octaviano Augusto, del que más adelante hablaremos, y antes que él Gayo César, reinaran con el título y honores de la dictadura"[85]. En VI 17 nos ofrece un resumen de las hazañas militares de César contra los bárbaros: acceso al consulado y al gobierno de la Galia y el Ilírico, con diez legiones, conquista de las Galias, sometimiento de los britanos y derrota de los germanos. Para ese período también se mencionan dos derrotas, una personal contra los arvernos y dos de sus legados contra los germanos; en VI 19-24 se narra la guerra civil contra Pompeyo, la Guerra Alejandrina, la de África y la llevada a cabo contra los hijos de Pompeyo. El tratamiento es semejante al que vimos en Orosio, neutro y con lamentación por el hecho de que se diera la guerra entre romanos, y el relato no aporta nada nuevo a lo que Eutropio ha tomado de sus fuentes. Sin embargo, en VI, 25 el trato cambia: César regresó a Roma, como vencedor absoluto, y "empezó a actuar con insolencia y en contra de la acostumbrada libertad romana. Por ello, puesto que concedía a su antojo cargos, que antes eran otorgados por el pueblo, no se levantaba en presencia del senado cuando se presentaba ante él y hacía otras cosas a la manera de los reyes y casi de los tiranos, fue tramada una conjuración contra él"[86]. No hay censura ni crítica alguna del consecuente asesinato. La última referencia aparece en VII 1,3, tan solo se dice que el joven Octaviano, sobrino de César, había sido nombrado su heredero por testamento del dictador y por tanto adoptó su nombre.

En el Libro de los Césares de Aurelio Víctor, algunos años anterior en el tiempo al Breviario de Eutropio, no encontramos nada sobre Julio César, bien que su relato comienza con Octavio Augusto (heredero de César, según Aur.Vict., 1, 1) y se extenderá hasta el reinado de Constancio II[87]. No mucho más rico en datos es el Breviario de

---

[85] Traducción de E. Falqué, *Eutropio. Breviario. Aurelio Víctor. Libro de los Césares*. Madrid, Gredos, 2008, p. 47.

[86] Falqué, 2008, p. 100.

[87] Resulta curioso que una obra posterior, el anónimo *Epitome de Caesaribus*, resumen del *Liber de Caesaribus* de Aurelio Víctor que se extiende hasta el reinado de Teodosio I, sí ofrezca alguna noticia sobre César, al comparar al emperador Aureliano con Alejandro Magno y con el dictador César (78, 9).

Festo, como el de Eutropio también dedicado a Valente para instruirle sobre la Historia de los conflictos de Roma contra el enemigo oriental[88]: primero los partos y luego los persas sasánidas. En 6, 2, Festo resume, en breves líneas, los éxitos de César contra galos, germanos y britanos. Y ahí se acaba su información cesariana. Tratándose de una obra que se centra en el frente oriental, donde César no llegó a actuar, es comprensible esa ausencia de datos. Pompeyo, por el contrario, sí aparece en varias ocasiones (5, 2; 11, 5; 14, 2; 16, 1-3).

Aun subrayando la escasa información que sobre César obtenemos en estos opúsculos, contienen tanto o más que otras obras de la época que hemos conservado y que resultan mucho más profusas en texto. Es el caso, por ejemplo, de la del rétor bordelés Décimo Magno Ausonio[89], quien escribió una obrita titulada "Sobre los XII Césares, de quienes escribió Suetonio Tranquilo". Contemporáneo de Amiano Marcelino, de Juliano, probablemente también de los *Scriptores Historiae Augustae*, de los panegiristas que he revisado y, desde luego, de los epitomadores, Ausonio es un sesudo erudito al que le encantan el ejercicio retórico y la floritura literaria. Los XII Césares de Ausonio es un divertimento, de difícil datación, en el que el autor pasa lista a los emperadores biografiados por Suetonio, y aumenta dicha lista hasta llegar a Heliogábalo. Se trata de breves pinceladas de cada gobernante, cuánto reinó, cómo murió y si acaso algún dato anecdótico. El primero, por supuesto, es Julio César, que Ausonio sintetiza así en su introducción en monósticos: César es el primero que abre un palacio real en Roma y transmite su nombre y su poder a Augusto (2); murió bajo los golpes del Senado (4). Luego, en los tetrásticos que dedica a cada emperador, el de César reza del siguiente modo (1): "El Imperio, que antaño había sido por tradición para dos cónsules. Lo obtuvo Julio César. Más breve fue su derecho a reinar, que alcanzó solo tres años: fue golpeado por la facción cruel

---

[88] Remito a la introducción, previa a la traducción y al comentario, de J. Arce, *Romanos y sasánidas: el Breviarium de Festo*, Madrid-Salamanca, Signifer Libros, 2022, pp. 11-78.

[89] Sobre la vida y obra de este aristócrata provincial, terrateniente de la Galia y rétor, que llegó a alcanzar el consulado bajo Graciano (de quien había sido preceptor) en 379, ver Sivan, 1993.

de los ciudadanos armados»[90]. En el siguiente epígrafe (2), dedicado a Octavio Augusto, se especifica que este fue su vengador y sucesor. Y en el resto de su abundante obra solo encontramos un par de datos sin apenas relevancia en el *Liber Eclogarum*, colección de 26 poemas dedicados a Latino Pacato Drepanio: XIII, 9, 7.8: el mes de julio recibe ese nombre por César; 10, 15: "el mes de agosto sigue al nombre de familia tomado de César, siendo así el más cercano tanto por su lugar en el año como por su linaje"[91].

No será el único que incurra en tal silencio: en la nutrida obra que hemos conservado del senador Quinto Aurelio Símaco, cónsul en 391, que consta de informes, discursos y más de 900 cartas no hay una sola referencia a César. Esto tal vez no debería extrañarnos en un autor que solo desempeñó cargos de naturaleza civil y durante toda su vida fue ajeno al ámbito militar[92].

CONCLUSIONES

Vamos cerrando este trabajo, que podría extenderse mucho más con el análisis de otras fuentes que no haría sino ratificar lo que se ha dicho hasta aquí.

En las páginas precedentes he buscado demostrar que, a pesar de la fama histórica de Julio César, acuñada en las fuentes contemporáneas a su figura y aquilatada por las del Principado, y que ha llegado hasta nuestros días, las obras literarias tardorromanas no prestan demasiada atención al personaje. Es cierto que se recuerdan los tópicos, como sus éxitos militares, su clemencia, su frugalidad y amor por el estudio, pero ello se hace de una forma breve y eventual, a veces como discretos *exempla*, a veces como apuntes a vuelapluma. Solo Orosio supone una excepción al respecto, en cuanto que, al dedicarle más espacio, permite la comparación de su información con las creaciones literarias del propio César. También en tales obras

[90] Traducción de A. ALVAR EZQUERRA. Décimo Magno Ausonio. Obras. Vol. II., Madrid, Gredos, 1990, p. 142.
[91] ALVAR EZQUERRA, 1990, p. 366.
[92] GUZMÁN ARMARIO, 2017.

se advierte una vertiente negativa, en la que se remarca la tiranía de César a través del ejercicio de la dictadura[93] o la crueldad contra sus enemigos.

Asimismo, hay dos aspectos sobre César que no se tratan en las obras del Bajo Imperio. Resulta paradójico que una época donde la amenaza bárbara se convierte en una percepción cada vez más alarmante, no se tenga en cuenta que fue Julio César quien, con su cálamo, dio carta de naturaleza a la visión literaria del bárbaro del norte[94]. Tampoco se alude a otro de los grandes temas cesarianos que ha llegado incluso hasta nuestros tiempos: la relación entre Julio César y las mujeres[95].

Como punto final, podemos reproducir la anécdota que nos recuerda Freeman en su biografía del personaje que protagoniza este ensayo[96]:

> Cuando Thomas Jefferson le mostró a Alexander Hamilton sus retratos de Francis Bacon, Isaac Newton y John Locke y afirmó que los consideraba los tres hombres más grandes de la historia, Hamilton, republicano hasta la medula, negó con la cabeza y puso voz a la opinión de muchos al proclamar: *El mayor hombre que jamás ha existido es Julio César.*

Parece que los autores tardorromanos no opinaron lo mismo.

---

[93] LEVICK, 2009, p. 210: este fue el gran problema, en las fuentes del Principado, a la hora de defender a César.

[94] GUZMÁN ARMARIO, 2002.

[95] Sobre lo cual pueden consultarse OPPERMAN, 2004, pp. 196ss.; NOVILLO LÓPEZ, 2009; POSADAS, 2010, pp. 35ss.

[96] FREEMAN, 2009, p. 371.

BIBLIOGRAFÍA

ALFÖLDI, G.: "The Crisis of the Third Century as seen by Contemporaries», *G.R.B.S.* 15 (1974), pp. 89-111.

ALONSO-NÚÑEZ, J.M.: "Política y Filosofía en *Los Césares* de Juliano", *H.Ant.* IV (1974), pp. 315-320.

BARJA DE QUIROGA, P. y CORDEIRO MACENLLE, R.: *Julio César: muerte de una república.* Madrid, Síntesis, 2020.

BARNES, T.: "The First Emperor: The View of Late Antiquity", en: M. Griffin (ed.), *A Companion to Julius Caesar.* Blackwell Publishing, Oxford, 2009, pp. 277-287.

BATSTONE, W.: "Caesar Constructing Caesar", en: L. Grillo / C.B. Krebs (eds.), *The Cambridge Companion to the writings of Julius Caesar.* Cambridge, Cambridge University Press, 2018, pp. 43-57.

BERANGUER, J.: "L'Idéologie impériale dans l'Histoire Auguste", en: G. Alföldy *et al.* (eds.), *Bonner Historia Augusta Colloquium*, 1972/1974. Habelt, Bonn, 1975, pp. 25-53.

BILLOWS, R. A.: *Julius Caesar. The Colossus of Rome.* London and New York, Routledge, 2009.

BIRD, H. W.: "The Roman Emperors: Eutropius' perspective", *A.H.B.* 1, 6 (1987), pp. 139-151.

BLOCKLEY, R. C.: "Ammianus Marcellinus on the battle of Strasbourg. Art and analysis in the History", *Phoenix* XXXI 3 (1977), pp. 218-231.

BONDIOLI, N.; TEXEIRA-BASTOS, M. y CARNEIRO, L.C.: "History, design and archaeology: The reception of Julius Caesar and the representation of gender and agency in Assassin's Creed Origins", *In die Skriflig / In Luce Verbi* 53(2), october 2019, pp. 1-12.

BURGUEÑO, J. y GUERRERO LLADÓS, M.: "Los mapas del Cuerpo de Estado Mayor (1864-1867) referidos a los escenarios de las batallas de Julio César en Hispania. Un singular encargo de Napoleón III a Isabel II", *Ería. Revista cuatrimestral de Geografía* Vol. XLI, 1 (2021), pp. 79-99.

CABRERO PIQUERO, J.: "Julio César. Retrato iconográfico y literario de un general romano", en: P. Fernández Uriel y I. Rodríguez López (eds.), *Iconografía y sociedad en el Mediterráneo antiguo.* Homenaje a la profesora Pilar González Serrano, Signifer Libros, Madrid-Salamanca, 2011, pp. 227-224.

—: *Julio César, el hombre y su época.* Madrid, Dastin Export Ediciones, 2004.

Candau Morón, J. M.: "Teocracia y ley: la imagen de la realeza en Juliano el Apóstata", en: J. M. Candau Morón, F. Gascó y A. Ramírez de Verger (eds.), La imagen de la realeza en la Antigüedad, Ed. Coloquio, Madrid, 1988, pp. 65-189.

Canfora, L.: *Julio César, un dictador democrático*. Barcelona, Ariel, 2000.

Carcopino, J.: *Julio César. El proceso clásico de la concentración del poder*. Madrid, Rialp, 2007 [1935].

Cazorla, M. A.: "La tragedia de Julio César de William Shakespeare: violencia y retórica en la antigua Roma", *Cuadernos de Literatura. Revista de Estudios Lingüísticos y Literarios* 16 (2021), pp. 66-76.

Delbrück, H.: *History of the art of war. Within the framework of political history. The Germans*, London, Westport, Conn.: Greenwood Pres, 1980.

Fernández Corte, J. C.: "César en los líricos latinos: Catulo y Horacio", en: A. Moreno Hernández (coord.), *Julio César: textos, contexto y recepción. De la Roma clásica al mundo actual.* UNED, Madrid, 2010, pp. 267-284.

Fernández Uriel, P.: "*Imago Principis*. El legado de Augusto a través de la iconografía", en: P. Fernández Uriel y I. Rodríguez López (eds.), *Iconografía y sociedad en el Mediterráneo antiguo*. Homenaje a la profesora Pilar González Serrano. Ed. Signifer Libros, Madrid, 2011, pp. 245-268.

Fields, N.: *Julius Caesar*. Oxford, Osprey Publishing Ltd, 2010.

Frazão José, N.: "*Divus Iulius Caesar*: as construções em torno de Júlio César em Veléio, Plutarco e Suetônio", *Romanitas - Revista de Estudos Grecolatinos* 2 (2013), pp. 262-286.

Freeman, Ph.: *Julio César. La biografía del personaje más importante de la antigua Roma*. Barcelona, Ed. Planeta S.A., 2009.

Gascó, F.: "La crisis del siglo iii y la recuperación de la Historia de Roma como un tema digno de ser historiado", *S.H.H.A.* IV-V.1 (1986-1987), pp. 167-171.

Goldsworthy, A.: *Caesar, Life of a Colossus*. New Haven-London, Yale University Press, 2006.

Guzmán Armario, F. J.: "Lo militar en un autor civil. El Epistolario de Quinto Aurelio Símaco como fuente para el estudio de lo militar en la segunda mitad del siglo iv", *Aqvila Legionis: cuadernos de estudios sobre el Ejército Romano* 20 (2017), pp. 93-11.

—: "El bárbaro, la gran innovación de Julio César", *Latomus* 61.3 (2002), pp. 577-588.

Hinojo Andrés, G.: "Visión e intuición políticas de César. Su proyección posterior", en: A. Moreno Hernández (coord.), *Julio César: textos, contexto y recepción. De la Roma clásica al mundo actual.* UNED, Madrid, 2010, pp. 199-220.

Holland, T.: *Dinastía. La Historia de los primeros emperadores de Roma.* Barcelona-Madrid-México D.F., Ático de los Libros, 2017.

Járrega Domínguez, R.: "La actuación política de Julio César: ¿Proyecto o adaptación? ¿Modelo helenístico o tradición romana?", *POLIS. Revista de ideas y formas políticas de la Antigüedad Clásica* 19 (2007), pp. 35-76.

Joseph, T. A.: "Caesar in Vergil and Lucanus", en: L. Grillo y C. B. Krebs (eds.), *The Cambridge Companion to the writings of Julius Caesar.* Cambridge, Cambridge University Press, 2018, pp. 289-303.

Kamm, A.: *Julius Caesar. A life.* London-New York, Routledge, 2006.

Kraus, C. S.: "Caesar in Livy and Tacitus", en: L. Grillo y C. B. Krebs (eds.), *The Cambridge Companion to the writings of Julius Caesar.* Cambridge, Cambridge University Press, 2018, pp. 277-288.

Krebs, C. B.: "A style of choice", en: L. Grillo y C. B. Krebs (eds.), *The Cambridge Companion to the writings of Julius Caesar.* Cambridge, Cambridge University Press, 2018, pp. 110-130.

Ladner, G. B.: "On Roman attitudes towards Barbarians in Late Antiquity", *Viator* 7 (1976), pp. 1-26.

Levick, B.: "Caesar's Political and Military Legacy to the Roman Emperors", en: M. Griffin (ed.), *A Companion to Julius Caesar.* Blackwell Publishing, Oxford 2009, pp. 209-222.

Levithan, J.: "Reseña de A. Goldsworthy, *Caesar, Life of a Colossus,* Yale University Press, New Haven-London 2006". https://bmcr.brynmawr.edu/2007/2007.05.35

Long, J.: "Julian Augustus' Julius Caesar", en: Wyke, M. (ed.), *Julius Caesar in Western Culture.* Blackwell Publishing, Malden-Oxford-Carlton, 2006, pp. 62-84.

Lorenzo Lorenzo, J.: "Una imagen de César deformada por Lucano en los talleres de retórica", en: A. Moreno Hernández (coord.), *Julio César: textos, contexto y recepción. De la Roma clásica al mundo actual.* UNED, Madrid, 2010, pp. 301-322.

Majbom Madsen, J.: "Like Father Like Son: the Differences in How Dio Tells the Story of Julius Caesar and His More Successful Son", en: J. Osgood y Ch.

Baron (eds.), *Cassius Dio and the Late Roman Republic.* Brill, Leiden-Boston, 2019, pp. 259-281.

Marín Vera, M.: "*Como en Roma, en ningún sitio.* Julio César y sus viajes en el cine", en: O. Lapeña Marchena (ed.), *El cine va de viaje.* Université Paris Sud, Paris, 2019, pp. 2-11.

—: "Julio César según el film de Joseph Mankiewicz (*Julius Caesar,* 1953)", *Metakynema* 16, abril-2015, http://www.metakinema.es/metakineman16s3a1_Julius_Caesar_Mankiewicz_Manuel_Marin_Vera.html

Mariner, S.: "Hispania como tema político en la obra de Julio César", *Cuadernos de la Fundación Pastor* 15 (1969), pp. 71-108.

Meier, Ch.: *Caesar.* München, DTV, 1986.

Monserrat, J. D.: "Julio César. Un personaje en el imaginario popular a través del cine y la televisión", *FILMHISTORIA Online* Vol. 26.1 (2016), pp. 81-97.

Muñoz García de Iturrospe, M. T.: "Francis Bacon y la reivindicación de Julio César a través de los Apophthegmata", en: J. M. Baños Baños *et al.* (eds.), *Philologia, Universitas, Vita.* Trabajos en honor de Tomás González Rolán. Escolar y Mayo Eds. S.L., Madrid, 2014, pp. 701-710.

Navarro Santana, F. J.: "Julio César y la crisis de la República romana", en: E. Melchor Gil, J. Mellado Rodríguez y J. F. Rodríguez Neila (eds.), *Julio César y Cordvba. Tiempo y espacio en la campaña de Munda (49-45 a.C.).* Universidad de Córdoba, Córdoba, 2005, pp. 67-88.

Novillo López, M. A.: "La imagen de Julio César en el cine", *Cadmo* 29 (2020), pp. 35-52.

—: "Problemática y deformación histórica en torno a la muerte de Cayo Julio César", en: G. Bravo y R. González Salinero (eds.), *Formas de morir y formas de matar en la Antigüedad romana.* Signifer Libros, Madrid-Salamanca, 2013, pp. 127-140.

—: *Breve Historia de Julio César.* Ed. Nowtilus S.L., Madrid, 2011.

—: "Cn. Pompeyo Magno y C. Julio César: dos objetos de estudio en la historiografía moderna", *Flor. Il.* 21 (2010), pp. 247-260.

—: "Las mujeres en la vida de C. Julio César: Amor e interés", *Herakleion* 2 (2009), pp. 93-105.

—: "Nuevas revisiones historiográficas en torno a la figura de C. Julio César". *Nonnullus. Revista de Historia* 1, noviembre-diciembre 2007, pp. 36-44.

Oppermann, H.: *Julio César: la grandeza del héroe.* Barcelona, ABC S.L., 2004 [1968].

PELLING, CH.: "Velellius and biography: the case of Julius Caesar", en E. R. Cowan (ed.), *Velleius Paterculus: Making History*. Classical Press of Wales, Swansea, 2011, pp. 157-176.

POSADAS, J. L.: *Los emperadores romanos y el sexo*. Madrid, Sílex, 2010.

POTTER, D. S.: *Los emperadores de Roma. Historia de la Roma imperial desde Julio César hasta el último emperador*. Barcelona, Pasado & Presente, 2017.

RODRÍGUEZ GERVÁS, M. J.: *Propaganda política y opinión pública en los panegíricos altinos del Bajo Imperio*. Salamanca, Universidad de Salamanca, 1991.

RODRÍGUEZ HORRILLO, M.A.: "Moral popular en las *Historias* de Herodiano: ὕβρις, σωφροσύνη, τύχη y el *princeps* ideal", *Myrtia* 24 (2009), pp. 117-141.

ROLDÁN HERVÁS, J. M.: *Césares*. Madrid, La Esfera de los Libros, 2008.

SALAS ÁLVAREZ, J. y DURÁN CABELLO, R. M.: "La influencia de la figura de Julio César y del ejército romano en la política del Segundo Imperio Francés", en: L. Sánchez Lázaro *et al.* (coord.), *La organización de los ejércitos*. Ministerio de Defensa-Universidad Complutense, Madrid, 2016, pp. 191-224.

SAIZ, M. J.: "Julio César. Entre la voluntad individual y la estructura histórica", *Ab initio* 11 (2015), pp. 25-49.

SAYAS, J. J.: "Aportaciones de Temistio a determinados problemas imperiales", *H.Ant.*, II (1972), pp. 35-54.

SELEM, A.: "A proposito del comando militare di Giuliano in Gallia secondo Ammiano", *R.C.C.M.* 13 (1971), pp. 193-200.

SIVAN, H. S.: *Ausonius of Bourdeaux: genesis of a Gallic aristocracy*. London, Routledge, 1993.

SMITH, R.: "Telling tales: Ammianus narrative of the Persian invasion", en: J. W. Drijvers y D. Hunt (eds.), *The Late Roman World and its Historian. Interpreting Ammianus Marcellinus*. Routledge, London-New York, 1999, pp. 89-104.

STERTZ, S. A.: "Ammianus Marcellinus´attitudes toward earlier emperors", en: C. Deroux (ed.), *Studies in Latin Literature and Roman History*, vol. II, Latomus, Bruxelles, 1980, pp. 488-514.

—: "Christianity in the *Historia Augusta*", *Latomus* XXXVI.3 (1977), pp. 694-715.

—: "Themistius: a Hellenic philosopher-stateman in the Christian Roman Empire", *CJ* 71.4 (1976), pp. 349-358.

STRAUSS, B.: *La muerte de César. El asesinato más célebre de la Historia*. Madrid, Ediciones Palabra S.A., 2016.

TEILLET, S.: *Des Goths a la Nation Gothique. Les origines de l´idée de nation en Occident du Ve au VIIe siècle*. Paris, Les Belles Lettres, 1984.

VALENZUELA MATUS, C. A.: "Julio César en la conquista americana", *R.H.P.T.* 1.2 (2014), pp. 22-29.

VOJVODA, M.; "Restored coins of Trajan dedicated to Julius Caesar with Nemesis on reverse", *Journal of the Serbian Archaeological Society* 24 (2008), pp. 393-399.

WYKE, M. (ed.): *Julius Caesar in Western Culture*, Malden-Oxford-Carlton, Blackwell Publishing, 2006.

WYLIE, G.: "*Julianus Caesar*. Another *Julius*?", *Civiltà Classica e Cristiana* XIII.1 (1992), pp. 7-26.

ZAHARIA, D. *ET AL.*: "Great Reformers: Psychological Analysis Of Their Personality Justinian, Julius Caesar And Shi Huangdi, *Procedia - Social and Behavioral Sciences* 140 (2014), pp. 212-220.